LA COMÉDIE DES ORPHELINS

Les vrais fossoyeurs du gaullisme

DU MÊME AUTEUR

LES DERNIERS JOURS DE FRANÇOIS MITTERRAND, Grasset, 1997.

CHRISTOPHE BARBIER

LA COMÉDIE DES ORPHELINS

Les vrais fossoyeurs du gaullisme

BERNARD GRASSET
PARIS

Scribo quia absurdum.

C'est la France qui emplit son regard. Là-bas, au-delà de l'horizon et de ses brumes frémissantes, il y a Paris qui l'attend. Devant la fenêtre s'avancent la pente douce de sa colline, puis la plage des champs moissonnés et l'océan des bois. Dans ce donjon, hexagonal comme la France, auquel s'épaule La Boisserie, le Général achève le troisième tome des *Mémoires de guerre.* « Dans le tumulte des hommes et des événements, la solitude était ma tentation. Maintenant, elle est mon amie. De quelle autre se contenter quand on a rencontré l'Histoire ? » Dans le parc, sculptées, deux mains jointes sont en prière.

Quarante et quelques années plus tard, le 17 juin 2000, le Rassemblement pour la République organise les Assises du gaullisme dans les hangars sinistres de la Porte de Versailles, où vient de se clore, grinçante coïncidence, le salon « handicaps, dépendance, maintien à domicile ». Les bus éparpillent les militants devant les différents halls, un slogan s'affiche : « Avec le RPR, un nouveau souffle de Liberté. » Afin de guider les délégués dans le dédale des stands, les organisateurs ont baptisé les allées, telles les rues d'une ville, des noms d'illustres gaullistes disparus. Pour se rendre à l'Atelier A, dont le sujet est « l'Homme », il faut prendre la rue Claude Labbé, puis l'avenue Maurice Schumann, l'allée

Michel Péricard et, enfin, le boulevard André Malraux. Comme dans un cimetière, il s'agit de trouver son chemin entre les tombes. Plus loin, en cénotaphe, le stand « Hommage au général de Gaulle » ne désemplit pas. On peut y acquérir des bustes du héros, ou des porte-clefs à son effigie, découvrir « la vraie histoire de la Croix de Lorraine », acheter l'Appel du 18 juin en plusieurs tailles et s'offrir même des maquettes des différentes voitures utilisées par le Général dans sa carrière. La misère est à son comble quand paraît un orchestre de vieux clowns et d'échassiers grimés, qui accompagne les mandataires de ses flonflons populaires. Aucune idée neuve ne sortira de cette journée de fausse réflexion. Il n'y a pas de « nouveau souffle », à peine quelques courants d'air d'un printemps humide, qui flairent les vastes hangars comme l'impuissance s'exhale du vide de la pensée gaulliste.

Quelques mois plus tôt, le RPR s'est donné une présidente, Michèle Alliot-Marie, après une campagne où les deux candidats qui avaient des idées, François Fillon et Patrick Devedjian, ont été éliminés au premier tour. Cette élection, c'était une bataille pour s'emparer d'une coquille désertée. Il n'y a plus beaucoup de gaullistes au RPR ; il n'y a plus du tout de gaullisme. Quand il évoque le RPR, le centriste François Bayrou raille en vers : « Et je ne suis plus rien qu'un vide chaotique,/L'infini absolu du zéro répété. » Hervé Gaymard, jeune député au gaullisme chevillé, s'éloigne de la littérature qu'il affectionne pour parler cinéma : « Le RPR, c'est *Le Crabe-Tambour*, ou mieux : *La 317ᵉ Section*. Ou encore la scène finale de *Le Bon, la Brute et le Truand*, quand les héros se battent sur des tombes ouvertes. » Depuis des années, les orateurs les plus rusés du mouvement utilisent tous le même truc : ils placent devant chaque décision « une certaine idée de la France ». « Parce que la France est ce qu'elle est... » « Notre pays, ce grand et vieux pays... » L'artifice sert pour déclarer sa candidature lors d'une cantonale, vanter les moto-crottes ou combattre le Pacs. Du gaullisme ils ont gardé une rhétorique qui n'est même plus une verve. A quelques kilomètres de Colombey-les-Deux-Eglises, une nouvelle curiosité attire les touristes et rivalise avec le village du Général : « Nigloland, le grand parc d'attractions et de détente pour la famille. » Le RPR est devenu cela : Nigloland.

Depuis cinq ans, pourtant, l'Elysée héberge un héritier du Général, dont la popularité tourne en volutes d'encens au-dessus du pays. Quittant les siens en une apothéose, pour devenir Président de tous les Français, Jacques Chirac a éteint la lumière en sortant. Non qu'il illuminât de ses idées le gaullisme d'après de Gaulle, mais sa débauche d'actions masquait le vide idéologique de sa famille politique. Avec Chirac, le mouvement gaulliste fut si mouvement qu'il en oublia d'être gaulliste. Chirac parti, le tourbillon s'est arrêté et une poussière de trente ans est retombée sur un cadavre de pensée. « Puisque tout recommence toujours, ce que j'ai fait sera tôt ou tard une source d'ardeurs nouvelles, après que j'aurai disparu », a promis le général de Gaulle. Toutefois, en mai 1969, dans cette Irlande pelée où il vient flâner sa peine, il trace, en dédicace à l'exemplaire des *Mémoires de guerre* que lui tend l'ambassadeur de France, l'étrange désespoir de Nietzsche : « Rien ne vaut rien/Il ne se passe rien/Et cependant tout arrive/Mais cela est indifférent. » Entre l'ardeur nouvelle et le rien qui advient, ses héritiers semblent avoir choisi.

Pourtant, ils pleurent, ces orphelins de la grandeur, ces héritiers du Sauveur. Et ils crient. Comme cet ouvrier musclé, dressant les bras en V à l'ombre de la Croix de Lorraine, qui clamait sur une affiche du printemps de 1958 : « Appelons de Gaulle ! » Ils l'appellent tous les jours, l'invoquent, brassent ses reliques et harcèlent ses mânes. Ils dressent son profil sur chaque tribune, se guident dans la nuit sur les étoiles de son képi, ils assurent qu'il n'est pas mort, qu'ils le continuent. Mais de Gaulle, de l'au-delà, n'est pas dupe, qui doit geindre comme le Roi Lear : « Allez ! Ce ne sont pas des gens de parole. A les entendre, j'étais tout ; c'est un mensonge. » Dans sa bibliothèque modeste et dépareillée de La Boisserie, le Général avait placé de la sagesse en désordre. *Les Marionnettes de la vie*, de Courteline, voisinent avec les *Cahiers de Sainte-Hélène*, du maréchal Bertrand. De Shakespeare, de Gaulle a exposé les *Sonnets* et les *Comédies*, mais l'on ne trouve nulle trace dans ses rayonnages des *Tragédies*. Les a-t-il cachées comme un trésor, les a-t-il brûlées ? De la plus sombre de toutes, de la fin de ce roi dépouillé par ses filles, avait-il apprécié la lecture et l'amère prédiction ? Lear est trahi vivant, puis meurt parce que Cordélia, sincère et fidèle, échoue à le rétablir sur son trône. De Gaulle est mort d'abord, puis son royaume a été dépecé par ses héritiers en deuil, coteries de Régane, hordes de Gonerille. Où donc est Cordélia, qui tentera de restaurer le gaullisme ? Où donc est l'héritier fidèle, qui songera au royaume et non à son fief ? Dans leurs plaintes et leur nostalgie, accusant l'époque qui ruine les valeurs du Général, les gaullistes devraient méditer la confession d'Edmond le bâtard : « Nous mettons nos désastres sur le compte du soleil, de la lune et des étoiles, comme si nous étions canailles à cause du destin, imbéciles par la volonté du ciel, ivrognes, menteurs et fourbes sous l'influence des planètes. »

Les héritiers sont des fossoyeurs, qui enfouissent plus profond encore ce cadavre du gaullisme qu'ils affirment ressusciter. « Tels que nous fûmes, nous sommes, nous serons », a gravé sur une plaque, déposée au cimetière de Colombey, l'Association présence-fidélité gaulliste de Lille. Mais la foi des ouailles n'est pas celle des archevêques. De 1997 à l'an

2000, c'est un sépulcre d'abysse que les chefs gaullistes ont creusé pour le Général. Ce ne sont point les batailles électorales perdues qu'il faut leur reprocher, tant aucune défaite ne saurait éroder la vraie grandeur. Leur trahison est ailleurs que dans l'échec. Dans ces années de funérailles, Jacques Chirac est à l'Elysée, qui doit forger l'âme du pays, Philippe Séguin dirige longuement le RPR, âme embrasée au chevet des compagnons transis de doute, Nicolas Sarkozy est à ses côtés, qui peut aider les gaullistes à clore leur deuil, Charles Pasqua se fait rebelle, pour trouver la jouvence dans l'aventure. Tous acceptent leur rôle, aucun ne remplit sa mission. Ils sont des généraux d'opérette, ils jouent la comédie des orphelins. Derrière eux, plus réactifs qu'actifs, se tiennent les colonels, dégradés par leurs débâcles ou leurs déshonneurs, comme Alain Juppé, Edouard Balladur et Jean Tiberi, ou décorés dans la promotion du vide, comme Michèle Alliot-Marie. C'est le bal des figurants, cette revue des fictifs. Et puis il y a les cadets, ces sous-officiers bouillants, caporaux nourris d'exploits narrés ou Marie-Louise que la vie n'a pas encore débarbouillés de la mystique gaullienne. De ceux-là seuls, le général Lear peut espérer une contre-offensive, de ceux-là qui tremblent à l'ultime prophétie du Duc d'Albany : « Nous qui sommes si jeunes, nous ne verrons jamais tant de choses, nous ne vivrons jamais si longtemps. »

« Vous avez tort de me retirer ainsi de la tombe... » gémit le roi Lear quand Cordélia paraît. Il faut desceller le tombeau, lever le rideau. « Nous vivons une époque de psychodrame où les rats ont mis des casquettes de capitaine », grognait Malraux. Bienvenue sur le *Titanic* des rats.

Jacques Chirac

Don Quichotte

C'est le bruit de l'ambition. Dans la cour de l'Elysée, un fin gravier blanc recouvre le sol, que tous les jours les jardiniers ratissent en un étrange ballet. Pour gagner le perron, les visiteurs sont priés d'emprunter les trottoirs qui contournent la cour. Mais en quittant l'Elysée, rien ne les empêche de fouler le gravier et d'écouter son bruissement si particulier, ce chuchotement raffiné dont l'écho pianote sur les murs. Le mercredi, la cohue du Conseil des ministres livre un crépitement joyeux, sous les roues des voitures officielles. L'été, des orangers sont disposés au pourtour de la cour d'honneur, dont ils assourdissent très légèrement la musique, comme si les graviers soudain étaient emballés de velours. Jamais le Palais de l'Elysée n'est plus beau qu'alors, quand le soleil lui fait un crépi orangé. Le plus insolite spectacle qu'offre le bâtiment, c'est quand il s'arrondit en se reflétant sur le casque d'un garde républicain. La nuit, la cour est dans l'ombre et le gravier n'est plus foulé que par les carrés de lumière jetés des grandes fenêtres du premier étage, quand les lustres y sont allumés. A l'extinction des feux, on aperçoit toujours, à la lueur de quelque lampe de bureau oubliée, l'intérieur de ce vestibule qui, en haut de l'escalier, ouvre ses portes vers le Chef de l'Etat et ses principaux collaborateurs. Parfois, tandis que le drapeau tricolore qui domine l'Elysée claque au vent de la nuit, on distingue une silhouette immobile, qui se tient en retrait de la fenêtre mais regarde obstinément dans la cour : François Mitterrand !

Il n'y a pas de fantôme à l'Elysée, aucun Belphégor politique pour hanter les nuits de Jacques Chirac. Mais au premier étage, le Président de la République a laissé d'immenses portraits de ses prédécesseurs – hors Giscard. De Gaulle se tient debout dans un intérieur carrelé, une main sur un livre, l'autre sur une épée, en soldat-écrivain qui sut fondre ses deux talents en celui de politique. Pompidou a posé devant une fenêtre ouverte, un très moderne double vitrage de l'ère industrielle qui donne sur des arbres. Mitterrand a été saisi sur le perron de l'Elysée, devant ces bacs d'orangers qui font une ponctuation au quotidien élyséen. Dans l'escalier qui mène à l'étage présidentiel, un terrible bronze de Rodin accueille les visiteurs : un guerrier, surmonté d'un ange qui hurle, les yeux creux et la bouche insondable; vision effrayante qui rappelle que nul n'entre ici en vainqueur s'il n'a livré la pire des batailles. Dans la salle d'attente, sans troubler le balancement de la pendulette Guydamour, les huissiers en queue de pie bleu marine, gilet rouge et nœud papillon blanc, vont et viennent, tandis que les photos dédicacées des équipes de France de football et de rugby jouent des coudes sur un meuble. Une petite salle verte, consacrée aux réunions, sépare le vestibule du bureau présidentiel : des oiseaux sont peints sur les murs, une pendulette et une sonnette en marbre marquée « Secrétariat du Président » sont posées sur la table, au milieu des sous-main et des crayons bien taillés. Sur la cheminée, un tronc d'arbre africain, creusé de deux grands trous et surmonté d'une tête, semble mener les débats.

Dans son bureau, le Président a disposé quelques œuvres qu'il affectionne : un aurochs en marbre vert poli, une statuette sud-américaine qui lève les bras, une pierre monolithe verte de 30 centimètres de haut, un bronze informe à la vague silhouette chevaline, deux rhinocéros face à face et un autre, imposant, à la carapace hérissée qui lui fait comme une armure. Une gravure représente, elle aussi, un rhinocéros. En janvier 2000, Chirac a poussé un peu tous ces objets pour installer une superbe tête chinoise qu'il présente à ses visiteurs : « Song, Xe ou XIe siècle. Avant, elle était dans un couloir à côté, mais je ne la voyais jamais. Là, c'est mieux. Je l'ai achetée à Hong Kong il y a trente ans. Aujourd'hui, je ne pourrais plus, ce serait trop cher. » La princesse chinoise sourit. Jacques Chirac, quand il parle, avance loin ses pieds chaussés de mocassins à pompons qu'il agite parfois, sans s'en rendre compte, au rythme de la grosse pendule qui somnole derrière lui. Pour mieux convaincre son interlocuteur, il se penche vers lui, et lève ainsi les pieds arrière de son fauteuil, qu'il laisse ensuite s'enfoncer à nouveau dans le tapis : en Louis XVI, le mobilier national est solide... De sa fenêtre, il regarde le parc de l'Elysée, et au loin les vapeurs lumineuses des Champs. « Sept arbres sont tombés lors de la tempête de décembre 1999, se désole-t-il. Les plus vieux, les plus gros, les plus beaux. » Le PDG de Thomson Multimédia, Thierry Breton, a offert au Président un immense écran extra-plat 16/9 avec deux enceintes juchées sur des pieds. « C'est très bien, assure Chirac, mais je crois que je ne sais pas bien m'en servir. D'abord, il faut deux télécommandes ; ensuite, ça fait un peu de bruit. » Joignant le geste à la parole, il allume son poste, et une explosion sourde fait trembler le lustre avant que l'image apparaisse. « Et c'est pareil quand je l'éteins. » Tel est le royaume de Jacques Chirac, où il reçoit sans solennité, glissant discrètement à l'huissier un bock de bière vide et raccompagnant ses visiteurs jusqu'à l'escalier. Le Président, qui s'est rendu fameux en faisant lui-même ses photocopies, n'est pas ici un monarque en ses dorures, il n'est pas non plus un hobereau aussi cossu que ses tapis. Il est un chevalier errant qui est arrivé. Depuis 1995, l'Elysée est le pied-à-terre de Don Quichotte.

Pour égayer ces grandes pièces, une série de tapisseries a été choisie par quelque facétieux décorateur. Elles forment une merveilleuse allégorie du pouvoir en général, et en particulier de son exercice par Jacques Chirac. Dans l'antichambre, la tapisserie s'intitule « Don Quichotte prend le bassin du barbier pour l'armet de Mambrin ». Au chapitre 45 de la Première partie de ses aventures, le chevalier de la Manche soutient mordicus que le bassin métallique du barbier est un demi-heaume d'or, jadis volé par Renaud de Montauban au roi Mambrin, et dont il a en personne dépossédé un soldat. Contre l'évidence, il plaide avec succès, provoquant une bagarre générale. Parce qu'il est fou, nul n'ose le contredire et il garde son trophée, établissant que la vérité est le récit le mieux défendu, et non le plus crédible. Adaptation poétique des vessies prises pour des lanternes, l'affaire de l'armet fonctionne aussi en politique : elle peut transformer une dissolution hasardeuse en habile manœuvre, un revirement sur le quinquennat en audace institutionnelle. Ce qui est important, c'est de ne pas douter un instant de ce que l'on affirme, et d'opposer son assurance à l'évidence. Telle est l'alchimie de la politique, qui peut transformer le fer-blanc de n'importe quel barbier en or. La deuxième tapisserie de l'antichambre, inspirée du chapitre 62 de la Seconde partie, s'appelle « Don Quichotte consulte la tête enchantée ». Abusé par don Antonio, Quichotte croit que le buste romain en bronze qui trône sur une table a en effet réponse à tout – alors qu'un mécanisme permet à un complice, caché à l'étage inférieur, de formuler des phrases assez absconses pour que chacun y trouve grande philosophie en n'apprenant que ce qu'il sait déjà. Chirac joue à merveille les deux rôles, questionneur naïf abusé par ses amis ou menteur habile qui sait dire ce que son interlocuteur veut entendre, sans l'avoir dit pourtant, ne formulant une vérité qui n'engage que ceux qui l'écoutent. Le maître Jacques de *L'Avare* est une version trop fruste de cette duplicité : la tête enchantée de Cervantès est bien plus subtile. Mais quiconque entre dans le bureau présidentiel ne sait s'il va être Quichotte ou tête... Dans son bureau, justement, le Président fait face à la plus savoureuse des tapisseries inspirées par le seigneur de la Manche. Le héros, affalé sur un large fauteuil, est entouré d'une assistance larmoyante. La scène puise son sujet dans l'ultime chapitre de l'épique existence et s'intitule : « Don Quichotte guéri de sa folie par la sagesse. » De retour dans son village, malade, il dort profondément, et se réveille désenchanté : « Félicitez-moi de n'être plus Don Quichotte de la Manche, mais Alonso Quixano, auquel sa bonne vie donna autrefois le surnom de Bon. (...) Maintenant les histoires profanes de la chevalerie errante me sont odieuses. Je reconnais ma folie, et le péril où m'a mis leur lecture. » Puis il meurt. La politique est folie, et Chirac n'obéit pas à la sagesse : car s'il renonce à l'aventure, il meurt.

L'anté-gaulliste

« Quand on pense que de Gaulle a été à cette place, on se pince. » Reçu par Jacques Chirac, Philippe de Villiers, à sa sortie de l'Elysée, piétine le gravier et la réputation de son hôte. Plus spontané qu'aigre, le verdict éclaire une indéniable conséquence du mandat de Jacques Chirac : gaulliste, il a ruiné consciencieusement l'héritage du Général. Chirac avait 9 ou 10 ans quand il entendit parler pour la première fois du général de Gaulle, en pleine guerre, dans la demeure familiale du Rayol. Puis il y eut le débarquement en Provence, apportant l'icône du héros et, en 1947, une inscription sans réel engagement au RPF. Vingt ans plus tard, au lendemain des législatives qui en font le député d'Ussel, Chirac est reçu par de Gaulle, dans ce Palais de l'Elysée où trente ans plus loin encore, Villiers blasphème à son encontre. Fidèle dans le verbe, Chirac a trahi le gaullisme dans l'action. Il n'a pas forcément eu tort : l'époque exigeait peut-être les décisions qu'il a prises plus qu'une stricte observance gaullienne, l'improvisation infidèle plus qu'une réplique obsolète du passé. Mais il ne peut à la fois agir comme il le fait depuis 1995 et se référer au Général. En ayant une main sur son cœur de gaulliste et l'autre dans le cambouis du pouvoir actuel, en s'inclinant devant la Croix de Lorraine pour mieux boire les burettes dans la sacristie de la droite, Jacques Chirac se comporte en imposteur. La marque gaulliste lui appartient, mais il a frelaté la recette de la soupe. En pleine campagne présidentielle, interrogé par *VSD*, il fait entrer le gaullisme dans le flacon électoral de la « France pour tous » : « Il faut s'interroger sur ce que nous avons fait du contrat social qui était au cœur de la pensée du Général. Nous devons retrouver l'ambition humaine et sociale du gaullisme. » Bref, le gaullisme est là pour servir son intérêt immédiat. Qu'il soit lucide ou coupable importe peu : un gaulliste est entré à l'Elysée le 17 mai 1995, vingt et un ans après la mort de Pompidou et vingt-six ans après la démission du Général, mais le gaullisme est resté à la porte. Presque rien n'est gaulliste dans le bilan de Jacques Chirac, hors l'étiquette et une part de l'action étrangère. Cette imposture annonce tout simplement la fin du gaullisme, son apocalypse; parce qu'en plus, elle plaît et fonctionne. Elle plaît à l'opinion; elle fonctionne en vue du seul objectif qui vaille : conquérir, préserver et accroître son pouvoir. Ce n'est pas en échouant que Jacques Chirac trahit Charles de Gaulle, c'est en réussissant – non dans les réformes, secondaires, mais dans la lutte. Il fait donc école, « dégaullise » le pays et répand son efficace impiété, tel un antéchrist du gaullisme. Jacques Chirac, politique surdoué et Quichotte invincible, est l'anté-de Gaulle, l'anté-gaulliste.

Depuis 1995, quelques coups, fatals, ont ainsi été portés aux institutions, et la Ve République, empâtée par le conservatisme pompidolien, anémiée par la modernité tempérée de Giscard, glorifiée et épuisée par le monarchisme de Mitterrand, a rendu l'âme. C'est en ne dissolvant pas l'Assemblée nationale dès son arrivée au pouvoir que Jacques Chirac déséquilibre la pratique de la Constitution. Deux arguments sont alors avancés pour le *statu quo* : Chirac a promis de ne pas dissoudre ; l'Assemblée élue en 1993 est massivement de droite et soutient le nouveau Président. Une petite histoire du serment électoral chiraquien suffit à annihiler le premier ; une étude des rapports de force à droite au printemps de 1995 détruit le second. Car l'Assemblée, ravagée par la guerre entre chiraquiens et balladuriens, tiraillée par la rivalité entre juppéistes et séguinistes, n'est pas en mesure de soutenir le nouvel élu – les gouvernements Juppé n'y seront jamais aidés, et pas toujours soutenus. De plus, qu'une opposition famélique y siège, alors que Jospin a replacé la gauche à un niveau électoral normal, fausse le jeu. Chirac devait gracier ou punir, pardonner aux balladuriens, et reconstruire ainsi sa majorité, ou les épurer, à travers une dissolution. Si le roi de France oublie les querelles du duc d'Orléans, Chirac considère que l'on ne pardonne pas au lendemain de la victoire, sauf à écœurer ses propres partisans. La non-dissolution est donc un acte politique, et non pas une absence d'acte ; elle est le socle d'ambiguïté sur lequel Chirac va tenter en vain de bâtir son septennat. L'apostasie programmatique qu'il assume alors, passant de la fracture sociale aux critères de Maastricht, s'ajoute à cette faute majeure, ce péché originel. « Ne pas dissoudre est la seule promesse que Chirac a tenue, résume un député balladurien. C'est la seule qu'il aurait dû trahir. »

D'autres affirment qu'il ne pouvait pas dissoudre, mais qu'il pouvait nommer quelqu'un d'autre que Juppé à Matignon. C'est faux : la liberté de manœuvre de Chirac était à l'égard de l'Assemblée, pas de Matignon. Depuis Pompidou, le premier Premier ministre de chaque septennat est nommé, non par le Président de la République, mais par l'entre-deux tours, qui compose un « ticket » invisible mais impératif : c'est l'homme qui négocie les apports de voix, c'est-à-dire esquisse le futur partage des postes gouvernementaux, et assure ainsi la victoire, qui est nommé. Ainsi de Chaban-Delmas en 1969, de Chirac en 1974, de Mauroy en 1981 et de Rocard en 1988. L'entente fusionnelle avec le Président, ces noms le prouvent, n'est pas requise : Chirac déteste Giscard comme Mitterrand hait Rocard, Chaban irrite Pompidou autant que Mitterrand se méfie de Mauroy, ces couples cachent des cohabitations psychologiques et, souvent, politiques. Le deuxième Premier ministre d'un mandat est, en revanche, une créature, qui doit tout au Président, et c'est vers Pygmalion ou Frankenstein que s'aventure alors la République. Ainsi de Barre, Fabius ou Cresson. Dire « Lui c'est lui, moi c'est moi », selon la formule de Fabius, n'évite pas que « sans lui, moi n'est rien ». En 1995, Juppé s'impose donc, parce que ni les hiérarques balladuriens, ni l'électorat qui a soutenu le Premier ministre candidat, n'entendent se prêter à une aventure séguiniste. Le centre de gravité idéologique du second tour de 1995 est autour d'Alain Juppé. Le problème que rencontre Chirac, dès que le fiasco de son Premier ministre est consacré, est qu'il n'a pas de créature à lui substituer. Ou plutôt qu'il n'en a plus : il avait programmé pour cela, en fils adoptif, Sarkozy, mais le disciple a trahi le maître – Nicolas s'est fait Brutus. César a survécu à ses blessures, s'en est grandi même, mais il ne peut pardonner –

pas encore. En novembre 1995, pour remplacer Alain Juppé déjà exsangue, Chirac nomme donc celui qui lui est le plus intime : Alain Juppé. Premier ministre obligé puis désiré, Juppé devient plus fort que Chirac. L'ordre gaulliste est renversé.

Insidieux et invisible, ce second crime institutionnel de Jacques Chirac est un suicide : de 1995 à 1997, Matignon domine l'Elysée, Alain Juppé est le vrai patron du pays. Le Président n'est pas coupable ici de faiblesse, il approuve cette délégation de pouvoirs. « Quand de Gaulle est entré à l'Elysée en 1958, il y avait ici dix diplomates et un Président, c'est tout », répète-t-il à ceux qui lui reprochent de ne pas assez peser sur la politique au quotidien. « Jeune ministre, ajoute-t-il, j'écrivais au groupe UDR et je me faisais injurier ; alors je disais : “Le Château le veut.” Et tout s'arrangeait. Dieu soit loué, c'est fini. » C'est fini, en effet. Chirac rogne le sceptre qui est le sien, il prête sa couronne. Quand il s'agit de privatiser Thomson, il est décidé que c'est Alcatel qui héritera de l'entreprise : les ministres concernés ont donné leur accord écrit. Mais le lendemain, après le Conseil des ministres, ce n'est plus Alcatel mais Lagardère qui l'emporte. « Pourquoi ? » interroge un de ceux qui ont suivi de près l'affaire. On lui explique que Juppé démissionne si on le désavoue sur ce dossier. « Chirac n'est plus un président de la Vᵉ République », conclut-il. Tout est dit : Jacques Chirac est incontestablement Président de la République, mais pas de la Vᵉ République ; il est président d'un régime qu'il invente au gré des exigences de l'actualité. Il ne bâtit pas une VIᵉ République, il n'y a dans sa démarche aucune autocratie, bien au contraire. De de Gaulle à Chirac, on est passé du coup d'Etat permanent à la République au fil de l'eau.

Le démantèlement se poursuit avec la dissolution de 1997.

Helvétius raconte qu'un père dit à son fils : « Vous êtes sot; au moins, soyez décisif, cela réparera votre bêtise. » Chirac n'est pas sot, mais il est décisif – ce qui lui fait faire des bêtises. En janvier de cette année-là, le Président est en avion, accompagné par Philippe Douste-Blazy, quelques parlementaires et une poignée de patrons. Claude Chirac vient soudain demander à son père de converser quelques instants avec Jean-Louis Beffa, le PDG de Saint-Gobain. « Putain, non, pas Beffa », soupire Chirac. Et s'il se laisse fléchir par sa fille, il dit à Douste-Blazy : « Tu vas voir, il est chiant comme la pluie. » Beffa rejoint le Président et lui dit : « On raconte que vous réfléchissez à une dissolution, qu'on vous la conseille. Ne le faites pas : la reprise est là. » Le Président écourte l'entretien puis, Beffa parti, glisse à Douste-Blazy : « Tu vois, je te l'avais dit : chiant comme la pluie. Il ne parle que d'économie. » Beffa parlait politique, et voyait juste. Le 17 février 1997, recevant une large tablée de journalistes, le Président est catégorique : « La gauche ne peut pas gagner les législatives de mars 1998, c'est impossible. » Cent jours plus tard, elle est au pouvoir. Déjà, le 6 mai 1995, à la veille de son élection, il l'assurait : « Si je suis élu demain, il va falloir se mettre au travail pour gagner les législatives de 1998. » « En effet, ce sera dur », approuve un interlocuteur. « Mais non, pas du tout, sourit le futur Président. En fait, on ne peut pas perdre. » Les raisons de la dissolution sont multiples : réformes encalminées, opinion bouillonnante, conjoncture pessimiste, chantier européen orageux... Mais le but de la dissolution est unique : donner à Juppé du temps et de la légitimité, baptiser le gouvernement Juppé III de la sueur des députés réélus et du sang des députés battus. Chirac contresigne la dissolution voulue par le Premier ministre. Aucune des conditions constitutionnelles n'est remplie, ni censure du gouvernement, ni troubles publics : 1997 n'est pas 1962 ni 1968, 1997 est 1995 en retard. Mais cela ne fonctionne pas. Le peuple, cette assemblée d'aveugles qui forme un conseil de sages, n'entend pas offrir à Alain Juppé sa propre élection présidentielle en miniature, une victoire aux législatives qui engloutirait celle de Chirac en 1995, sa toute fraîche légitimité de suffrage universel estompant celle, déjà jaunie, du Président. Les Français choisissent moins Jospin qu'ils ne chassent Juppé.

Inconsciemment, ils reviennent aussi un peu vers la Vᵉ République : la cohabitation longue qui s'avance n'a certes rien à voir avec le régime bâti par le général de Gaulle et Michel Debré, mais elle semble un exercice connu, incrusté déjà par deux fois dans l'Histoire de la République, un kyste bénin ; l'omnipotence d'un Premier ministre après une dissolution sur mesure, en revanche, aurait été plus grave, infarctus institutionnel, putsch validé par les électeurs, coup d'Etat béni par le peuple. « La dissolution ratée crée une situation morale, commente Georges Vedel le 2 juin 1997, au lendemain de la victoire de la gauche. C'est Mac-Mahon en 1877 : se soumettre ou se démettre. » Chirac aime le pouvoir, même amer : il ne se démet pas ; et il sera moins soumis à Lionel Jospin qu'il ne l'était à Alain Juppé. « Si je prenais l'initiative de dissoudre l'Assemblée et que les élections tournent à mon désavantage, je serais obligé d'en tirer aussitôt la leçon. Quel homme serais-je, si je m'accrochais alors que le peuple me désavoue ? De quelle autorité disposerais-je ? » Ce n'est pas Jacques Chirac qui s'interroge ainsi, c'est Charles de Gaulle, le 5 janvier 1966. Jacques Chirac n'a même pas été au bout de la première hypothèse, il n'a pas envisagé la défaite, ou du moins n'a pas envisagé qu'elle puisse être un problème. Quel homme est-il ? Sans doute ce que de Gaulle appelait « un politichien » ; mais la France politique n'est plus qu'un vaste chenil, une meute, et Chirac, au moins, chasse de race. Au lendemain du premier tour, alors que le désastre étale déjà ses lambeaux, Charles Millon, encore ministre de la Défense, remet à

Jacques Chirac une note, rédigée sous la forme d'un discours : le Président démissionnera si la majorité sortante n'est pas reconduite. « Ça va sauver les législatives, assure Millon. Et si la droite perd quand même, vous êtes réélu sans problème et vous engagez une cohabitation de domination. » Ce n'est là qu'un gaullisme d'opérette, que Jacques Pilhan, conseiller de Chirac après avoir appris l'art de manœuvrer un pays auprès de Mitterrand, démonte sans peine. La défaite advient donc, simple et sèche. Le sommelier de l'Elysée a de l'humour : pour accompagner le dîner frugal qui est servi aux collaborateurs du Président en train de suivre la soirée électorale du second tour, il sert un Moulis : château Chasse-Spleen. Le Président, lui, a du sang-froid : alors que la nuit commence à peine, il lance à son équipe : « Bon, je vais me coucher. On verra tout ça demain. » Quoi qu'il se passe, ce qui se passe convient à ce hussard, qui n'est mal à l'aise que quand il ne se passe rien.

Jacques Chirac n'a jamais reconnu qu'il s'était trompé en dissolvant l'Assemblée, il a toujours revendiqué cette décision et s'en vante encore. Ce n'est pas là sa conviction, c'est sa force : s'il regrette la dissolution, elle devient sa défaite ; tant qu'il l'assume, elle est son choix, sa liberté. « Pour l'erreur, éclairer c'est apostasier », écrit Victor Hugo dans *Les Contemplations*. Jacques Chirac préfère les ténèbres de ses certitudes à la lumière de la vérité. De la plus grosse bourde politicienne des cinquante dernières années, il fait le muscle de son « bras vengeur ». Néanmoins, l'oubli de la Ve République se poursuit, par petites touches, grains de sable qui ensevelissent un peu plus profond encore le cadavre du Général. La France, habituée aux révolutions, inaugure le changement de régime par érosion. La cohabitation longue, qui associe et oppose Chirac et Jospin, en est la chronique. Ils sont menottés ensemble par leur commune ambition, qui les incite à s'épargner l'un l'autre pour mieux s'entre-tuer demain, à s'entraider pour qu'aucun troisième homme ne vienne empêcher leur duel; ils sont également cimentés par l'opinion, qui aime cette cohabitation : la gauche neutralise les foucades du Président, le Président empêche les errances de la gauche. Avec l'anode Jospin et la cathode Chirac, la République s'électrolyse en paix, dans une prospérité offerte de surcroît. Séguin la dit « émolliente », chacun la reconnaît soporifique, mais les Français s'en réjouissent. La cohabitation leur est une morphine, ils sont soulagés d'anesthésier la politique et ne croient pas qu'il s'agit de l'euthanasier. L'avenir dira si le temps des passions est, comme celui des cerises, révolu, et si la France s'est assoupie pour toujours sur un sac de noyaux. Pendant ce temps, le démantèlement de la charpente institutionnelle se poursuit. « Cette dissolution ferait coïncider les deux mandats, poursuivait de Gaulle en 1966. Elle ferait naître l'idée que le mandat présidentiel a besoin d'être validé par un vote législatif. Ne brouillons pas le tableau! Il faut que les choses soient nettes et que le peuple y voie clair. Le pouvoir présidentiel a le pas. » En 2002, le tableau sera brouillé et, en plus, accroché à l'envers, puisque, sauf coup du sort ou improvisation chiraquienne, les législatives se tiendront juste avant la présidentielle. Que le résultat des premières décide des candidats aptes à affronter la seconde, ou que la perspective impérative d'un duel Chirac-Jospin bipolarise les législatives et leur enlève toute importance, le bilan institutionnel est déjà inscrit : la carcasse bancale de la Ve République va se fracasser sur le mur électoral du printemps 2002. Le Président élu alors ne sera pas tout à fait Président d'un régime qui ne sera plus du tout la Ve République.

Le quinquennat accroît la confusion, la « coïncidence des deux mandats » devenant la règle. Jacques Chirac n'a pas osé engager une réduction de tous les mandats électifs, remettant les horloges de la démocratie à l'heure moderne, appliquant aux élections l'accélération du temps que les technologies ont offerte à l'humanité. La motivation du Président et du Premier ministre, deux convertis tardifs au quinquennat, est simple : ce n'est pas la durée du mandat qui leur importe, c'est la durée de leur pouvoir. Les peuples étant versatiles, la société transparente usant les hommes politiques, Jacques Chirac sait que quatorze ans de même présidence sont désormais impossibles, et Lionel Jospin se doute que cinq ans de Matignon plus sept ans d'Elysée aboutiront dans l'esprit des électeurs à un dépassement de sa date limite de consommation. A l'automne de 1994, Christine Albanel et Patrick Stefanini, solides au centre du dernier carré chiraquien, font une suggestion au candidat abandonné par les siens : « Parlez des institutions, prononcez-vous pour le quinquennat : vous êtes le fils spirituel de Georges Pompidou. » « Les Français se foutent des institutions, réplique Chirac. Mon thème, c'est la fracture sociale. » Peu après son élection, le nouveau Président le confie à Jean-Pierre Denis, secrétaire général adjoint de l'Elysée : « Ils vont me faire chier avec ce quinquennat. » Au début de l'été de 1998, quand le thème, serpent venimeux de la mer politique, refait surface, il dit à ses collaborateurs : « Si vous voulez m'aider, ne parlez pas du quinquennat. » « Le mot même devient proscrit à l'Elysée », témoigne alors Bertrand Landrieu, le directeur de cabinet du Président. Un an plus tard, au lendemain du 14 juillet 1999, où il a répété son opposition au mandat de cinq ans, il s'explique en privé : « Etre contre le quinquennat, ça fait un peu reblochon. Mais nos institutions ont toujours eu de grandes faiblesses, sauf depuis 1958. La Constitution de 1958 est en caoutchouc, c'est très bien ; il faut du caoutchouc dans la vie. » Jacques Chirac en fait des élastiques, qu'il étire à sa guise. En janvier 2000, il repousse d'autres arguments, soulevant les pattes arrière de son fauteuil : « Raccourcir les mandats n'est pas une adaptation aux temps modernes car, même si les nouvelles technologies augmentent la rapidité de décision, ça ne modifie pas l'apport de l'expérience. Vous avez beau vous asseoir sur l'ordinateur et tout brancher, ça ne vous "influe" pas l'expérience. Un régime institutionnel doit être fait comme un costume : sur mesure. » Dans l'uniforme du Général, Jacques Chirac se taille donc un complet qui doit faire de l'usage. Le « quinquennat sec », c'est un régime sur mesure pour Jacques Chirac. Le 6 juillet, convoquant les électeurs pour avaliser par référendum un quinquennat qu'il vient d'adopter, il reprend à son compte tous les arguments qu'il balayait. Surtout, il cite six fois le mot « démocratie », et deux fois seulement la « République ». Il sait bien que, si une élection présidentielle plus fréquente facilite la respiration de la première, le quinquennat sans refonte des institutions étrangle la seconde. Pour garder ses chances d'un second mandat, Chirac précipite les institutions dans un cours des choses inédit, un fleuve inconnu : elles y trouveront peut-être la jouvence, ou bien la noyade. Dominique de Villepin, le secrétaire général de l'Elysée, le reconnaît : « Avec le quinquennat, on ne résout pas les problèmes, on en crée d'autres. » Les électeurs, collision des mandats oblige, renonceront-ils à la cohabitation ? Choisiront-ils au contraire une cohabitation permanente, institutionnalisée ? L'Assemblée deviendra-t-elle un placard aux godillots, tous élus dans la perspective ou dans la foulée d'une présidentielle ? La France va improviser la VIe République.

Le Président de plain-pied

Cet aventurisme institutionnel, dont peut sortir une modernité spontanée ou le chaos, n'est pas dangereux pour le pays. Un pays apaisé, où les extrêmes ne sont plus une menace, peut s'autoriser les « expérimentations hasardeuses » brocardées par Lionel Jospin. De Gaulle devait affronter Thorez et Bastien-Thiry, Chirac n'a à surveiller que le sympathique Robert Hue et le vieillissant Jean-Marie Le Pen. Dans l'affaire corse, Jacques Chirac montre qu'il sait protéger l'essentiel de la Constitution, même s'il n'est pas à l'aise. En 1995, il avait promis à François Léotard d'aller prononcer à Ajaccio un grand discours sur la Nation. Il n'en fit rien : « Il n'a jamais voulu se mêler des problèmes corses », explique un de ses collaborateurs. Il faut l'assassinat du préfet Erignac pour qu'il livre, à Ajaccio, une vibrante mise en garde : « Nous ne laisserons pas se défaire l'unité du pays. » En avril 1999, Chirac envoie Maurice Ulrich et Bertrand Landrieu à la rencontre du préfet Bernard Bonnet, en visite à Paris. Mais, au ministère de l'Intérieur, c'est Jean-Pierre Chevènement et tout son staff qui, autour du préfet encore en grâce, reçoivent les émissaires élyséens. Le ministre n'évoque même pas le sujet de la visite, les élections territoriales, et parle longuement de l'Etat de droit : il sait que le Président, que la Corse ne passionne pas, s'intéressera à ce sujet-là. Car Jacques Chirac, s'il se méfie des grands mots de Nation ou de République, a le sens et le souci de l'Etat et de ses serviteurs. Quand Lionel Jospin, en pleine affaire des paillotes, veut révoquer sèchement, en pleine nuit, Bernard Bonnet, il s'y oppose : le remplacement du préfet incriminé sera assuré dans les règles. Mais quand Lionel Jospin s'engage dans son hasardeux dialogue avec les élus insulaires, la vigilance du Président n'a d'égale que sa prudence. Il bafouille même son credo sur l'unité de la République au Caire, où il est interrogé sur une éventuelle indépendance de l'Outre-Mer : « Voilà une curieuse question, répond Chirac, déstabilisé. La France, par définition, reconnaît le droit des peuples à disposer d'eux-mêmes. C'est clair. C'est-à-dire que si tel ou tel territoire ou département d'Outre-Mer, à l'issue d'un vote, décidait de quitter la France, naturellement cela se ferait sans drame ni difficulté. » La conférence de presse est discrètement étouffée...

Dans son grand bricolage institutionnel, le sentiment républicain de Jacques Chirac est au-dessus de tout soupçon, sa vertu démocratique exemplaire. Mais c'est de l'aura présidentielle qu'il est question. « Le cadavre d'un ennemi sent toujours bon », affirmait Charles IX devant le corps de l'Amiral de Coligny. Incliné sur la dépouille de François Mitterrand, le 8 janvier 1996, Chirac est saisi par une fragrance de pouvoir. Le soir même, il délivre une magistrale allocution télévisée, où il s'impose comme Président à plein temps : élu en mai 1995, sacré en janvier 1996. Mais Jacques Chirac arrêtera là cette filiation capétienne. Avec lui s'avance l'âge laïc de l'Elysée. Empreint de cette modestie qui apaise les Français, et de cette banalité qui les désole parfois. Président de plain-pied, Jacques Chirac désacralise trop sa fonction, affaiblissant son autorité morale par seul souci d'éviter l'autoritarisme politique. A force de vouloir être le Président de tous les Français, et n'être rien de plus, Chirac est devenu un Président comme tous les Français. Son style simple et populaire n'a pas changé depuis son élection parce qu'il a abaissé sa fonction à la hauteur de son caractère, et non hissé son caractère à la hauteur de la fonction. Son style fait de lui le meilleur candidat possible pour une présidentielle moderne et médiatique, mais il est en partie un handicap pour l'exercice des responsabilités élyséennes, le bon sens salutaire qu'il dispense étouffant trop la gravité nécessaire. « Chirac sera peut-être réélu, résume l'essayiste Nicolas Baverez, il demeure incapable d'être Président. » Il est en fait le premier Président d'une société française post-politique, d'une République qu'il jette lui-même dans le droit commun. Si dissoudre à contretemps et perdre les élections ne remet rien en cause, si « oui au quinquennat c'est très bien, et non c'est très bien aussi », de quelle onction peut encore se parer le Président? Il ne devient pas tout à fait cet organe inutile que Clemenceau jumela à la prostate, mais il n'est plus une référence. Le Président sert toujours à quelque chose dans ce pays, mais il ne représente plus rien d'éloquent. Le phare de l'Ouessant républicain est ouvert au public, mais il est éteint. Jacques Chirac a mis un terme à la transcendance élyséenne, héritée de la transcendance monarchique, la mystique républicaine remplaçant le droit divin, Marianne suppléant Capet. L'anté-gaulliste est en fait un antikantien politique...

Cette conception modeste – ou dévaluée – de la Présidence est née dans l'esprit de Chirac avant son arrivée au pouvoir. La maigreur de son score au premier tour a tué toute arrogance plébiscitaire. Le 24 avril 1995, l'équipe de Jacques Chirac est aux anges : à quelques heures des résultats, les « SSU », ces sondages réalisés à la sortie des urnes, sont prometteurs. A 20 heures, c'est la douche froide : les premières estimations sont désastreuses, Chirac, distancé par Jospin, n'a que 0,2 % d'avance sur Balladur. Dans le bureau d'Alain Juppé à l'Hôtel de Ville de Paris, quarante personnes sont frappées de mutisme, puis le ministre des Affaires étrangères d'Edouard Balladur pique une colère noire et chasse tout le monde. Il ne garde avec lui que Frédéric de Saint-Sernin, car c'est dans ce bureau que l'expert en études de Chirac a installé les lignes le reliant aux instituts de sondage. Juppé envoie Saint-Sernin s'expliquer avec Chirac. « Monsieur le Premier ministre... » Jacques Chirac ne lève pas les yeux : « Alors, on est au second tour? » Saint-Sernin a une seconde pour réfléchir, et aucun droit à l'erreur : « Je faisais dans mon froc, se souvient-il. J'ai compté sur Paris et les Dom-Tom, et j'ai répondu : “Oui.” Chirac n'a rien montré, il est resté très calme. Mon calcul a marché, sauf pour la Réunion, et l'écart entre Chirac et Balladur s'est creusé. » Quelques jours plus tard, dans le plus grand secret, Jacques Chirac rencontre Edouard Balladur au Sénat, en présence de son président, René Monory. Au lieu de faire de la stratégie et de négocier une alliance en fonction de l'avenir du pays, les deux hommes mégotent sur les balladuriens à recaser, sur les places disponibles. Puis Chirac veut téléphoner à sa fille : Jean-Dominique Giuliani, le directeur de cabinet de Monory, lui propose de s'installer dans le bureau de son patron. « Vous n'y pensez pas ? rétorque Chirac. Je ne peux pas m'installer à sa place, c'est lui qui, un jour, s'installera peut-être à la mienne – si je suis élu demain. » Chirac s'installe donc dans le bureau de Giuliani et, après son appel, les deux hommes conversent. « Monsieur le Président... », commence Giuliani. « Président de quoi ? l'interrompt Chirac. Je ne suis même pas président du Football club d'Uzès. »

Le lendemain, dans l'attente d'une victoire que tous lui promettent, Jacques Chirac fait préparer plusieurs allocutions. Entre la mairie de Paris, le Quai d'Orsay où sont encore installés Alain Juppé et ses collaborateurs et le QG des chiraquiens, avenue d'Iéna, les fax s'échangent les versions. Celles qui célèbrent la victoire, d'abord. Après les remerciements d'usage, les résolutions se succèdent. « J'agirai dans la fidélité aux principes de la République qui ont justifié mon engagement : la liberté, l'impartialité de l'Etat, la solidarité, la tolérance, l'amour de la patrie », dit un texte. Un autre, plus lyrique, propose à Chirac de dire aux Français : « L'amour de la patrie est aussi indivisible que le respect des principes républicains : je serai le Président de tous les Français, sans distinction partisane, et je tiens à le dire à ceux de nos compatriotes qui ont voté pour M. Jospin. Je comprends leur déception. Le peuple souverain s'est exprimé mais dès demain c'est une France rassemblée qui doit affronter les défis de l'avenir. Ils sont redoutables. Aucune arrogance, aucune exclusive ne sont de mise car aucun Français ne sera de trop pour assurer le renouveau de notre pays. » Des lignes qui prennent un sens cocasse quand l'on songe à la cohabitation qui attend, deux ans plus tard, Jacques Chirac. « Ainsi, poursuit le texte, l'héroïsme de nos aînés dans les tourments de l'Histoire, pérennisé par l'action salvatrice du général de Gaulle, n'aura pas été vain. (...) Soyons unis, ardents, tolérants et fraternels, nous écrirons ensemble une belle page d'Histoire et la France demeurera un phare irremplaçable pour tous les peuples du monde. » Chirac va faire bien des ratures...

Mais le favori de l'élection a fait préparer aussi des textes, brefs, en cas de défaite. Les premiers étaient classés sous le titre « oui », ceux-là sous le titre « non ». « Au terme de cette campagne qui voit l'élection de Lionel Jospin à la Présidence de la République, je tiens tout d'abord à lui présenter mes vœux. Cette élection intervient dans un contexte difficile où la France doit relever de grands défis et se trouve menacée d'une fracture sociale grandissante. J'ai souhaité pour engager le redressement de la France et le rétablissement des valeurs républicaines incarner le choix du changement après deux septennats socialistes. Les Français en ont décidé autrement. (...) Je souhaite, au soir de cette élection et à la veille des élections municipales et législatives, que tous ceux qui m'ont soutenu sachent préserver l'union et se mobiliser pour défendre les valeurs qui sont les nôtres. Plus largement, dans la période qui s'ouvre, j'en appelle à l'esprit de rassemblement et de responsabilité de chacun. Je reste quant à moi présent au service des Françaises et des Français pour défendre les intérêts de notre pays. » Un autre texte de défaite cède un peu plus à l'amertume : « C'est l'expression de la volonté populaire et je la respecte, comme je l'ai toujours fait depuis trente ans que je me consacre au service de la France. (...) Les divisions de la majorité ont contribué à désorienter le corps électoral dans un contexte de grave crise économique et morale. (...) Le changement que j'ai proposé est nécessaire, pour vaincre le chômage, l'exclusion et les intolérances qu'il provoque. Tôt ou tard il devra être mis en œuvre autour d'une majorité que les votes en ma faveur préfigurent. Nous sommes légitimement déçus et inquiets pour notre pays, mais nous devons surmonter ces sentiments pour ne pas compromettre l'avenir. La France, au long de son Histoire, a traversé des épreuves redoutables. Elle saura retrouver, demain comme elle l'a fait dans le passé, le chemin de l'espérance. » Une troisième version, plus plate, reprend félicitations, remerciements et regrets, et rend même hommage à Balladur en filigrane du salut à Jospin : « Je forme le vœu que le résultat de l'élection présidentielle ne compromette pas le redressement de la France entrepris par l'actuelle majorité depuis 1993. (...) Je souhaite bonne chance à la France et aux Français. » Quand on a envisagé tous ces cas de figure, il n'est pas surprenant que la Présidence de la République en soit désacralisée.

Les vents du temps

Recevant au printemps 2000 Jérôme Monod, intime du Président de la République et fraîchement nommé conseiller à l'Elysée, François Bayrou lui dédicace un exemplaire de son ouvrage sur Henri IV; sur la page de garde, le patron de l'UDF écrit ces seuls mots : « Le roi seul. » Confronté à une cohabitation de cinq ans avec Lionel Jospin, Jacques Chirac doit affiner son art de la guerre. Pour Sun Tze, le maître est celui qui défait son adversaire sans combattre. Chirac, qui ne peut déclencher d'hostilités contre son nouveau Premier ministre, doit relever ce défi s'il veut être réélu. En juin 1997, il se retrouve obligé d'être Alexandre, et de faire son propre général du général qu'il vainquit en 1995. Mais Alexandre adoubait délibérément ses anciens ennemis, tandis que ce sont les électeurs qui imposent à Chirac son nouvel état-major. « De juin à octobre 1997, Jacques Chirac a été autiste », témoigne le député RPR Hervé Gaymard. Le Président, en effet, est replié sur lui-même, il n'écoute plus que son instinct, il organise sa survie. Dès sa première visite en province après les législatives, le 7 juin 1997 à Lille, il définit son rôle en rappelant les devoirs qui sont les siens : les idéaux de la République, le rang de la France, les acquis européens, la modernisation du pays, la solidarité sociale. Le Premier ministre le domine, mais c'est normal, et non contre nature comme avec Juppé. La cohabitation l'oblige à se replier sur le donjon institutionnel de la présidence, et le renvoie ainsi à une plus stricte observance du catéchisme gaullien. Il est assez cocasse que ce soit Lionel Jospin qui ramène Jacques Chirac au gaullisme... Il comprend aussi que lui échoit une tâche d'opposition, tant la droite est éviscérée par sa défaite. C'est pourquoi, dès le 14 juillet suivant, il déclenche l'offensive contre le gouvernement, au risque d'écorner son prestige arbitral. Mais c'est décidé : avec ruse et subtilité, il sera un chef de l'Etat garant de l'essentiel mais partisan, le Président de tous les Français et le chef de l'opposition. Seul Jacques Chirac peut être à ce point duplice et protester benoîtement, à chaque apparition, de son impartialité. Croisant un jour, sur l'île Maurice où tous deux se reposent, l'ancien député Alain Marsaud, Jacques Chirac lui glisse : « Le contre-pouvoir, c'est moi ; la droite, c'est moi. » Louis XIV doit en frémir, tant celui qui incarne l'Etat devrait être le pouvoir et non le contre-pouvoir ; Charles de Gaulle doit en pâlir, tant le Président doit représenter la France, et non sa moitié, dextre ou sénestre.

Pour mener la lutte contre Lionel Jospin, Jacques Chirac choisit son terrain : « Moi, mon truc, c'est la France », répète-t-il au secrétaire général de l'Elysée. « La cohabitation est un phénomène lourd, analyse Dominique de Villepin. C'est lié à la nouvelle place de la politique dans la nation : il s'agit de servir, il faut être au service de. » L'Elysée sait que le Président a un allié de poids : le temps, ce général Hiver de la politique. « C'est ici que l'on sent les choses, explique de Villepin, de la plus haute tour de la République, car on est pris dans les vents du temps, tandis que Matignon est un tourbillon, sans haut ni bas. La légitimité de l'élection ne dure pas dans une démocratie moderne. L'un des éléments forts de ce régime, c'est que le temps présidentiel domine le temps gouvernemental. Nous allons organiser un duel à long terme. » Le temps, c'est aussi le calendrier, que seul le Président peut bouleverser, dissolvant une fois de plus – une fois purgé le moratoire constitutionnel d'un an – ou précipitant l'élection présidentielle. Jusqu'à juillet 1999, il joue du suspense; ensuite, il rend les clefs du temps à Lionel Jospin en déclarant, le 14 juillet, que les échéances seront, sauf imprévu, respectées. C'est l'une des plus belles manœuvres chiraquiennes de la cohabitation : Lionel Jospin s'oblige à prévoir, à conjecturer, évoque dès le mois suivant des « objectifs à dix ans » et patauge dans les contradictions du Premier ministre-candidat, fatales à Balladur en 1994-1995. Contraint à la gestion au jour le jour, il excellait, prêt à interrompre à l'instant une action appréciée; à la tête d'un crédit de trente mois, il ne sait comment travailler sereinement, et regrette le confort du pouvoir d'expédients. Le dernier atout du temps, pour Jacques Chirac, est qu'il s'écoule en France, pays aux puissantes inerties. Le ruisseau politique change de cours et de débit, le pays est immuable. « Je me suis beaucoup intéressé à la dernière cantonale, s'amuse le Président au début de l'an 2000. Vous savez, en Ille-et-Vilaine? Le préfet me dit que la droite n'a aucune chance, les Renseignements généraux locaux sont sur la même ligne, les RG du ministère abondent dans ce sens, Alain

Madelin me dit que c'est cuit et Pierre Méhaignerie lui-même m'assure que c'est perdu et que sa présidence du conseil général va basculer. Bref, l'ambiance n'est pas porteuse. Eh bien, nous avons gagné ! Pourquoi la droite ne recule-t-elle pas dans ce pays, alors qu'elle fait tant d'efforts en ce sens ? Parce que la gauche n'avance pas. » Quand Monsieur de la Palice donne des conseils à Don Quichotte, le pays n'avance pas, mais la politique garde sa saveur. Parce que la France politique, lestée d'Histoire, bouge moins vite qu'un continent, parce que la France économique et sociale, empesée par la cohabitation, ne remue guère, Jacques Chirac garde toutes ses chances pour 2002. Après la dissolution pour convenance personnelle, la gouvernance à intérêt particulier.

Lionel Jospin n'est pas dupe. Arrivant à Matignon, il s'est dépouillé de toute naïveté, si tant est que le compagnonnage de François Mitterrand l'ait autorisé à s'en vêtir un seul instant. L'homme qui devient Premier ministre en juin 1997 est un grand blessé de la guerre politique, dont les cicatrices soulignent l'intelligence tactique. « Comment Mitterrand a-t-il pu couvrir des trucs comme les écoutes ou la cellule de l'Elysée ? » demande-t-il à Jean Glavany, alors que se profile la victoire législative. « Quand on est au pouvoir, répond l'ancien conseiller de François Mitterrand, il y a des gens qui trahissent votre confiance. » « On n'en est pas encore là », se rassure Jospin. « Tu verras dans un mois », conclut Glavany. Averti sur les siens, comment Jospin pourrait-il sous-estimer « ceux d'en face » ? Au bout de cinq ans de guérilla, de harcèlement des chevau-légers de la droite, estafettes de l'Elysée, contre la majorité plurielle, et d'embuscades de francs-tireurs de gauche, armés par Matignon, contre le Président et son entourage, la bataille ne sera pas plus claire qu'au premier jour : seul le duel de Jacques Chirac et de Lionel Jospin en livrera l'issue. Un autre scénario, toujours possible, appartiendrait à une autre histoire, et laisserait inachevée celle de la longue cohabitation de ces ennemis intimes. Avant de se retrouver face à face tous les mercredis matin, avant le Conseil, les deux hommes ont déjà connu un moment de confrontation secrète. C'était le 4 mai 1995, juste avant le rituel débat télévisé qui précède le second tour de la présidentielle. Lionel Jospin a dit à son attaché de presse de lui prendre un costume gris clair dans sa garde-robe; arrivé à la Maison de la Radio, où est filmé le débat, le candidat s'aperçoit qu'il ne rentre pas dans son pantalon. A cause de ses problèmes de thyroïde et des excès de la campagne, son poids a fluctué : impossible de boutonner. Jospin est furieux : « Depuis le début, on fait tout pour que je rate ce débat. » « Ce n'est pas grave, calme l'un de ses accompagnateurs, il n'y aura pas de plan large, on ne verra pas que le costume est dépareillé. » « Ça fait sport, une veste grise avec un pantalon bleu uniforme », avance un autre. « C'est le débat du second tour de la présidentielle, il ne faut pas faire sport! » fulmine Jospin. Quand Jacques Chirac arrive dans le studio, son rival est déjà installé et le salue en restant assis, pour ne pas montrer que sa tenue est dépareillée. Jacques Chirac s'installe, puis le réalisateur vient le voir : « Il y a un problème : votre cravate ne passe pas à l'écran, elle brille, c'est ce qu'on appelle un effet de "cross fire". » Le candidat de droite se tourne vers sa fille Claude : il n'y a pas d'autre cravate disponible. « J'en ai quelques-unes, si vous voulez », glisse Jospin. Mais Claude Chirac préfère gagner le studio voisin, où sont installés des supporters des deux prétendants. Dans le studio principal, chaque candidat n'a eu le droit d'installer que deux collaborateurs. Soudain, Jospin et Chirac demandent à leur garde rapprochée respective et aux techniciens de les laisser seuls un instant. Quand ils reviennent, Lionel Jospin glisse à Pierre Moscovici, qui s'approche : « Je n'en aurai pas besoin. » Ce qu'il repousse ainsi, ce sont les « petites phrases », les attaques et coups bas que chaque camp a préparés, au cas où le débat, comme en 1988, tournerait à l'affrontement. Chirac et Jospin ont arrêté un gentleman's agreement pour deux heures – ils le respecteront.

En 1997, l'accord tacite qu'ils passent pour cinq ans va, plus d'une fois, être écorné par l'un ou par l'autre. C'est une guerre froide qu'ils se livrent. Dès leur premier tête-à-tête, Jacques Chirac lance : « Monsieur Jospin, vous êtes là pour faire la monnaie unique. » Lionel Jospin obtempère, qui fait avaler à sa majorité euro-sceptique, avec une grande rasade d'euphorie de la victoire, cette couleuvre. La route de Matignon passe par Damas via Amsterdam, mais le chemin est fleuri... Les escarmouches vont se succéder au fil des mois. En juin 1998, *Paris-Match* réalise un reportage flagorneur sur la première année de Jospin à Matignon : l'hebdomadaire souhaite obtenir une photo choc d'un moment « privé » du double exécutif. Jacques Chirac refuse : « C'est incongru. » Plus tard, tandis que les deux hommes sont à Vienne, pour une rencontre internationale, intervient la libération de Vincent Cochetel, retenu en otage en Tchétchénie. Boris Eltsine appelle Jacques Chirac pour lui préciser les circonstances de cette surprenante issue, et le Président rend publique rapidement sa satisfaction. Sur le chemin du retour, Lionel Jospin s'en plaint à Jacques Chirac, devant des tiers : « Il ne faut pas en faire trop, sinon, nos relations en seront changées. » Le feuilleton des affaires, Mnef contre mairie de Paris, est la grande cartouchière où puisent les deux adversaires. Enfin, le 18 janvier 2000, à 18 h 30, le Président réunit quelques collaborateurs : la convocation du Congrès pour le lundi suivant, afin de modifier la Constitution pour pouvoir réformer la justice, tourne au drame politique. A 19 heures, sa décision est prise : il ajourne le Congrès. Une demi-heure plus tard, Dominique de Villepin prévient Olivier Schrameck, le directeur de cabinet de Matignon : « Le Président va publier un communiqué. » Mais il n'en précise pas le contenu, ni même le sujet. A 22 heures, Schrameck appelle Villepin : « Le Premier ministre va publier un communiqué. » Mais il n'en précise pas le contenu, ni même le sujet... La cohabitation aime la mesquinerie, ces cartouches à blanc. Le lendemain, Lionel Jospin et Jacques Chirac reviennent sur cet incident de transmission, pour en rire ensemble.

« Pourquoi cela devrait-il barder à l'approche de 2002? interroge le Président. J'ai déjà vécu cela avec Mitterrand et ça n'a pas bardé. Quand il m'a traité de "factieux" à la télévision, je lui ai dit dès le lendemain : "C'est mal élevé, je ne suis pas un factieux." Il l'a reconnu et l'incident fut clos. Les tensions ont plutôt eu tendance à baisser avec l'approche de 1988. » Puis il ajoute, pensif : « Pourtant, je n'avais pas la sérénité du Président, mais l'agressivité de celui qui veut le devenir. A Matignon, on est chef de la majorité, on a l'ambition plus politique. » Les deux hommes se jaugent, épousent la psychologie de l'autre, tentent d'en soulever la carapace, d'en chercher le défaut. Au printemps de 1999, Chirac lançait à quelques visiteurs politiques : « La vraie nature de Lionel Jospin perce quand il s'énerve. Il fait peur, et alors il est mauvais. Enervez-le ! Enervez-le ! » Au même moment, Lionel Jospin surprend son entourage : « Il parle de plus en plus de Chirac, témoigne un ministre. Alors qu'avant, hiératique, il disait : "Ah ! C'est le Président de la République : je n'en parle pas." Maintenant, il demande même à Moscovici de lui faire une de ses fameuses imitations de Chirac. » La guerre des nerfs se poursuit : « Depuis quelques semaines, explique un conseiller du Premier ministre en octobre 1999, Chirac est persuadé que Jospin va craquer, que ça va aller de plus en plus mal pour lui. Alors il pousse ses pions. » « On ne peut sortir de Matignon qu'en slip, résume Villepin. Il ne faut pas y aller si on a une ambition présidentielle. Mais Jospin sent la manœuvre et trace la ligne jaune à ne pas franchir. » Au printemps 2000, alors qu'un mouvement de portefeuilles ramène Laurent Fabius au gouvernement, Jacques Chirac prend un malin plaisir à le saluer, chaque mercredi à l'entrée du Conseil, d'un chaleureux : « Bonjour, Monsieur le Premier ministre ! », que le protocole de la République exige, puisque Fabius le fut, et que la politique recommande, puisque Fabius pourrait bien souhaiter l'être encore...

Mais l'affrontement entre les deux hommes, où psychologie et communication dominent pour l'instant, sera aussi un choc idéologique. C'est Don Quichotte contre le chevalier des Miroirs, l'un soutenant que Dulcinée du Toboso est la plus belle des femmes, l'autre affirmant que Casildée de Vandalie la surpasse : ici, c'est deux France que l'on compare. « La ligne de Chirac ne bouge pas, rappelle de Villepin : l'Europe et la modernité. » « Les Français pensent que la gauche n'incarne pas la modernité, poursuit Jacques Chirac, car elle conserve l'idée que l'Etat doit tout décider, ce que Martine Aubry et Lionel Jospin incarnent à merveille. Les 35 heures, c'est idiot, ça n'a pas échappé aux Français, même s'ils en profitent. J'ai reçu un employeur de 18 000 personnes : avec les 35 heures, il a effectué 700 embauches, dont 402 étaient prévues même sans loi. Et il a touché 800 millions d'aides ! A Matignon, il y a eu une réunion, avec un représentant de l'Elysée, sur la réforme de l'Etat : le gouvernement veut créer un règlement pour supprimer des règlements ! Et le second volet des 35 heures ? Comme je n'y comprenais rien, j'ai demandé une note à mon conseiller social, qui est un esprit très clair. Il me rend quatre pages, je les lis deux fois : je n'y comprends toujours rien. » Chirac s'amuse dans ce conflit des idées, où il grignote quelques thèmes pour voir s'ils résistent, s'ils pourraient étayer un programme présidentiel : ainsi de la responsabilité, opposée à cette réglementation que prône Jospin, sous le nom de « régulation ». « J'ai demandé à Lionel Jospin : "Comment va-t-on combattre la pédophilie sur Internet ?" Il me répond qu'il va faire une loi. Mais une loi serait techniquement inapplicable, et nos partenaires mondiaux la refuseraient. » Le Président est serein : l'Histoire, cette forme de temps qui transforme les hommes en livres, travaille pour lui, il en est certain ; alors il laisse le gouvernement gouverner : « Pourquoi taper sur la gauche ? Taper sur quoi d'ailleurs ? Avec la gauche moderne, comme Blair ou Schröder, les chefs perdent les élections car ils sont rejetés par leur base ; avec la gauche classique, comme Jospin, les chefs seront battus car ils sont inadaptés à l'Histoire. La gauche est historiquement dépassée, elle disparaîtra. » Il y a dans la prophétie de la méthode Coué, mais aussi de la stratégie : « Chirac, confie Jean-Louis Debré, pense que les Français lui sauront gré de ne pas avoir fait trop de politique, d'avoir laissé Jospin gouverner : les temps ont changé. » Comme le dit Chirac lui-même, et comme aurait pu le dire Don Quichotte : « Nous ne sommes plus il y a vingt ans, où l'on se battait à grands coups d'estramaçon. » Le Président aime beaucoup évoquer cette longue épée médiévale à double tranchant.

Le survivant bon vivant

Puisque les chevaliers ne « s'estramaçomment » plus, ils sympathisent en attendant d'aller sur le pré. La roborative complicité de Claude Allègre et de Jacques Chirac a fait le bonheur des gazettes, tout comme la scène où le Président offrit un sous-vêtement chaud à Dominique Strauss-Kahn : « Prenez-le ! Je ne l'ai mis qu'une fois. » En visite à Saint-Pétersbourg avec son mari, Bernadette Chirac se retrouve installée à côté de Pierre Moscovici, le ministre des Affaires européennes. « Claude Allègre et Lionel Jospin sont-ils amis depuis longtemps ? » interroge la première dame de France. « Quarante ans, Madame la Présidente », répond le socialiste. « Ah ! Ce Monsieur Allègre, ce qu'il est drôle et brillant ! Il rit tout le temps. Et même quand il ne rit pas, il a les yeux qui pétillent... Et Monsieur Strauss-Kahn, il est ami avec Lionel Jospin depuis longtemps ? » « Vingt ans, Madame. » « Ah ! Ce qu'il est intelligent. Ce n'est pas comme l'autre, le comptable d'Alain Juppé. Et vous-même, avec Lionel Jospin ? » « Douze ou treize ans. » « Il en a de la chance, Monsieur Jospin, d'avoir des amis comme vous. Mon mari n'en a pas de comme ça... Vous restez avec nous, demain, pour la visite de l'Ermitage ? » « Euh... Non, je rentre à Paris. » « Pourquoi donc ? » « Eh bien, pour tout vous dire, je n'ai plus de chemise propre à me mettre. » Cinq minutes plus tard, le Président s'approche du ministre : « Si vous voulez, je peux vous prêter une chemise... » « Non, en fait, je suis vraiment obligé de rentrer... » « Je comprends, mais c'est ma femme qui m'a dit... En tout cas, si vous voulez rester, je peux vous prêter une chemise. » A Berlin, un peu plus tard, les deux hommes se retrouvent seuls un soir, à converser : Lionel Jospin s'est isolé pour retoucher son discours sur le Kosovo, les chefs d'Etat et de gouvernement, avec leurs essaims d'experts, décortiquent des textes divers. « C'est chiant, ces délibérations », soupire Chirac. « Et encore, ce n'est rien, répond Moscovici. Si vous assistiez aux réunions de la commission des résolutions du PS ! » Et le ministre de lui raconter dans quels alambics idéologiques se distille la pensée socialiste. « Au RPR, on ne fait pas tout à fait comme ça, reprend le Président. Si vous voulez, c'est plus simple : c'est le chef qui décide. Peut-être que, sur ce coup-là, vous êtes quand même meilleurs que nous... »

Plus de ruse ici, mais l'expression d'un naturel de bon vivant. Le Président aime rire, boire et manger, considérant qu'être un peu gaulois, c'est être un peu plus français. Devant quelques visiteurs, il évoque l'affaire Lewinsky · « Je comprends pas, c'est fou. Clinton devrait dire : "Oui, j'ai fait ça avec la petite, ça m'a fait beaucoup de bien et j'ai mieux gouverné après; d'ailleurs, voyez l'économie." » Concluant un Conseil des ministres, il lance, pince-sans-rire comme il sait l'être à la perfection, haussant les sourcils d'un air béat pour rendre son propos innocent : « Nous avons parlé du Kosovo mais pas du problème de la banane. C'est très important, la banane. Je dirai donc que la banane reste pendante. » « Tout le monde rit sous cape », confie un témoin. Un autre jour, tandis que Jean-Claude Gayssot lit une longue communication, Chirac et Allègre chuchotent dans leur coin et ricanent en se trémoussant sur leur siège : « Chut ! » laisse échapper Jospin, comme un maître d'école irrité. Et quand le Président s'assoupit lors d'un Conseil, Hubert Védrine hausse un peu la voix dans son exposé géopolitique, pour le réveiller sans l'humilier. Mais la politique ne s'arrête jamais, et Chirac aime jouer de sa sympathie pour mettre les ministres en porte-à-faux avec leur chef. « J'ai reçu votre livre, glisse-t-il à l'un d'entre eux avant un Conseil. Merci. Et je l'ai lu. C'est très intéressant. » Le Président, bien sûr, ne l'a pas lu, et le ministre-écrivain n'est pas dupe, qui a droit à une seconde salve de compliments à la sortie de la réunion : « Bravo encore, c'est très intéressant. Monsieur le Premier ministre, vous ne l'avez pas encore lu ? C'est vraiment très intéressant. Et merci pour la gentille dédicace. » A Berlin, la délégation française va dîner très tard, en groupe. Après avoir commandé un jambonneau à la choucroute, Chirac fait le tour des convives : « Kleine Bier ? Kleine Bier ? Kleine Bier. » Puis il hèle la serveuse : « Mademoiselle, kleine Bier pour tout le monde, et pour moi, große Bier ! » Le lendemain, tandis qu'il flâne dans le Tiergarten avec l'un de ses ministres, Jospin laisse échapper avec un sourire : « C'est difficile de ne pas le trouver sympathique. »

La table est à la vie privée de Jacques Chirac ce que les tréteaux des meetings sont à sa vie publique : le lieu de la relation humaine. Sauf qu'il n'a jamais été à l'aise dans les meetings, tandis qu'il rayonne à table. Mitterrand, mangeur insatiable, aimait les plats roboratifs et les cochonnailles, il aimait avoir un bout de France à désosser dans son assiette. Chirac est semblable : il aime manger les produits du terroir; mais en plus, il les mange comme on le fait au cœur du terroir. Mitterrand avait de l'exigence pour son assiette, Chirac éprouve de la sympathie pour elle. L'un des mets préférés de Mitterrand, c'était les huîtres, dont il pouvait avaler des bourriches entières, lentement, en silence. Jacques Chirac, lui, a une adoration fameuse pour la tête de veau sauce gribiche, qu'il dévore bruyamment. Un soir, Jacques Chirac invite une douzaine de parlementaires à l'Elysée, pour une séance privée de cinéma, suivie d'un dîner. Il leur propose en avant-première un film de guerre de Steven Spielberg, *Il faut sauver le soldat Ryan*, qui débute par une longue scène de boucherie militaire. Après la projection, Chirac se lève et lance aux spectateurs : « Bon, c'est quand même pas ça qui va nous couper l'appétit ! » Rien ne peut lui couper l'appétit. Surtout pas la cohabitation : Chirac est un survivant bon vivant. A Berlin, arrivant à un dîner de travail, le Président s'aperçoit qu'on lui a servi une assiette de charcuterie, tandis que son voisin a hérité d'une saucisse : « Moi aussi, je veux une saucisse », souffle-t-il à un maître d'hôtel, qui lui explique que le menu prévoit saucisse ou charcuterie. « Pas question, réplique Chirac. Pour moi, c'est saucisse *et* charcuterie. » A Strasbourg, lors d'un sommet franco-allemand, il se penche vers son assiette de colin froid, la moue aux lèvres et l'œil piquant : « Ça me fait penser à quelqu'un, mais je ne sais plus à qui... » La tablée commence à ricaner. « A Giscard, peut-être, Monsieur le Président? » risque un convive. « C'est ça, enchaîne Chirac, à Giscard. C'est tout à fait ça! » La serveuse arrive : « Ce soir, il y a du Bäckeofe, Monsieur le Président. » Chirac fronce les sourcils : « C'est très bien, mais vous allez voir les parts : c'est toujours des parts minuscules. Pourquoi ils ne nous font pas une bonne choucroute conviviale? » Dans l'avion qui l'emporte un jour vers la Macédoine, Jacques Chirac se fait servir une assiette de charcuterie et sa bière mexicaine habituelle, une fade tisane nommée Corona. Il est 10 heures du matin. « Vous prenez quelque chose? » lance-t-il à un ministre qui l'accompagne. « Si tôt, Monsieur le Président? » « Ecoutez, nous allons en Macédoine. Vous connaissez la Macédoine? Non? Moi, si. Et en plus, nous allons y déjeuner. Il y aura de la moussaka dégueulasse et du chich kebab dégueulasse. Alors il faut prendre un peu d'avance. » A l'arrivée en Macédoine, on sert à la délégation française de la moussaka et du chich kebab; Chirac en reprend deux fois.

« Vous pouvez manger : vous éliminez tout », lui dit Jean-David Lévitte, son conseiller diplomatique d'alors, dans l'avion. « Pas du tout, réplique Chirac. Je grossis, je suis énorme. » Le Président mange, beaucoup et de tout, donc il grossit, en effet. Il a pris six kilos depuis 1995 selon les observateurs les plus délicats, douze selon les plus pessimistes. A 68 ans, son régime est désastreux, et ses artères devraient être un sujet d'inquiétude nationale. « Aux USA, c'est terrible, chaque fois que j'y vais, je prends 4 kilos. Mais je peux pas m'en empêcher : hamburger, coca, hamburger, coca; j'adore ça, avoue sans honte le Président. Et en plus, je ne fais jamais de sport. Le sport, c'est mauvais. Quand j'étais maire de Paris et que j'allais en voyage en Afrique, Claude Goasguen m'accompagnait. Je me levais tranquillement à 9 heures : lui, il revenait à cette heure-là de son footing, par 40° ! Il était lessivé pour toute la journée, alors que moi j'étais en pleine forme. » Dans un dîner de gala, entendant le chef de l'Etat français dire ainsi du mal du sport, l'épouse d'un de ses collègues étrangers l'approuve, en ajoutant : « Moi, je ne fais que de la gymnastique tantrique thaï. » « Ah oui, réplique Chirac sans ciller, mais ça, ce n'est pas pareil, ce n'est pas du sport, c'est un truc sexuel. » Car le Président aime aussi l'humour grivois. « Le chocolat, c'est bon pour le sexe et pour le moral, explique-t-il un jour en réunion, Pour moi, depuis quelque temps, c'est surtout bon pour le moral... » Alors qu'il est à table, un soir de 1998, avec Jacques Santer, le Président de la Commission européenne, et Edith Cresson, commissaire française, Jacques Chirac entreprend de décoincer un peu son invité luxembourgeois. « Jacques, glisse-t-il, mystérieux, savez-vous pourquoi les députés européens préfèrent Bruxelles à Strasbourg ? C'est à cause des filles. A Bruxelles, après les séances, il y a des filles en ville ; à Strasbourg, rien. Avant, on avait le troisième oreiller. Savez-vous ce que c'était, Jacques, le troisième oreiller ? C'était épatant. Dans un hôtel bien connu de tout le monde, quand on demandait à l'accueil : "Je voudrais un troisième oreiller", on recevait la visite d'une fille. Et un jour, on a fait une grosse erreur : on a fait rentrer les Danois dans l'Europe. Vous savez, tous ces méthodistes. Ça, Jacques, je vous le dis, ça a été une grosse erreur. Un soir, un député danois a demandé un troisième oreiller. On lui envoie une fille. Il appelle la police, porte plainte et fait fermer l'hôtel pour proxénétisme : ce con, il voulait vraiment un troisième oreiller ! » Santer ne rit pas beaucoup, mais Chirac s'esclaffe pour deux.

Le Président, parfois, est drôle sans le vouloir, en des bourdes innocentes mais cocasses. On lui présente un jour un industriel qui vient de racheter *L'Eveil de la Haute-Loire*, un journal prospère. « Ah bon ? s'étonne Chirac. Mais quel intérêt ? A quoi ça peut vous servir ? » Et le capitaliste de lui expliquer les avantages d'un tel placement. Chirac l'interrompt : « *L'Eveil de la Haute-Loire* ? Pardonnez-moi, j'avais mal compris : je croyais que vous aviez acheté l'évêque de la Haute-Loire. » Alors qu'on soulève devant lui, à la fin de 1995, un problème budgétaire, Chirac se tourne vers François d'Aubert : « Vous nous réglez ça, d'Aubert. » Mais le maire de Laval n'est plus ministre du Budget depuis plusieurs semaines : Juppé, dans son remaniement, l'a muté à la Recherche. De même, en voyage au Japon, Jacques Chirac présente François Fillon comme le ministre de la Recherche. Le séguiniste lui chuchote : « Tu sais, maintenant, je suis aux Télécommunications. » Alors, devant l'interlocuteur suivant, Jacques Chirac présente : « François Fillon, notre ministre de la Recherche et des Communications. » Le 7 mai 2000, alors que va débuter la finale de la Coupe de France de football entre le modeste Crufc, de Calais, et le FC Nantes, un dirigeant du petit club amateur arrive dans la loge présidentielle pour remettre au Président des cadeaux aux couleurs du club. Echarpes, drapeaux, réplique de la coupe : les objets du plus mauvais goût sont offerts au Président, devant Lionel Jospin, qui ne reçoit rien. Au fond de la hotte, heureusement, le Calaisien trouve un cadeau pour le Premier ministre. Jacques Chirac lui serre la main et le gratifie d'un cordial : « Merci, monsieur le maire. » « Mais je ne suis pas le maire, proteste le généreux donateur, je suis un dirigeant du club ! » « Pardon, enchaîne Chirac, c'est vrai. Je le connais très bien, le maire de Calais, et ce n'est pas vous. Mais je vous ai pris pour lui parce qu'en fait, vous me rappelez le maire d'Ussel. Chaque fois qu'il me voit, celui-là, il a toujours des tas de cadeaux pour moi ! » Mais dans l'antichambre du Président est accroché le fanion dédicacé de cette finale entre Nantes et le Crufc...

La plante carnivore

Chirac est sympathique, mais il n'est pas gentil. « Chirac n'est pas un affectif, expose Nicolas Sarkozy. C'est une légende. En fait, on ne sait jamais ce qu'il pense. Notre première rencontre date de juillet 1975, et il y en a eu beaucoup d'autres depuis. Il n'est pas du tout l'imbécile qu'on dit, il est très intelligent. Et il est beaucoup moins jovial et chaleureux qu'on ne l'affirme. C'est l'homme le plus secret que l'on puisse voir, il n'est pas binaire, il est très complexe. Mais quand on me dit qu'il est gentil, je m'esclaffe. En fait c'est un pragmatique; pour lui, il y a deux catégories de personnes : ceux qu'il craint et ceux qu'il utilise, les ennemis et les serpillières. » Le 9 novembre 1999, avant les questions d'actualité, Edouard Balladur se rend aux toilettes de l'Assemblée nationale. Il y retrouve par hasard Claude Allègre et les deux hommes s'affairent silencieusement côte à côte, quand l'ancien Premier ministre murmure : « Il a tué Chaban, il a tué Giscard, il m'a tué : vous n'allez quand même pas le laisser faire un second mandat? » Françoise de Panafieu a expérimenté aussi les limites de l'affectif chiraquien : « Quand j'ai été nommée ministre en 1995, j'ai très vite été convoquée à l'Elysée, pour assister le Président dans un rendez-vous important. Quand j'arrive, je m'aperçois que l'entretien va avoir lieu en anglais. En fait, ma présence n'était pas indispensable du tout, et le Président n'a prêté aucune attention à ce que je disais, mais il voulait simplement voir ce que je valais en anglais. » A l'Elysée, parce qu'il a atteint son but et parce que la fonction crée la distance, les épanchements amicaux se sont amoindris, la fontaine de chaleur humaine s'est légèrement tarie. « Il a moins de temps à consacrer à “l’amitié du chef”, si importante au RPR », reconnaît Bertrand Landrieu. « Jacques Chirac Président a d’abord été très proche de Jacques Chirac maire et de Jacques Chirac candidat, déplore Guy Drut. Puis il a été victime du fait du Prince, de la citadelle. C’est sans doute inévitable. » « Chirac n’est pas un naïf politique, conclut Jean-Pierre Raffarin, sénateur centriste proche du Président. C’est un cynique chaleureux : il se débarrasse de ceux qui le gênent, mais sans les détruire. Ainsi pour Philippe Séguin : avec la mairie de Paris, il lui offre quelque chose de crédible pour l’écarter de sa route. » Jacques Lafleur, le chef de file gaulliste en Nouvelle-Calédonie, considère aussi que la chaleur humaine de Chirac cache une nature bien plus retorse. Convoqué à la mairie de Paris, où Chirac tente de le convaincre de financer une affaire en laquelle Lafleur ne croit pas, il entend le futur Président lui lancer, en remuant une bûche dans l’âtre de son bureau : « Jacques, je te croyais immensément riche. » « Qu’entends-tu par immensément ? » « Je ne sais pas, moi : combien as-tu ? » « Cent millions. » « Evidemment, ce n’est pas énorme. »

Jacques Chirac ne dupe plus personne sur la complexité de sa nature, sur le piège de sa bonhomie. La sympathie du Président, c’est la corolle ouverte et colorée d’une plante carnivore. Quelle que soit sa générosité, il cache plus qu’il n’offre. Pour autant, son humanité n’est pas feinte. Quand tous les ministres boudent Allègre, englué au printemps de 1999 dans la colère des enseignants, Chirac le prend ostensiblement par l’épaule, en un geste où la gentillesse n’empêche pas la politique, mais où la politique n’étouffe pas la gentillesse. De retour de Washington, il discute avec le jeune fils d’un journaliste, que l’avion présidentiel a embarqué. Ils font des photos ensemble, en coiffant des casquettes de l’Otan, but du voyage officiel ; il lui parle des Etats-Unis, des avions – comment ils décollent, comment ils atterrissent. « On va devoir lui redresser les dents », dit son père. « Ne dites jamais ça à un enfant en public, lui reproche quelques minutes plus tard, à l'écart, le Président. Vous pouvez le complexer. » Et avant de se retirer dans sa cabine, il dit au jeune garçon : « Si tu as envie d'aller voir la cabine de pilotage et que je dors, tu m'enjambes. Et tu viens me voir quand tu veux à l'Elysée. » C'est la même humanité qui le fait patauger dans la boue du plateau de Millevaches ravagé par la tempête de décembre 1999. C'est la même humanité qui fait dire au footballeur lucide Michel Platini que « Jospin aime le sport, Chirac les sportifs », et qui fait chanter « Happy birthday » aux rugbymen tricolores reçus à l'Elysée, après leur titre de vice-champions du monde, le jour de l'anniversaire de leur hôte. C'est la même humanité, enfin, qui baigne sa relation avec son petit-fils Martin, au-delà de la publicité électorale efficace qu'offre l'existence de cet enfant. Chirac grand-père influence Chirac Président, parce que Chirac voit dans le peuple une multitude d'individus, où de Gaulle voyait un bloc vivant, le visage de la France, et Mitterrand un concept, une argile d'Histoire. « Les politiques aiment les gens au pluriel, Jacques Chirac les aime au singulier, il aime la singularité, explique Raffarin. Face à lui, les personnes sont des personnes : il vous parle de ce qu'il connaît de vous, c'est un échange d'humanité, le code de reconnaissance est génétique, pas politique. Il est très sincère alors, mais stratège aussi ; les deux en même temps. » Chirac n'est pas hypocrite, gentil dehors et méchant dedans : il est les deux simultanément, il est double avec franchise, avec de la sympathie ou de l'affection pour l'être qui est devant lui, et en même temps de l'intérêt, de la crainte ou de la haine pour ce qu'il représente. Laurent Fabius a montré, dans *Les Blessures de la vérité*, quelle était l'ambivalence fondamentale de François Mitterrand, ambivalence intellectuelle et narcissique. Celle de Jacques Chirac n'est pas moindre, mais elle est humaine, affective. Et Jospin, depuis 1997, sculpte la sienne, théorique et psychologique : « Il est ambivalent », confie une de ses proches, abandonnée aux premiers soucis d'une bénigne affaire judiciaire. En haut du perron de l'Elysée, deux figures symétriques taillées dans la pierre dominent le visiteur : nul n'entre ici s'il n'est Janus.

Le secret de l'âme de Jacques Chirac est un ressort profondément enfoui. Le 22 février 2000, il accorde une étrange interview à la télévision néerlandaise, en préalable à un voyage aux Pays-Bas. « Vous étiez plus ou moins fils unique et enfant gâté, c'est vrai ? » interroge le journaliste. « Je crois que l'on peut dire cela. Fils unique, il n'y a aucun doute, et enfant gâté, je crois qu'on peut le dire ainsi. » « Mais votre père était exigeant, on peut peut-être même dire du genre formaliste ? » « Il était assez sévère, oui. Mais il avait également l'esprit ouvert. » « Qu'est-ce qu'il attendait de son fils ? Il en a parlé avec vous ? » « Il n'a jamais pesé sur mes décisions en ce qui concerne mon orientation. » De ce père sévère et ouvert, sans influence mais non sans présence, qu'a-t-il conservé ? Et qu'a-t-il reproduit dans sa propre expérience de père ? Sa fille malade est la blessure secrète de cet homme, tragédie qui le jette hors de sa vie personnelle, qui l'expulse entièrement vers la politique. De Gaulle eut Anne, trisomique : « On s'attache plus à un enfant faible qu'à un enfant normal », confia un jour le Général, avant de dire, quand elle mourut : « Maintenant, elle est comme les autres. » Mitterrand eut Pascal, ce premier fils mort en bas âge, compagnon secret, pendant un demi-siècle, de sa réflexion sur la mort, deuil invisible au milieu de tant de deuils ostentatoires. Chirac a Laurence, dont il ne parle jamais et dont personne ne lui parle jamais. Claude, son autre fille, et Bernadette, sa femme, sont étroitement associées à sa vie politique, composant avec lui une étrange Trinité, une famille plus efficace que sainte. Mais c'est quand il est avec l'absente que Jacques Chirac est autre, que le politique soudain s'efface devant l'homme ; sa véritable vie privée se résume à cette intime douleur. Le 3 décembre 1998, quelques jours après avoir fêté ses 66 ans, il reçoit les dirigeants de l'Association des amis de Jacques Chirac, créée par feu Raymond Thuilier, le grand cuisinier de Beaumanière. Bernard Pons lui remet son cadeau, une œuvre de Maddy de la Giraudière, un peintre naïf. La toile est une mosaïque de sujets : un village de Corrèze, la mère de Jacques Chirac tenant son fils dans les bras, Chirac adolescent regardant un paquebot s'en aller, les Aurès, la place de Meymac, la mairie de Paris, l'Elysée. Au centre, l'artiste a peint un pommier, l'arbre symbole de la campagne de 1995, mué en arbre de vie, avec des bourgeons, des fleurs, des pommes vertes puis rouges, des feuilles mortes et des branches nues. La vie de Chirac est ainsi, un bric-à-brac coloré, une fresque dont lui seul connaît la narration secrète.

« Jacques Chirac est son propre matériau, il se pétrit en permanence, explique Dominique de Villepin. Chirac a des passions : où sont celles de Jospin ? » Et, de fait, le bureau du Président déborde d'objets personnels, bric-à-brac d'œuvres d'art et de photos, quand celui du Premier ministre n'offre aux visiteurs qu'un cafouillis de dossiers et de parapheurs, et deux photos politiques : l'une avec Mitterrand, l'autre avec son équipe gouvernementale. De l'homme Jospin, rien n'est entré dans le bureau de Matignon. La passion érudite de Chirac pour les « arts premiers » est aussi un pilier de sa psychologie. En 1994, les Français ont découvert que ce grand échalas, qu'ils pensaient un brin benêt et fruste, aimait autre chose que la musique militaire. L'exposition sur l'art des Taïnos, commentée par Chirac, a révélé un homme de profonde culture, mais d'une culture si étrangère alors à l'opinion qu'elle était invisible et indicible. En quelques années, ce jardin secret est devenu square public, de voyages en musée à bâtir, de visites d'expositions en expertises d'œuvre. Car Chirac est consulté pour son savoir : des amis antiquaires viennent lui montrer des pièces rares. « L'autre jour, on m'en a montré une douteuse, raconte-t-il. Impossible de dire si c'était une copie ou une authentique. Aujourd'hui, les faussaires sont très forts, on n'arrive plus vraiment à distinguer le faux du vrai. J'ai même un ami universitaire, en Chine, dont le train de vie me semble suspect. Je me demande s'il n'arrondit pas ses fins de mois en vendant des copies. » En voyage, une fois de plus, au Japon, Chirac a droit à une gâterie : le Premier ministre Hashimoto a fait sortir du trésor impérial quelques pièces rares pour les montrer à son visiteur. Tandis qu'il lui commente une statuette, Chirac l'interrompt : « Je crois que vous vous trompez, Monsieur le Premier ministre... » Et il corrige l'explication, devant un Japonais plus ébahi qu'humilié. Mitterrand lisait et cochait, dans les réunions ennuyeuses, des catalogues de bibliophilie. Chirac, lui, feuillette des ouvrages sur les arts premiers. Il s'est fondu dans ces civilisations, il évolue au milieu d'elles comme s'il en était contemporain, il est général au milieu des soldats de terre cuite chinois. L'adolescent Chirac qui errait des heures dans les couloirs du musée Guimet est bel et bien le père du politique Chirac qui conquit le pouvoir. Dans les visages hiératiques et les monstres colorés venus d'Extrême-Orient, Chirac a deviné bien des clefs de la guerre et du pouvoir. « Les Vietnamiens plantent le riz ; les Cambodgiens regardent les Vietnamiens planter le riz ; les Laotiens écoutent pousser le riz. » Le Président aime citer ce proverbe. En politique, longtemps Jacques Chirac a planté le riz ; de 1993 à 1995, il a regardé Balladur planter le riz – et il a failli se noyer ; depuis 1995, il écoute pousser le riz.

Pygmalionne

C'est le calme plat dans la rizière. L'Elysée sous Chirac n'a rien de la fourmilière mitterrandienne, avec ses cellules secrètes, ses visiteurs du soir et son jeu d'arcanes. En apparence du moins. La vie du Château n'est pas une vie de château, elle comporte même ses petits soucis d'intendance. De 1996 à 1997, le budget alloué à l'Elysée est passé de vingt à quarante millions de francs : non que Jacques Chirac ait été, tel un Le Trouhadec Président, saisi par la débauche, mais la loi prévoit que, désormais, la Présidence paiera ses factures de téléphone. Elysée, palais des bavardages. La Présidence continue néanmoins à vivre aux crochets des autres ministères, qui honorent ses dépenses et lui délèguent leurs services. Le calcul a été établi : c'est 250 millions de francs qu'il faudrait lui verser chaque année si elle était autonome, le double si elle devait payer son personnel, aujourd'hui mis à disposition et non pas détaché. « Mais qui donc irait défendre le budget de l'Elysée devant l'Assemblée? s'interroge un haut fonctionnaire chiraquien. Surtout en période de cohabitation... » Chacun y va donc de son cadeau en nature : outre la Défense ou les Affaires étrangères, nombre d'administrations distraient de leurs effectifs quelques mercenaires envoyés rue du Faubourg-Saint-Honoré. Même la Ville de Paris a cédé quelques secrétaires et chauffeurs que le Président, en 1995, souhaita emporter avec lui, ainsi qu'une poignée de conseillers. Emplois fictifs? L'Elysée rembourse sou à sou les contribuables parisiens. Quand le thème devint à la mode, l'Elysée s'inquiéta : on compte dans les rangs de la Présidence une vieille secrétaire, mise à la disposition de la Présidence depuis vingt-cinq ans, et payée sans interruption par... la SNCF ! Fallait-il la renvoyer par le premier train ? La faire muter vers une vraie administration ? Il fut décidé que la paix de son esprit était plus importante que le respect obtus de la loi : elle a toujours la même fonction et le même employeur...

La Présidence manque parfois de personnel. Un samedi arrive une lettre rédigée en arabe ; or l'Elysée ne dispose que d'un service de traduction réduit et transmet au Quai d'Orsay les missives en langues rares. Le lundi, le ministère des Affaires étrangères dépouille donc tranquillement ce courrier du Président : stupeur ! il s'agit d'une lettre de menaces fort crédible ! Le branle-bas de combat est déclenché. A d'autres moments, l'Elysée travaille un peu trop vite. Au début du mois de septembre 1998, Jean-Pierre Chevènement est dans le coma au Val de Grâce, après un accident d'anesthésie, tandis que le Président est en voyage en Ukraine. Le cabinet élyséen rédige le texte de la déclaration que Chirac lira si Chevènement trépasse. Le texte circule entre Paris et Kiev, les conseillers pèsent chaque mot... et Chevènement ne meurt pas. Le Président lui a-t-il offert, au moins, ce texte inoubliable ? A l'image de leur patron, les conseillers de Jacques Chirac, par-delà les clans et les inimitiés, savent s'amuser. Le 10 juin 1999, lors de la réunion quotidienne dans le bureau du secrétaire général de l'Elysée, Christine Albanel, la « plume » du Président, relate le meeting de la veille, porte de Versailles, où Claude Chirac est allée soutenir Nicolas Sarkozy. Albanel, gestes à l'appui, se met à décrire le fonctionnement, à côté de la tribune, de la traduction simultanée en langage des gestes. Car si tout gaulliste discipliné est muet, certains, en plus, sont sourds. Pour Edouard Balladur, la traduction est lente, et les officiants demeurent parfois les bras ballants en attendant d'avoir assez de mots à se mettre sous la main. Pour Alain Madelin, le rythme s'accélère. Et pour Nicolas Sarkozy, deux traducteurs se relaient sans cesse, transpirants, essoufflés des poignets et gesticulant frénétiquement. Albanel duplique pour les autres conseillers les « néologismes » qu'elle a appris la veille : les pouces vers le bas veulent dire « huées », les deux index tendus vers l'avant et agités d'un tremblement de mitraillette signifient « guerre du Kosovo ». Le Château s'amuse...

L'Elysée sous Chirac a sa part d'ombre, la Présidence modeste n'est pas une Présidence angélique. La présence, aux côtés de Jacques Chirac, du sénateur de Paris Maurice Ulrich en est la preuve. Son parcours de 1995 à 2000 dévoile la stratégie du Président, sa façon d'agencer le bunker élyséen. Mitterrand entretenait durant la première cohabitation un cabinet fourni et actif. Nombre de postes techniques étaient doublés de conseillers politiques, chargés de lire les dossiers en fonction du rapport de forces avec Chirac, il y avait un Elysée objectif et un Elysée subjectif, le Château recelait des oubliettes. Avec Chirac, rien de cela : « Il n'y a pas assez de politiques à l'Elysée et ça va durer cinq ans comme ça, prévient ingénument Maurice Ulrich. Chirac veut une cohabitation sereine et constructive. » Et de fait, le cabinet du Président semble maigre et paisible, l'arme au pied. Ses conseillers relèvent de la défense passive, pas des commandos de choc. Mais Chirac cache son jeu : la politique active, c'est-à-dire la guerre contre Matignon, suinte par tous les couloirs. Ulrich n'a aucune existence officielle, il n'est pas rémunéré et ne figure pas dans l'annuaire officiel du Château. Mais il dispose d'un bureau au troisième étage, au sommet d'un escalier tortueux, avec vue sur l'essentiel gravier. Sur les murs, on voit des mousquetaires, « Le Roy à la chasse aux cerfs avec les dames », les portraits de Folle, Mitte, Diane et Blonde, qui ne sont pas des courtisanes mais des chiennes... « Je suis une vieille relation de Jacques Chirac, une sorte de conseiller "holique", explique-t-il. Le 6 janvier 2000, j'aurai 75 ans, j'arrêterai la politique. Chirac se débrouillera sans moi. » Le 6 janvier 2000 est advenu, et Ulrich est toujours là, même si son étoile a pâli avec l'échec de Jean-Paul Delevoye, son candidat, dans l'élection à la présidence du RPR. « C'est le vieux sage dont j'ai besoin », commente Jacques Chirac, humain jusque dans ses disgrâces, qui accompagne à la porte quand Mitterrand chassait. Au printemps de l'an 2000, Ulrich est rejoint et légèrement supplanté par Jérôme Monod, monté à bord comme un pilote grimpe sur un navire afin de diriger l'arrivée au port.

« L'Elysée, c'est qui ? » s'énervait le général, refusant qu'une information soit ainsi « sourcée » : l'Elysée, c'était lui, puisqu'il était la France. Du Château sortaient donc ses propos ou un profond silence. Avec Chirac comme avec Mitterrand, l'Elysée a mille bouches. « Que voulez-vous ? J'ai des collaborateurs qui ont le droit de penser. J'essaye de les en dissuader, mais je n'y arrive pas toujours. » L'œil qui frise et le soupir forcé, Jacques Chirac plaisante ainsi quand on évoque devant lui ceux de ses conseillers qui se mêlent de politique politicienne. Son humour est une fuite. La réflexion politique est un des points faibles de l'Elysée. D'abord parce que le Président n'aime pas cela : il est homme d'intuition et non d'imagination, il n'est pas un boulimique de stratégies et de scenarii. Ensuite parce qu'organiser une réflexion contradictoire sur la piste à suivre jusqu'à 2002, c'est-à-dire sur le personnage que doit interpréter Chirac, est impossible. Il y a Claude. On peut contredire tous les conseillers du Prince, même les plus anciens ; on peut s'opposer aux plus éminentes et aux plus grises des éminences grises d'un homme de pouvoir ; on peut même s'afficher en désaccord avec lui. On ne peut se démarquer de sa fille, désavouer la chair de sa chair. Claude Chirac est la plus grande force et la plus grande faiblesse de son père. Elle a sauvé la vie politique de celui qu'elle appelle « Chirac » : sans elle et sans Bernadette, Chirac ne serait jamais sorti de la Géhenne de 1988, n'aurait jamais escaladé les parois de la roche Tarpéienne pour retourner au sommet. En 1994, elle a mis en musique la charge chiraquienne, a modelé le Chirac nouveau, revenu calme et sympathique des abîmes. C'est grâce à elle que les Français, après trente ans de réticences, ont soudain aimé Jacques Chirac. A ce moment-là, Claude a enfanté son père. Mais en politique aussi, il faut savoir tuer le père... même quand c'est sa propre fille. « J'achète », lance Claude Chirac dans les réunions, quand une idée lui plaît. Et dans une France Potemkine, elle promène son père pour préserver l'image du Chirac populaire, à l'aise au cul des vaches et au nez des électeurs. A ses côtés, Jacques Pilhan, pendant trois ans, a su apporter un contrepoint. Avoir si bien conseillé François Mitterrand lui donnait une autre légitimité, qui, sans la dominer, pouvait voisiner avec celle de Claude. Elle avait refait Chirac, il avait modifié Mitterrand, ils conversaient comme pygmalions en foire. Mais la mort l'a emporté, seule demeure Pygmalionne, Claude tient sans aide le gouvernail du galion Chirac. Elle en soigne la coque et la voile, veille à ce que toujours le soleil éclaire l'une et le vent gonfle l'autre, mais se désintéresse trop de la quille et du cap. De quel lest Chirac emplira-t-il ses cales pour survivre à la houle de 2002 ? Vers quel horizon prétendra-t-il cingler à la tête de la flotte de France ? « Quant à l'horizon, il était extraordinaire : on ne le voyait plus », a écrit Jules Renard. Les Français ne s'embarqueront plus pour ce voyage-là.

Si sa fille est un vrai régisseur de la politique, Bernadette Chirac, elle, est un vrai homme politique. Conseillère générale en Corrèze, elle connaît le métier. Elle a même été tentée, en 1998, de monter d'un cran l'échelle du pouvoir, et d'aller à l'Assemblée. Jean-Pierre Dupont, suppléant de son mari dans la troisième circonscription de Corrèze, fut pris d'une envie soudaine d'aller siéger au Sénat. Une élection législative partielle aurait alors été organisée pour le remplacer au Palais-Bourbon. L'épouse du Président, dont l'élection était quasi assurée, aurait donc participé aux débats de l'Assemblée – où le Président est statutairement interdit de séjour –, aurait pu proposer des lois, questionner le gouvernement, s'associer aux commissions d'enquête... « Et la séparation des pouvoirs ? interroge un député gaulliste. Sacré casse-tête juridique... » Mais Jean-Pierre Dupont révisa ses ambitions, demeura député et Bernadette Chirac première dame de France. Elle n'en garde pas moins une influence psychologique sur son mari, secrète, vigilante sur sa santé, plus dure que lui, souvent, avec ses ennemis et, surtout, avec ceux qui l'ont trahi. Dans sa longue négociation de paix avec l'Elysée, c'est elle que Nicolas Sarkozy craignait, et non Chirac ; Chirac dont il connaît le caractère et qui avait besoin de lui, tandis que Bernadette est un mystère pour Sarkozy, et qu'il ne peut rien lui apporter. Jacques Chirac, éternel officier de réserve, s'accommode de cette double influence féminine, dont il ne se croit pas trop dépendant. « A Brégançon, explique Bernard Pons, un rien canaille, Chirac se sentait sous surveillance. C'est clos, il avait l'impression d'étouffer. Bernadette et Claude, parfois, ça lui semble un petit air de l'Enfer de Dante. Alors il a décidé d'aller à l'île Maurice, où il a l'impression de leur échapper plus facilement. »

Enguerrand

A lui, Chirac n'échappe pas. Jamais. Dominique Galouzeau de Villepin est-il l'homme le plus puissant de France, puisqu'à écouter ses ennemis, il domine le Président ? Est-il le couvre-chef de l'Etat ? Il est en tout cas l'homme le plus détesté à droite et le plus brocardé à gauche. Paratonnerre ou mauvais génie, il est l'un des hommes clefs de la République, qui participe, par la conception qu'il a de sa fonction, à enterrer le gaullisme. « Avant, le Président interrogeait chaque conseiller individuellement : son bureau devenait une effroyable chambre d'écho. J'ai institué la réunion collective, dont il sort le meilleur et le pire, et le secrétaire général s'expose, c'est lui qui interroge. Il doit donc bannir tout calcul, toute stratégie personnelle. Le secrétariat général est une tour de guet : on invente, on propose et le Président tranche. Cette dimension collective et de transparence est essentielle : après l'heure de gloire de la technocratie, voici celle de l'humilité, de la confrontation des savoirs. Avant, à côté du bureau du Président, il y avait celui du conseiller superbe, Jacques Attali ; c'était "le bureau qui rend fou", puisque tous les visiteurs de Mitterrand le traversaient. Aujourd'hui, c'est une salle de réunion. La forme de réflexion au sommet de l'Etat a changé, tout comme l'esprit de ceux qui servent le politique. La cartographie du pouvoir est difficile à établir, les repères classiques sont perdus, tout se mêle, il faut sans cesse épurer ses connaissances, renouveler les genres d'affrontement. » Dominique de Villepin pense le pouvoir en même temps qu'il le fréquente et l'influence. « Ce n'est pas en passant des ambassades à l'Elysée qu'on connaît la politique », réplique le sénateur libéral Henri de Raincourt. « Un bon secrétaire général, c'est quelqu'un qui écoute – il est le confident du Président –, qui ne dit pas de mal des politiques et ne se croit pas meilleur que les autres, assène Jean-Louis Debré, l'un des rares à afficher ses désaccords avec Villepin. Je dis aux députés : "Allez-y, allez confier au Président ce que vous pensez de Villepin." » Mais peu s'y risquent. A droite, il y a deux types d'élus : ceux qui détestent trop Dominique de Villepin pour avouer qu'ils ont peur de lui et ceux qui ont trop peur de lui pour avouer qu'ils le détestent. Villepin le sait bien, qui reçoit la haine comme un hommage à son travail : il se veut Enguerrand de Marigny livré au peuple sous Philippe Le Bel, Nesle sacrifié pour Saint Louis. Le fusible a été inventé avant l'électricité. Il ne riposte pas en public : « Si je réponds, c'est un engrenage sans fin : on est dépossédé de l'énergie vitale pour servir le Président, on s'affaiblit, on est moins bon. » Tout juste laisse-t-il échapper : « On m'accuse de tout à cause de la dissolution. » Car c'est lui l'inspirateur, la muse damnée qui souffla l'idée de dissoudre et convainquit le Président que là était la solution. « Il a inspiré la dissolution pour relancer Alain Juppé, explique Jean-Louis Debré. Villepin n'aime que lui-même, ou, à la rigueur, Juppé, parce qu'il a fait l'ENA et Normale Sup'. »

D'autres accusations moins amènes encore pleuvent sur Enguerrand de Villepin. « Il utilise le complexe social de Chirac, assure un élu. Chirac a épousé une Chodron de Courcel et embauché un Galouzeau de Villepin, il se sent flatté. » « Si Villepin n'a pas déclenché l'arme atomique, plaisante à demi un collaborateur de l'Elysée, c'est qu'il n'a pas la clef. » « Il a dit que Chirac n'était capable que de lire des BD », affirme un député. « A Bouygues qui avait un petit souci juridique à propos du financement d'une campagne de Chirac, avance un autre, il a conseillé de prendre Jacques Vergès comme avocat. Ce type est fou. » En effet, Villepin est fou. Il est un alchimiste de la politique, qui mélange des sels et des acides dans les cornues de ses idées et les alambics de ses phrases. Il en sort des précipités éphémères, philtres géniaux ou poisons mortels. Il faudrait le surnommer Fulminique de Villepin. « Ne prenez pas le métro pendant la Coupe du Monde de foot, glisse-t-il à un visiteur en mai 1998. J'ai vu la DST : il va y avoir des bombes, ça va péter de partout. » Perpétuel potier de l'actualité, il brasse tout ce qu'il trouve au service du Président. « Il y a un délit de réflexion, dans ce pays », répète-t-il entre deux salves d'idées. Villepin nourrit et protège Chirac. Le secrétaire général n'est pas une machine, un froid technocrate qui expertise et démontre ; il s'enflamme et s'emballe, croit plus les analyses qui volent haut que celles qui marchent droit. Il est un risque pour l'Etat, qui n'aime pas les embardées, et une chance pour la République, qui a plus besoin d'un volcan que d'un fleuve. « Neuf fois sur dix, assure-t-il, j'arrive à mon bureau indigné. S'il n'y a pas d'indignation derrière l'Etat, ça ne marche pas, la passion est le support de la politique. » Dominique de Villepin, poète à ses heures, met de la littérature dans l'exécutif, successeur en cela de Mitterrand... Au moins, si Chirac ne lit que des bandes dessinées, un autre enrichit la prose du pouvoir. Chirac met la politique en actes, Villepin la met en mots, Commynes contemporain. Au milieu d'une après-midi comme les autres, quand les affaires du monde l'exigeraient à son poste, Villepin feuillette des manuscrits anciens dans une échoppe d'autographes. Cette nonchalance est une sagesse de fou. En fait, Dominique de Villepin, comme ces coulées de lave qui tombent dans la mer, fusionne violemment le technocratique et le romanesque ; il est un chevalier médiéval cherchant querelle de fief en fief, tel un Lancelot joyeux. Jacques Chirac est un Don Quichotte qu'accompagne, en guise de Sancho Pança, un autre Don Quichotte, plus jeune et plus fougueux que lui.

Dans son bureau, Dominique de Villepin a accroché, au début de l'an 2000, un tableau de Bellangé, sombre et flamboyant à la fois : « Le carré de la Garde. » « La Garde meurt mais ne se rend pas », complète Villepin devant ses visiteurs. Sur les meubles est dispersée une hétéroclite armée sans bonnets de poil d'ours : une collection de statuettes africaines, dont l'une arbore un visage entièrement clouté. Au début du mandat de Jacques Chirac, son équipe s'était cotisée et Dominique de Villepin avait fait acheter une superbe œuvre malienne, que le Président reçut en cadeau d'anniversaire. En avril 1997, en voyage au Mali, Jacques Godfrain, le ministre de la Coopération, est reçu à la Présidence avant de reprendre l'avion pour Paris. « Puis-je vous voir en tête-à-tête ? » lui souffle le Président du Mali. Les deux hommes s'isolent : « La statue offerte à Jacques Chirac par ses collaborateurs pour son anniversaire doit revenir au Mali : elle a été volée sur un chantier de fouilles. » Godfrain réfléchit dans l'avion du retour et, le lendemain, profite du Conseil des ministres pour faire passer au Président un mot plié en quatre, qui expose le problème et propose trois solutions : « On rend la statue ; on en donne une autre d'un musée en échange ; on dit qu'elle appartient au Mali mais qu'elle est en dépôt en France. » Jacques Chirac fait signe à Godfrain qui se lève et vient à lui – un mouvement rare en plein Conseil. « Appelez tout de suite le Président du Mali : sa solution sera la mienne », murmure Chirac. Godfrain s'exécute : le Président du Mali part à l'instant pour Washington. « Je vais réfléchir et vous réponds à mon retour. Et merci. » Mais Dominique de Villepin a ramassé après le Conseil les petits mots qui, comme d'habitude, ont circulé autour de la table. Il appelle Godfrain : « Si vous n'êtes pas capable de calmer tous ces types à qui vous filez de l'argent ! » « Je me suis fâché, raconte Godfrain. Je ne pouvais supporter qu'on parle de mon ministère et des Africains de cette manière. Puis la dissolution est arrivée et tout s'est enrayé. Un jour, à l'ambassadeur du Mali qui soulevait le problème, Villepin a lancé : "Ne parlez plus de ça !" Mais à la fin de 1997, la statue était de retour au Mali. » A l'Elysée, la plaisanterie a circulé quelques mois entre collaborateurs : « Au fait, il faudra qu'on demande à Villepin de nous rendre l'argent. »

Jacques Chirac sait tout cela, et il maintient Dominique de

Villepin à son poste même si l'arrivée de Jérôme Monod, au printemps de l'an 2000, prive le secrétaire général d'une partie de son rôle politique. Il pourrait pourtant sans drame le remplacer : Mitterrand organisa une relève bien plus intensive. Cette fidélité est le meilleur argument des rares défenseurs de Villepin. « Villepin rassure le Président, explique Jean-Louis Debré, qui n'en est pas. Il lui dit : "Pas de problème, Président, on s'en occupe." Et Chirac n'écoute que ceux qui le rassurent, pas ceux qui sonnent l'alarme. » « Jacques Chirac se sert de Villepin pour foutre le bordel dans l'opposition, assure un autre parlementaire. Il a une fonction politique de chirurgien, sauf qu'en guise de bistouri, il utilise un lance-flammes. » Untel se plaint d'avoir reçu des menaces, un autre assure que Villepin possède des dossiers sur beaucoup de monde, qu'il a ses propres contacts dans les services secrets. Villepin nie en bloc, conscient que sa réputation suffit ici à son efficacité, qu'il n'a pas besoin de faire tout cela pour être craint. Mais saint Sébastien sait se faire archer à ses heures. « Quand il vous traite de con, explique l'un de ses proches, c'est qu'il vous aime bien. Quand il vous qualifie de connard, c'est plus grave. » Quelle est l'ambition de Dominique de Villepin? La politique l'attire, comme un tourbillon; il lui faut vivre ses romans. « Nous sommes à la veille d'une grande révolution politique, prédit-il. La querelle pour le pouvoir cache que le pouvoir n'est plus là : ni chez les politiques, ni chez les juges, ni dans les médias. Le pouvoir est un manteau de chagrin. » Orfèvre des mots et des maux du pouvoir, Villepin sait qu'il tient sa légitimité de Jacques Chirac. « C'est lui qui m'a nommé; comme Lionel Jospin », aime-t-il rappeler. « Attention, prévient Debré, un secrétaire général de l'Elysée ne doit pas rester en place trop longtemps, sinon, il se sclérose. Pour Villepin, le moment est sans doute arrivé. » L'intéressé répond d'un énigmatique proverbe africain : « Le souverain est un feu : trop près, on se brûle; trop loin, on a froid. » Et il ajoute : « En Afrique, on dit aussi que, quand un roi dure longtemps, il faut regarder son sorcier, qui doit être très bon. »

Le numéro 23

L'impopularité est le cardiogramme de la politique : la preuve qu'un élu est vivant vient de sa capacité à emballer le pouls de l'opinion. « Nous avons reçu deux vagues de lettres très agressives à l'égard du Président, raconte Bernard Pons, patron de l'Association des amis de Jacques Chirac. L'une en juin 1997, l'autre après son discours du 23 mars 1998. » C'est normal : ce sont les deux moments où Chirac a fait évoluer sa posture élyséenne. Avec la dissolution-sabordage et la défaite, il n'était plus qu'un demi-Président; avec son allocution télévisée au lendemain des élections régionales, il retrouve la plénitude de sa légitimité. « Les circonstances actuelles me conduisent à sortir de la réserve qu'exige ma fonction, explique-t-il au début d'un propos qui le replace au contraire au cœur de son rôle. Parce que j'ai le sentiment que l'on est en train de perdre le sens des choses. Parce que j'ai le sentiment que les passions se substituent à la raison. Parce que j'ai le sentiment que l'on risque d'abîmer la France, ses valeurs et son image. » En trois paragraphes, le Président reprend contact avec la politique : « A la droite républicaine, je voudrais dire qu'elle peut convaincre sans se renier. (...) A la gauche, je voudrais dire qu'elle devrait être plus mesurée dans ses jugements, plus responsable dans ses critiques, tant il est vrai qu'il est malsain de jeter de l'huile sur le feu. (...) Je voudrais dire aux électeurs du Front national qu'ils doivent, eux aussi, mesurer leurs responsabilités. (...) Acceptent-ils le risque de voter pour un parti de nature raciste et xénophobe, ce qui est la réalité actuelle du Front national ? » Depuis la mort de François Mitterrand, Chirac n'a pas aussi bien parlé. Leçon pour la droite, avertissement pour la gauche, ultimatum pour le FN : Chirac redevient le Président-arbitre prévu par la Constitution. Cette hauteur de vues n'empêche pas la *Realpolitik*. Le vendredi précédent, Chirac appelle Charles Millon, en train de se faire élire président de la Région Rhône-Alpes avec les voix du FN : « Gollnisch va voter pour toi ? Tu n'as pas d'autre solution ? » « Si, présenter le doyen, Gascon. » « Convoque-le. » « Il refuse, alors j'y vais. » « Tu fais une connerie. » « Bon, je vais réfléchir encore. » Chirac appelle aussi Jean-Pierre Soisson, démissionnaire de la présidence de la Bourgogne après avoir été élu dans les mêmes circonstances. « Tu as bien fait de démissionner. Mais on ne peut pas perdre la Bourgogne, débrouille-toi pour que ce soit acceptable. » Soisson se débrouillera... L'allocution du 23 mars n'en demeure pas moins un beau credo républicain. « Ce discours est une machine qui va diviser le FN, annonce, prémonitoire, Dominique de Villepin. Chirac a fixé la limite de l'acceptable, Bruno Mégret sait où est la ligne jaune pour l'électeur et va agir en conséquence. » Cinq mois plus tard, en août, le lieutenant de Jean-Marie Le Pen dévoile ses ambitions ; et en décembre, le Front national implose.

Comme toujours avec Chirac, l'intuition juste est suivie par une certaine confusion, l'imagination est supplantée par le conformisme, il se prend les pieds dans le tapis qu'il a lui-même déroulé. Ayant promis de relancer la modernisation de la vie politique, il lance des consultations : « Je me souviens d'une réunion avec Chirac et son secrétaire général adjoint, Olivier Dutheillet de Lamothe, raconte Jacques Toubon, qui était alors en poste à l'Elysée. Chirac a dit : "Ecrivez, Olivier : il faut recevoir Nicole Notat. Et Marc Blondel." Je l'ai interrompu : "Mais Jacques, comment voulez-vous que ces gens que vous avez vus cent fois vous disent autre chose que ce qu'ils disent d'habitude?" » Mais Chirac n'en a cure : il lance un chantier puis lâche ses outils. Lionel Jospin, s'il n'a pas le même flair, a plus de constance. « Le 23 mars, j'étais catastrophé, témoigne le député socialiste Julien Dray. Je me suis dit : "Dans trois mois, nos militants collent des affiches pour voter 'oui ' au référendum du Président." Et puis Chirac a laissé tomber le calot, et Jospin l'a ramassé. » En effet, alors que le Président consulte, le Premier ministre propose : parité déjà engagée, réduction de tous les mandats à cinq ans, réforme des modes de scrutin pour les élections régionales et européennes, modification de l'élection des sénateurs, etc.

Si le Président est distrait au point de laisser échapper un thème qu'il ne retrouvera qu'à la fin de l'année, avec son discours de Rennes sur la décentralisation, c'est qu'il a mieux à faire : il doit gagner la Coupe du Monde de football. Dès le mois de février, il l'a dit à ses collaborateurs, qui baissaient les yeux devant tant d'ignorance : « On va gagner! » Mais le Président a raison contre tous les experts. Nanti du maillot n°23, il tire tout le bénéfice médiatique de cette victoire : Lionel Jospin n'existe plus. Chirac se renforce aussi de la symbolique républicaine qu'elle soulève sous le vent de la joie nationale : si la foule crie « Zidane, Président! », c'est qu'être Président est très important. Le soir de la finale, Jacques Chirac ne quitte le Stade de France que vers 1 heure du matin. Il roule toutes vitres ouvertes de Saint-Denis à l'Elysée, et profite d'une foule qui l'acclame comme elle n'a plus eu l'occasion de le faire depuis son élection. Puis il va terminer la fête dans les salons de la Présidence, où a été installé un écran géant pour le personnel. Combien de Français, plus supporters qu'électeurs, plus superstitieux qu'idéologues, voteront Chirac en avril 2002, à deux mois de la Coupe du Monde où les Bleus remettront leur titre en jeu?

Après avoir gagné le trophée vert et or du football mondial, Jacques Chirac va s'employer à sauver le Tour de France. La Grande Boucle est ravagée, en effet, par le scandale du dopage, qui touche plus particulièrement l'équipe de Richard Virenque, Festina. Le soir du 17 juillet, les coureurs font étape à Sarran, en Corrèze, où ils sont attendus par le couple présidentiel en visite sur ses terres. Le lendemain doit avoir lieu un contre-la-montre que Jacques Chirac entend suivre de près. Il passe donc la soirée dans son château de Bity, où Jacques Goddet, l'ancien directeur du Tour, et son épouse, sont déjà installés depuis l'après-midi. Mme Goddet et Bernadette Chirac sont de vieilles amies. Bernard Niquet, conseiller auprès de la Présidente à l'Elysée, et Jean-François Lamour, conseiller pour le sport de Jacques Chirac, sont invités également. Le Président arrive, en pleine forme, bientôt rejoint par Jean-Claude Killy, un des organisateurs du Tour, qui est accompagné par le directeur technique de l'épreuve. Killy fait grise mine : « Jean-Marie Leblanc ne pourra sans doute pas nous rejoindre, à cause de l'affaire Festina. Nous allons devoir les exclure du Tour, et Leblanc veut annoncer ça le plus tard possible. » Avec policiers et juges dans la caravane, le Tour de France semble plus relever de Maurice Leblanc que de Jean-Marie. Jacques Chirac ne dramatise pas. Festina, une marque de montres, tire son nom de *festina lente*, devise latine qui signifie « se hâter lentement ». Chirac sait combien la formule est juste, pour avoir mis tant de temps à boucler son Tour. « Appelez-le, ordonne-t-il à Killy, il faut qu'il vienne dormir ici. On va le remonter. »

A 23 h 30, les dames vont se coucher : Leblanc n'est pas encore arrivé. Comme la nuit fraîche est tombée sur le jardin de Bity, les six hommes rentrent dans la vaste bâtisse et s'installent autour de la vieille table de bois qui en est le joyau :

elle aurait, dit-on, plus de cent ans. Jacques Chirac débouche alors une bouteille que Goddet lui a offerte le jour même : un Armagnac de 1932 – l'année de naissance du Président. Quelques verres ont déjà été vidés quand Leblanc, les traits tirés, arrive. « Jean-Marie, installez-vous au bout de la table, lance le Président. Mettez-vous à l'aise. On vous a gardé à manger. Il faut prendre des forces. Alors, cette affaire Festina ? » Tout en se restaurant, Leblanc raconte les affres du Tour, cette irruption du scandale dans la roue du peloton, la fin de l'omerta cycliste, les mensonges des uns et les excès de autres, le Tour des docteurs Mabuse et celui des Fouquier-Tinville. En fait, Leblanc est persuadé que l'éviction des Festina ne va pas calmer la tempête, et que le Tour 1998 n'ira pas au bout. Seules les deux guerres mondiales ont empêché les pédaliers de tourner : économiquement et médiatiquement, l'épreuve ne se relèverait sans doute jamais d'une édition avortée. Le Tour est menacé, c'est Petitbreton qu'on assassine. Le Président rassure le directeur du Tour, chacun le réconforte, puis Jacques Chirac clôt les débats : « Il doit se lever tôt. Il faut qu'il aille se coucher. Et nous aussi. » Il ne reste plus une goutte d'Armagnac 1932, mais le Tour de France est sauvé.

Gagner la Coupe du Monde ou venir en aide à la Grande Boucle, c'est bien. Mais ce n'est rien à côté du travail d'Hercule qui attend le Président pour l'automne : ramener la droite des Enfers. Il s'y emploie avec succès dès l'automne de 1998. Tandis que l'UDF, éclatée au printemps, gère le divorce avec Démocratie libérale et retrouve ses bases, le RPR se dote d'un Président élu par tous les militants, le Front national vit sa nuit des longs couteaux et la majorité plurielle bafouille sa politique, oubliant de voter le Pacs et refusant d'avaliser la loi prévue sur l'audiovisuel. « Les socialistes ont mangé non pas leur pain blanc, plaisante Villepin, mais notre pain blanc · celui de la gestion Juppé. » Pour Jacques Chirac, le 23 mars fut l'aube, décembre apportera l'aurore. « Prenez un bus à risques en banlieue, suggère Bernard Pons. Sans le dire à l'avance, en emmenant juste quelques journalistes. Pas pour récupérer l'insécurité, mais pour montrer aux Français que vous êtes conscient des problèmes hexagonaux, que vous n'êtes pas que le Président du rayonnement de la France à l'étranger. » Mais Chirac refuse : depuis quelques mois, il a choisi de s'exprimer sur les collectivités locales, et à travers elles sur la nation et la démocratie. Il décide de s'exprimer au conseil régional de Rennes, le 4 décembre. Philippe Bas, le conseiller social, a inspiré le discours, Christine Albanel, Bertrand Landrieu, Frédéric de Saint-Sernin et Maurice Ulrich ont beaucoup travaillé sur le sujet, Claude Chirac a préparé un service après-vente de grande dimension. Pour le Président, il s'agit désormais de « libérer les nouvelles énergies démocratiques ». C'est une deuxième décentralisation qu'il propose, accompagnée d'une modernisation de la vie politique et d'une responsabilisation du service public, avec service minimum en cas de grève. « Surtout, insiste Villepin, son discours maintient vivante l'idée de la réforme, du mouvement, de l'amélioration de la démocratie. C'est très important : si le changement ne se fait pas dans le système, il se fait contre lui. » Si l'opinion est un peu dépassée par la complexité du projet, le relais médiatique fonctionne pleinement : c'est le grand retour du Président, c'est lui qui donne l'impulsion, tandis que Lionel Jospin gère les affaires courantes. Le 31 décembre, Jacques Chirac achève l'année par des vœux magistralement composés : de la Coupe du Monde de football à la coupe de champagne du réveillon, il parle du monde, de l'Europe, de la France, des Français, puis de chacun d'entre eux en employant un « vous inclusif », et enfin de lui. C'est un superbe zoom rhétorique. Quand il va se coucher ce soir-là, Jacques Chirac peut se dire que 1998 n'a pas effacé 1997, mais l'a amplement réparé.

Le chef Yoruba

« Ils m'ont tout gâché. » En trois semaines de chamailleries et d'ambitions, les dirigeants de la droite ont ruiné un an d'efforts présidentiels. Il y a d'abord la candidature de Charles Pasqua aux européennes, pour venger la trahison de Chirac, qui refuse de soumettre la ratification d'Amsterdam à référendum. Puis le changement de Président à la tête de la Région Rhône-Alpes, où RPR et UDF se bombardent de menaces et s'asphyxient de haine. Enfin, lors d'un déjeuner à l'Elysée, sorte de « camp de la nappe d'or » organisé le 19 janvier par Chirac pour les réconcilier, les protagonistes de l'opposition s'insultent et manquent d'en venir aux mains. Le 30 janvier, le Président reçoit André Santini, député centriste et maire d'Issy-les-Moulineaux, qui veut l'entretenir de son prochain voyage en Iran. Chirac – c'est un samedi – le reçoit en col roulé et survêtement blanc. « Si vous cherchiez un moyen de faire partir François Bayrou aux européennes, c'est réussi », lui dit Santini à la fin de l'entrevue. Et, de fait, le 7 février, l'UDF décide d'aller sous ses propres couleurs au scrutin du 13 juin suivant. Jacques Chirac est furieux contre Madelin, Séguin et Bayrou. « Si le total des listes de droite est inférieur au score de la liste socialiste, il y aura une révolte des parlementaires. Ces européennes seront un grand essorage. » Le 11 février, Chirac déjeune chez René Monory, rue de Vaugirard; Chez Pierre, le restaurant qui est juste en bas dans la rue, a préparé du foie gras et de la lotte, et engagé une serveuse de plus pour cet extra, car l'ascenseur est si lent qu'il fausse le service en salle. L'ex-président du Sénat confirme au chef de l'Etat que la division de la droite lui semble irrémédiable. Alors, Chirac fait sienne cette situation, feignant d'en tirer profit puisqu'il ne peut la contrôler : les élections européennes vont être une fission nucléaire dont il espère être le réacteur. « Ils vont tous y aller, confirme lui-même le Président après avoir vu François Bayrou en ce début d'année. Ça va être un massacre pour la droite, mais finalement ça ne me dérange pas. D'abord parce que ce sont les européennes, ensuite parce que, s'ils étaient unis et qu'ils fassent un tabac, ils me créeraient dans la foulée un parti du Président, et ça je n'en veux à aucun prix, je ne gagnerai pas la présidentielle avec eux. » Tout est dit. Après avoir tenté de la ressusciter en 1998 – en septembre, il menaçait Séguin de créer ce fameux parti du Président –, Jacques Chirac décide d'abandonner la droite : elle, c'est elle; lui c'est lui. Et 2002, c'est lui et le peuple, sans parti entremetteur. « Il théorise dès janvier qu'il ne faut pas de parti du Président », confirme Raoult, omettant de préciser que la réalité a anticipé la théorie...

Chirac ne déroge pas de cette attitude durant toute la campagne : Ponce Pilate est à l'Elysée, Séguin porte la croix, Pasqua est centurion, Bayrou représente le Sanhédrin et Sarkozy s'impatiente de jouer Simon de Cyrène. Peu après la démission de Philippe Séguin, le 16 avril, Alain Madelin se rend auprès du Président, afin d'être confirmé et soutenu comme numéro deux de la liste, derrière Sarkozy. Le président de Démocratie libérale revient en rage de l'Elysée : « Il n'a même pas su me mentir. Je ne demandais qu'un mensonge, qu'il me dise que Sarko et moi, on est les hommes de la situation ! Il n'a su que me dire : "De toute façon, les voix de Bayrou sont aussi pour moi." » Le 30 mai, le Président est en réunion européenne alors que Nicolas Sarkozy et François Hollande débattent à la télévision. Dès la fin des discussions, Chirac appelle Villepin : « Alors ? » « Ils ont été très bien tous les deux », juge le secrétaire général de l'Elysée. « Mais quel impact cela aura-t-il sur le vote ? » « J'ai du mal à le dire, poursuit Villepin, car, après le premier quart d'heure, je devais être le seul en France à les regarder encore... » Le lendemain, le Président visionne la cassette vidéo de l'émission : « C'était un débat de petits vieux », laisse-t-il tomber en éteignant son poste. Et, au soir des résultats, Chirac n'est pas plus ému. A 17 h 30, quand les premiers « SSU » lui parviennent, il ne réagit pas : Pasqua est à 11 %, Sarkozy à 13,5 %. A 22 h 30, les premières estimations de dépouillement tombent sur les écrans alors que le Président est seul dans son bureau, le reste de son équipe regardant la soirée électorale dans celui de Bertrand Landrieu. A 23 h 15, alors que chacun attend de voir si Pasqua va dépasser Sarkozy, Chirac glisse une tête par la porte : « Bon, je vais me coucher. » A trois heures du matin, Frédéric de Saint-Sernin achève sa note d'interprétation des résultats. Mais Chirac a déjà oublié les européennes.

« Ce désintérêt pour les partis n'est pas nouveau, tempère Jean-Louis Debré. Durant les trois années avant son élection à l'Elysée, je crois que j'ai vu trois fois Chirac rue de Lille : deux fois pour l'arbre de Noël du personnel, et une fois parce qu'il avait un rendez-vous dans le coin et qu'il était en avance. » Debré exagère, mais ce mépris des appareils, qu'il considère, comme leur nom l'indique, comme de bêtes instruments de conquête du pouvoir, est peut-être ce que Chirac a gardé du gaullisme. Réfugié dans son hôtel de l'île Maurice, au cours d'un été, il s'entretient avec un député de passage, Dominique Bussereau, et fulmine contre les états-majors de droite, notamment celui du RPR. Ses collaborateurs connaissent bien ce mépris. En pleine crise sur le vote de la résolution sur l'euro, la réunion de cabinet du 23 avril 1998 évoque la zizanie chronique de la droite. « La question est simple, lance un participant : la droite a-t-elle touché le fond, ou bien existe-t-il un fond du fond ? » « On peut toujours creuser... la question », renchérit un autre. « On demande aux partis de droite d'être cohérents, poursuit Alain Devaquet. Mais ils le sont, en deux mots : co-errants, ils errent ensemble. » Tout le monde rit. Quand on est chiraquien, la crise des partis n'est jamais une tragédie. Pendant ce temps, les services de l'Elysée vident le bureau de Jacques Toubon, englué dans son putsch contre Tiberi... S'il compte plus volontiers sur eux pour relayer son action, Chirac n'est pas plus amène avec les parlementaires. Quand Pierre Lellouche envoie à l'Elysée les amendements qu'il propose pour que le traité d'Amsterdam soit acceptable pour les séguinistes, Maurice Ulrich lui répond que le courrier n'est pas arrivé ! Alors que les parlementaires préfèrent adopter le quinquennat par Congrès plutôt que par référendum, le Président ricane : « Je m'en fous. Il faut que les parlementaires cessent d'attraper des hémorroïdes : dès qu'on parle de référendum, ils ne peuvent plus s'asseoir. » « Avec Douste-Blazy, c'est facile, explique un jour Chirac à un de ses proches. Son initiative sur les fonds de pension nous gênait, alors on l'a fait venir ici, on lui a expliqué, il a compris et on a rattrapé le coup. » C'est ainsi que Chirac aime les élus : il n'a pas renié le gaullisme des godillots. « Les parlementaires, ça se couche et ça obéit », assène-t-il une autre fois. C'est pourquoi la coïncidence des législatives et de la présidentielle, en 2002, le ravit : les députés seront élus en mars en fonction du candidat qu'ils soutiendront dans la course élyséenne d'avril.

Au début de 1999, nombre d'élus à droite lui retournent son mépris. « Pour que nous sachions ce que veut Jacques Chirac, lance le centriste Pascal Clément, il faudrait qu'il le sache lui-même. Qu'il ne s'occupe que de politique étrangère, et il a une bonne chance d'être réélu. Le problème, c'est qu'il se mêle aussi de politique intérieure, et là, ça loupe à chaque fois. » « Tout le monde a compris que, dès que Jacques Chirac touche à quelque chose, tout saute, renchérit François Bayrou. Si on savait ce que pense, ce que croit Chirac, ce serait plus facile. » « La semaine dernière, pour la première fois de ma carrière, j'ai dû défendre Jacques Chirac en réunion de militants, témoigne le séguiniste Etienne Pinte, le 13 juillet 1999. En 1997, le chef s'était trompé, mais c'était le chef. Aujourd'hui, il y a un ras-le-bol. » Mais Chirac s'en moque : la Présidence l'a placé au-dessus de la mêlée, la cohabitation l'y a amarré. « Ne risque-t-il pas de se retrouver tout seul en 2002? s'interroge Villepin. Non, car le jeu va se réorganiser autour de lui. La droite s'est féodalisée, balkanisée, et a engagé un combat de légitimité contre le Président. Elle l'a perdu. » A la fin de 1999, Chirac sait que la droite n'a pas de chef de secours, de remplaçant, depuis que Séguin a lâché le RPR. « Si c'est moi le candidat en 2002, la droite a une chance de battre Jospin, rappelle-t-il régulièrement. Si ce n'est pas moi, Jospin l'emporte. » « Le jour où il a été élu, tous les autres présidentiables de droite ont pris dix ans dans la vue », ajoute Villepin. De fait, les 22, 28 et 29 mars 2000, les parlementaires de l'opposition viennent en rang d'oignons dans les salons du Sénat, reconnaître sa domination. Chirac ne force pas son talent : « Au lieu de nous improviser un discours dans ce huis clos chaleureux, déplore un député, sur le thème "Vous êtes mes amis, mon équipe, on est dans le même bateau", il nous a lu un texte, mécanique, pour dire la même chose mais sans être crédible. » Les libéraux du Sénat ne lui offrent pas moins deux bâtons sculptés de chef Yoruba...

S'il a maté la droite, Chirac sait qu'il a besoin de *missi dominici.* « D'ici peu, le prévient Hervé Gaymard en juin 1997, vous allez être coupé de toute information. Si vous voulez, nous pouvons être quelques-uns à vous informer de manière directe. » « Vous avez des Marie-Louise, organisez-les », lui rappelle, le 5 juillet suivant, Jean-François Copé, le jeune maire de Meaux. Chirac ne dit rien d'abord; il attend.

Puis il bâtit des structures éphémères, groupes de députés reçus régulièrement ou contacts individuels, autant de commandos dont l'existence est éventée rapidement, et l'efficacité épuisée de même. « Les jeunes ? A eux de se prendre en main, tranche un collaborateur du Président. Les puceaux doivent franchir les obstacles. » Dans le courant de 1999, Chirac fixe son organisation ; ce n'est pas encore une armée en ordre, mais déjà mieux que la Cour des miracles entretenue depuis 1997. Le Président s'appuie sur les groupes parlementaires, acquis à sa cause et disciplinés, avec leurs structures légères et la possibilité de faire descendre rapidement les messages dans la France profonde et d'en remonter les humeurs. Il y a ensuite le groupe constitué par Jean-Pierre Raffarin, Dominique Perben, Jacques Barrot et Michel Barnier, lancé dans une réflexion sur la « nouvelle gouvernance », pour jeter les bases du programme « humaniste » de Chirac en 2002. La qualité intellectuelle et le sang-froid de ses membres, en plus de leur dévouement, explique que ce commando-là n'ait pas été dissous rapidement. Enfin, le RPR s'est doté d'un président comme il en rêvait : inexistant. Michèle Alliot-Marie, ferme de caractère et non dépourvue de courage, couve la coquille vide dont il ne sortira plus rien. Les rapaces ont quitté le nid, les oisillons qui restent piaillent mais ne volent pas. Tous ceux qui comptent au RPR ne s'occupent plus du parti, le temps est venu du gaullisme des émigrés. On peut ajouter au dispositif les divisions enthousiastes mais un peu ringardes de l'Association des amis de Jacques Chirac. Pour le troisième anniversaire de l'accession de leur idole à l'Elysée, le 7 mai 1998, de grands banquets furent organisés à travers le pays, et un discours commun fut transmis à tous les organisateurs locaux, pour être lu à la même heure. Mais nombre d'entre eux refusèrent de prononcer des paroles aussi emphatiques et ridicules que cette adresse au Président : « Ecoute la voix qui monte, c'est celle de tes amis, regarde la voie qu'ils ouvrent devant toi. (...) Jacques Chirac le saura : une armée de fidèles est prête à de nouvelles victoires, un peuple se lève et lui demande une espérance. Bon anniversaire Jacques ! » On comprend que Chirac préfère s'occuper seul de sa campagne à venir...

Damoclès

Jacques Chirac ne s'intéresse pas à la droite, mais il s'en occupe sans relâche, le dimanche comme la semaine. Quelques jours après les européennes, il cite cinq ou six noms plausibles et souhaitables pour prendre la présidence du RPR. Le 25 juillet, il s'occupe personnellement de la liste des secrétaires nationaux qui vont piloter le mouvement jusqu'à l'arrivée de la nouvelle équipe de direction, en décembre. Chirac s'occupe aussi de la mairie de Paris. En août 1999, il glisse à Antoine Rufenacht, le maire RPR du Havre : « Tiberi ne sera pas en état d'être candidat ; Panafieu, c'est impensable ; Toubon, pas question. Seuls Balladur et Séguin peuvent être des candidats sérieux. Mais Balladur est incapable de faire une campagne électorale, donc ce sera Séguin. » Dix mois plus tard, c'est Séguin. Certes, Tiberi est alors encore candidat, mais Chirac, quand le maire de Paris lui annonce sa décision de briguer un deuxième mandat, lui dit : « Ce n'est pas une bonne idée. » Le lendemain de cette candidature, il prévient néanmoins le RPR : « Vous n'avez pas à désavouer Tiberi, ce n'est pas le problème du mouvement. » Enfin, à Françoise de Panafieu, il fait porter pendant sa brève campagne parisienne une photo prise quand elle fut invitée au dîner d'Etat en l'honneur du Roi du Maroc, à l'Elysée. On y voit l'élue de la capitale dans une superbe robe de soirée, et le Président la gratifier d'un baisemain chaleureux... La mairie de Paris, depuis qu'il l'a quittée, lui a néanmoins apporté plus d'instants d'angoisse que de moments de tendresse. Paris, c'est les « affaires », c'est le glaive de la Justice suspendu comme l'épée de Damoclès au-dessus de l'Elysée.

Dès avant la cohabitation, Jacques Chirac s'est préoccupé de ce danger : les juges peuvent-ils l'atteindre, l'interroger ? Un conseiller de Jacques Toubon, alors Garde des Sceaux, Dominique-Henri Matagrin, a été prié de rédiger, dès le mois d'octobre 1995, une longue note sur l'objet suivant : « Possibilités juridiques de poursuites contre un Président de la République. » Le juriste s'acquitte avec zèle de sa mission, expliquant pourquoi de telles poursuites sont impensables, mais expliquant aussi quelles ruses pourraient être employées pour les retarder si elles étaient enclenchées. Sur le thème « C'est impossible mais au cas où », il ouvre un inépuisable feuilleton juridique. L'article 68 de la Constitution est une merveille d'ambiguïté : « Le Président de la République n'est responsable des actes accomplis dans l'exercice de ses fonctions qu'en cas de haute trahison. » Matagrin en conclut que le Président « est responsable des actes accomplis avant son entrée en fonctions, dans les règles du droit commun ». La précision est de taille, puisque l'affaire qui excite l'ardeur de la gauche parisienne est l'emploi fictif présumé d'une secrétaire, sur recommandation de Jacques Chirac, alors maire de Paris. Matagrin s'interroge ensuite sur le sens de ce « dans l'exercice de ses fonctions » : « Peut-il y avoir des actes "détachables" de cet exercice ? (...) Il ne serait pas absurde de soutenir que la fonction a une telle "densité", une telle capacité d'attraction et d'absorption qu'un Président n'a pas, au regard du droit, de vie privée ("Il n'y a pas de Charles", comme aurait dit Malraux du Général.) (...) Y a-t-il, d'ailleurs, un seul moment où le Président n'est pas "dans l'exercice de ses fonctions" ?! (ne peut-il pas, à tout moment, être sollicité, par exemple pour déchaîner le feu nucléaire?) » Matagrin travaille bien, rejoint par des juristes éminents, dont certains souhaitent moins protéger Chirac qu'épargner sa fonction, dans la perspective où Jospin l'occuperait un jour. D'autres, en revanche, se demandent ce qui se passerait si Jacques étranglait Bernadette... Et ils font remarquer qu'en 1958, une première formulation – « Le Président n'est responsable qu'en cas de haute trahison » – fut repoussée, au bénéfice de cet article 68 et de son fameux « dans l'exercice de ses fonctions » – « ... laissant le soin, le cas échéant, à la Cour de cassation de trancher le débat », concluait Matagrin en 1995 ; bien vu : là est la voie de garage que choisiront les magistrats amis de l'Elysée pour y engager les dossiers dangereux.

L'Elysée ne s'endort pas sur ses lauriers juridiques. Même si le Conseil constitutionnel, abusé par un Roland Dumas finissant, a rappelé opportunément comment il fallait lire l'article 68, l'inquiétude demeure. « Depuis juin 1997, répète Jacques Toubon, je suis persuadé que Lionel Jospin ne veut pas aller au bout de la cohabitation, mais faire craquer l'Elysée avant, avec le départ de Chirac ; d'où l'offensive organisée à Matignon, et l'interventionnisme sur les juges. » Le 20 mars 1999, plusieurs argumentaires sont rédigés par l'Elysée et envoyés aux élus susceptibles d'être interrogés sur le Président et les affaires. Ils se présentent comme de véritables interviews autour du cas de cette secrétaire promue grâce à Chirac, alors qu'elle travaillait rue de Lille, auprès du conseiller... agricole du maire de la capitale, où les paysans sont rares. « Que pensez-vous de la mise en cause de M. Chirac dans l'affaire des emplois fictifs de la Ville de Paris ? – Ecoutez, tout cela est ubuesque... » Suivent les arguments, juridiques et psychologiques. « Qu'y a-t-il d'anormal à ce que M. Chirac, dont on connaît la chaleur humaine, se soit intéressé au sort d'une fonctionnaire de rang modeste qui partait à la retraite ? »

poursuit le prêt-à-plaider élyséen, avant de conclure : « Vous voyez bien, Messieurs, que si l'on s'en tient au droit, si l'on s'en tient aux faits, si l'on s'en tient au bon sens, il ne saurait y avoir aucun doute. » Plus la campagne municipale approche et plus les chiraquiens s'inquiètent de ce que Jean Tiberi pourrait affirmer afin de compromettre son prédécesseur. « Il n'y a pas de "Je te tiens, tu me tiens par la barbichette", assure un proche collaborateur du Président. Quand on me dit : "Attention, Xavière a trois lettres", je n'en ai rien à foutre. 2001, c'est l'occasion de purger Paris avant la présidentielle. Toubon, lui, voulait mettre la pagaille avant l'échéance : c'est tout sauf la conception de l'élection selon Chirac. » Et si Philippe Séguin, élu pour changer le système – s'il l'emporte – se faisait chevalier blanc, serrurier pour boîtes de Pandore ?

« Un jour de 1996, raconte Jérôme Peyrat, qui fut conseiller de Jacques Chirac puis de Jean Tiberi, j'ai lancé une idée dans une réunion à l'Elysée : " Monsieur le Président, demandez à être entendu par le juge. " Du regard, Jacques Chirac a fait le tour des participants, pour savoir si j'étais fusillé sur-le-champ ou plus tard. J'ai cru qu'il allait me gifler. Dominique de Villepin ne savait plus où se mettre. Pourtant, je croyais que ce genre d'idées à panache lui plairait... » Quand on parle « affaires », Jacques Chirac n'aime ni le panache, ni l'humour : il veut de l'efficacité. Il faut dire que l'Elysée se frotte sans cesse aux dossiers délicats. Dans le bureau du conseiller pour les Dom-Tom, entre une affiche de la Coupe du Monde et la médaille de coprince d'Andorre – titre attaché à la Présidence de la République – se dresse un coffre-fort trapu : il contient les dossiers judiciaires des élus d'Outre-Mer... Un jour, la rue de Lille appelle l'Elysée, ennuyée : de vieilles factures de la campagne présidentielle ont été retrouvées aux Antilles. Que faut-il en faire ? Les comptes ont été déposés depuis longtemps, et validés... « Je vais demander une consultation sur le sujet », répond un conseiller du Président. « Il y a des occasions où l'Etat serait perdu s'il consultait la justice. » Jacques Chirac a-t-il lu Rivarol ? En tout cas, il garde sa sérénité face à cette Justice qui le flaire et qu'il n'a pas réussi à réformer. « L'Ecole nationale d'administration baisse et l'Ecole nationale de la magistrature monte, constate-t-il. On vit un changement de pouvoir, le pouvoir change de trottoir, les jeunes l'ont compris. C'est un risque, mais ça a des avantages : la sélection s'affine, le niveau monte, c'est la fin des Zorro issus de l'école de Bordeaux, cette erreur historique de Michel Debré. Avant, la magistrature opérait la synthèse de professionnels d'origines différentes, pour lesquels acquérir l'hermine était une haute ambition. Ils étaient un peu conservateurs, mais avec un sens élevé de l'éthique, même si l'hermine appelle un peu de passion. L'ENM a donné un bouillon de culture pas fameux, et quelques esprits faibles se sont pris pour des Zorro. Depuis un siècle, on leur a donné de bonnes paroles, mais pas d'argent : le métier n'attire plus les meilleurs – ça reviendra. Mais le jugement des politiques sur les juges est toujours excessif. Jean Amadou a dit des choses très justes là-dessus, l'autre jour à la radio. » Si Jacques Chirac apprécie ce que les chansonniers disent des « affaires », c'est qu'il n'est pas très inquiet. Il a du flair aussi pour ce danger-là : bien avant d'être élu Président, croisant en vacances un magistrat qui allait devenir plus tard député, il lui glissa : « Il y a à Elf un type dont il faut se méfier, il est louche : il s'appelle Alfred Sirven... »

Le volontariste

Peu à l'aise avec les robins, Jacques Chirac l'est beaucoup plus avec l'uniforme. L'armée, c'est son truc. Et il est servi :

non seulement il accomplit la professionnalisation des troupes, mais il a l'occasion de les utiliser. Dès son arrivée au pouvoir, le Président fait la guerre en Bosnie ; au printemps de 1999, il remet ça au Kosovo. Non qu'il soit belliciste, mais, avec Vauvenargues, et sans doute avec de Gaulle, Chirac considère que « La guerre n'est pas si onéreuse que la servitude ». « C'est fini, je change les règles du jeu. » Alors qu'il vient de prendre ses fonctions de conseiller diplomatique à l'Elysée, Jean-David Lévitte, le 18 mai 1995, comprend à écouter Chirac que l'action de la France en Bosnie va changer. Des soldats français sont retenus en otages. « Il faut passer par l'ONU », tempère Lévitte. « Non, c'est l'honneur de nos soldats qui est en jeu. » Jacques Chirac crée alors la Force de réaction rapide après un bref coup de téléphone à John Major et un voyage éclair aux Etats-Unis, où il force la main de Bill Clinton, du Congrès américain et de l'ONU, avec un Conseil de Sécurité réuni à trois heures du matin. « En politique étrangère, raconte Hervé de Charette, Mitterrand était un contemplatif : il en parlait mieux que personne, mais sans croire qu'il pouvait changer le cours des choses. Chirac est un volontariste : il agit, il téléphone, il explique, il force, il y croit. » Et la reprise du pont de Verbanja à Sarajevo demeurera un grand moment du mandat de Jacques Chirac. Quatre ans plus tard, le Président français déploie la même énergie dans l'affaire du Kosovo. Le 28 janvier 1999, dans un dîner privé, sans interprète, avec Tony Blair, il confie son mécontentement : la situation au Kosovo est viciée à la base. A 23 heures, les deux hommes publient un communiqué qui contient déjà le scénario de l'escalade à venir. Le 19 mars, Chirac tente de convaincre le chancelier allemand, Gerhard Schröder : « Il lui a filé une sacrée intraveineuse », raconte un témoin. Le 21, Chirac prévient Clinton : « Il n'est pas envisageable d'enlever aux responsables politiques le pouvoir de choisir. » Le 23, il dîne à Berlin avec Schröder, et appelle Clinton à 23 h 30 :

« On y va fort, jusqu'au bout, avec une stratégie et une seule. » Le lendemain, il signe l'ordre à l'état-major d'engager les forces françaises. La France est le seul pays, avec les Etats-Unis, à s'être réservé ce que les Américains appellent un « micromanagement », c'est-à-dire un droit de veto sur les frappes.

Chirac s'occupe du Montenegro : il appelle son Président et lui dit que des frappes sont inévitables sur son territoire pour y anéantir des avions serbes ; mais il s'oppose au bombardement du port de Bar, afin d'éviter une terrible marée noire – il y a des réservoirs de pétrole – et suggère aux Américains de détruire plutôt les ponts qui mènent à la Serbie. Chirac s'occupe de la Russie, appelant Eltsine sans relâche, convainquant Primakov d'aller à Belgrade, multipliant les efforts « pour garder les Russes dans le système ». Chirac s'occupe de l'Europe, obtenant le 14 avril que l'Union soit chargée d'administrer le Kosovo après la guerre. Chirac s'occupe de l'ONU, imposant à l'Otan de la consulter. Chirac s'occupe de l'Angleterre, où Blair s'emballe pour une intervention terrestre. Chirac s'occupe du général Clark, le chef des opérations : « Quand il est trop fatigué, il veut qu'on y aille à la baïonnette ; dès qu'il a dormi deux heures, il reconnaît que ce n'est pas possible. » Chirac s'occupe de la Chine, dont l'ambassade à Belgrade a été frappée : il écrit à Jiang Zemin, il téléphone à Pékin à la demande de Bill Clinton, pour présenter ses excuses, tout en disant au Président américain que ce sont les siennes que les Chinois attendent, et en suggérant que Madeleine Albright, « ordinateur en béton », s'y rende. Chirac s'occupe de l'Adriatique, interdisant aux avions français d'y larguer leurs bombes inutilisées. Chirac s'occupe de l'UCK, les combattants albanais : « Ce sont sans doute des gens raisonnables, des étudiants sympathiques, mais une fois que l'on a donné des armes, il est difficile de les reprendre ; les armes prêtées, je ne sais pas trop ce que c'est. » Chirac s'occupe des largages de vivres : « Une erreur tactique, une nécessité psychologique. » Chirac s'occupe des Français, en intervenant très souvent à la télévision. Bref, Chirac s'occupe de tout.

Et il a, surtout, compris d'emblée l'enjeu de la guerre : « Tout est dans la tête d'un homme, Milosevic. On ne peut se référer à aucun critère habituel. Il se rendra, mais quand? "Rapidement", ça n'existe pas en langage militaire. » Milosevic se rend, juste à temps. Chirac n'aurait pas engagé la France dans une opération terrestre : il faut savoir terminer une guerre... Il a profité de ce conflit pour jauger son armée : la professionnalisation, à moitié engagée dans les faits, lui semble achevée dans les esprits ; les missiles de croisière l'ont satisfait, mais il faudra les remplacer en 2002, le Mirage 2000-D, qui tire par tous temps, l'a épaté, les bombes à carbure l'ont impressionné, les stocks de munitions lui ont semblé un peu justes... « Encore quelques jours de guerre et on était obligés d'en acheter ! » Jacques Chirac, qui corrigeait ses experts, pendant la guerre de Bosnie, sur la portée du canon de 155, parle technique avec gourmandise. Il est colonel de réserve dans l'arme blindée de cavalerie, une très gaullienne affectation ; et le colonel Chirac aime sortir de sa réserve... Dans « général de Gaulle », c'est finalement à « général » qu'il est resté le plus fidèle. Il est fier aussi que les Américains n'aient pas tenté de l'abuser : un seul bombardement effectué sans son autorisation, et il retirait les forces françaises du théâtre des opérations. En fait, les Américains ont passé outre à cet accord une fois, vers la fin de la guerre, mais sans employer des avions de l'Otan. « Cette frappe, ça ne vous regarde pas, ont-ils dit à l'Elysée, c'est une affaire personnelle. » « Les pages les plus justes sur la guerre des Balkans, les plus exactes aussi, sont de Léon Forton, passage remarquable qu'elles sont de sa grande Somme, *Les Pieds Nickelés* », plaisantait le surréaliste belge Louis Scutenaire. Avec son physique de Croquignol, Jacques Chirac n'a pas démérité.

La tisane

Scutenaire a dit aussi, en un clin d'œil : « L'avenir n'existe qu'au présent. » Pour Jacques Chirac, à partir du 14 juillet 1999, l'avenir envahit le présent, tout est soumis à la prochaine élection présidentielle, le Chef de l'Etat garde les yeux fixés sur la ligne bleu-blanc-rouge de 2002. Après le Kosovo, Chirac abandonne Clausewitz et Guderian, pour retourner à Vauban et Sun Tze, stratèges plus adaptés à la guerre d'usure de la cohabitation. Car Jacques Chirac, si le destin ne l'en empêche pas, sera candidat à sa réélection : nul, à droite, ne peut lui disputer cette place et la Justice a décidé de ne pas violer la règle de séparation des pouvoirs. Le Président, parfois, s'efforce de donner le change : « Je ne suis pas dans l'esprit de faire une campagne à tout prix. Si je ne suis pas candidat, je me retirerai de la vie politique, sans chercher à nuire aux autres. La remarque ne vise pas Valéry Giscard d'Estaing, mais tous ceux qui veulent être après avoir été... » S'il sait où il veut aller, Chirac n'a pas encore choisi le chemin pour s'y rendre. « Il n'est pas pour une autoroute qui irait de Maputo au Kamtchatka », évoque Ulrich. L'usure inévitable qui frappe Lionel Jospin, cette érosion qui cingle le cap Matignon, l'incite à repousser le plus loin possible le début des hostilités officielles. Etre simple candidat ou Président sortant, ce n'est pas du tout la même chose ; être opposé à des prétendants aux mains vides ou à un Premier ministre aux bras chargés de résultats, c'est tout à fait différent. « Un Premier ministre a trois visages par jour, le Président en a un pour sept ans, analyse un collaborateur de l'Elysée. Lionel Jospin doit passer des poids légers aux poids lourds. Quant à nous dire que cinq ans de Matignon plus cinq ans d'Elysée pour Jospin, c'est beaucoup moins long que douze ans de Présidence pour Chirac, laissez-moi rire : c'est l'histoire de la pute de la rue Saint-Denis, qui veut se marier en blanc après trente ans de métier... » S'il ne le sous-estime pas – il admire même sa gestion des forces centrifuges de la majorité plurielle – Jacques Chirac ne craint pas Lionel Jospin : il l'observe, il le connaît, il le pratique. Comme dit Nicolas Baverez : « La politique finit toujours par du dominant/dominé ; et Chirac est un animal dominant. » Le vrai souci de Chirac, c'est Chirac. Il n'y a pas de miroir honnête en politique : qui doit-il être pour convaincre à nouveau les Français ? « Il a ses moments de réflexion, évoque Ulrich, il parle avec lui-même des scenarii à long terme. » « Il réfléchit tous les jours au métier politique, poursuit Raffarin, il écrit le livre de la politique en même temps qu'il agit, il tire des lois de ce qu'il fait. Il est à la politique ce que les métiers d'art sont à l'artisanat. Dans les temps difficiles, ce professionnalisme l'emporte. » Chirac a intérêt à bien réfléchir, car son proche entourage nourrit une dangereuse illusion : recommencer 1995, ce sprint fabuleux dans la ligne droite des tribunes, ce retour du diable vauvert. Chirac ne gagnera pas avec la génération épuisée qui a mené la droite au tombeau, mais il ne gagnera pas seul. Chirac ne gagnera pas avec les idées dont il a enivré la France en 1995 et qu'il a trahies, mais il ne gagnera pas vide. Sa problématique pour 2002 tient donc en deux questions : avec qui et pour dire quoi ?

« La stratégie de Villepin et de Claude Chirac est limpide, affirme Pierre Lellouche. Pour l'emporter en 2002, Chirac doit être au-dessus de 50 % dans les sondages. Et pour cela, il doit faire des mamours à Jospin. C'est une erreur : ceux qui mettent Chirac au-dessus de 50 % sont des électeurs de gauche qui ne voteront jamais pour lui. Cette stratégie nous met dans une situation impossible : si on ne s'oppose pas, on perd nos électeurs ; si on s'oppose, on a l'air de trahir le Président. » Les états d'âme de la droite sont réels, mais le Président les ignore. A l'automne de 1999, alors qu'il brigue la présidence du RPR, François Fillon va voir Jacques Chirac pour lui expliquer la répartition des tâches qu'il préconise : « Qu'on sache ce sur quoi on parle, ce sur quoi vous parlez. Et bien sûr, on est derrière vous en 2002. » Le Président se penche vers lui : « Ça ne m'intéresse pas. » Parce qu'il a fait son deuil, dans la joie, du clivage droite-gauche et des années d'estramaçon, Chirac ne veut plus entendre parler des partis, nids d'ennuis, rejoignant par son pragmatisme l'attitude que de Gaulle adoptait par idéalisme. C'est hors des partis qu'il mènera la bataille, avec en mot d'ordre pour les états-majors : « Qui m'aime me suive – mais soyez discrets. » Les politiciens ont saisi l'anathème, et ripostent par leurs malédictions : « Chirac est perdu à droite parce qu'il n'a plus rien à dire, affirme le libéral Laurent Dominati. "J'ai raté le premier mandat, je vais réussir le second" est un discours impossible. Il sera la cible de tout le monde, sur le thème : "Pourquoi n'avez-vous pas fait ce que vous promettez de faire ?" Et la bourgeoisie fera élire Jospin. » « Chirac est incapable de sauver le gaullisme, poursuit le balladurien Jean-Pierre Delalande. Il n'y a pas d'élan dans ses discours, il est incapable de tenir la durée. »

Les proches du Président, eux, ont compris leur nouvelle mission : « En 1995, je devais éviter que le mouvement n'aille rejoindre Balladur, explique Jean-Louis Debré dans l'été de 1999. En 2002, Balladur, Séguin et même Pasqua ne seront pas candidats, ce n'est pas le parti qui fera l'élection. Je devrai donc convaincre que Chirac est le meilleur. » « Le plan de route est simple, précise Jean-Pierre Raffarin : sauver Paris, bâtir un projet présidentiel, constituer une équipe. » Ce que sera l'équipe de Chirac pour 2002 obsède son entourage : « Le Président aura l'assise populaire et le fonds politique, explique Saint-Sernin. Mais il lui faut aussi une équipe, parce que "un homme, un peuple", c'est de moins en moins vrai : les électeurs veulent connaître le "ticket", savoir ce que sera le gouvernement. » En 1995, la trahison hémorragique avait simplifié le problème : chacun était le bienvenu dans la maigre caravane du désert. En 2002, les volontaires vont se bousculer. Dans des contextes moins dramatiques, Chirac est passé de l'arithmétique de juin 1940 à celle de mai 1958, de « qui trouver ? » à « qui choisir ? » « A lui de sélectionner ses hommes, résume François Baroin. Le but est de faire vieillir la génération Jospin. » Jean-Louis Debré a ainsi conseillé au Président de s'inventer une roche de Solutré, un endroit rituel où s'afficher avec une équipe soudée : « Je lui ai proposé qu'on aille, à sept ou huit, avec lui en Corrèze. On se serait promenés, sereins... » Mais Chirac n'a pas voulu. Sait-il que Pompidou disait de De Gaulle, en janvier 1963 : « Il n'a aucune considération pour les gens dont le seul mérite est de lui être totalement fidèles. » Chirac, lui, a souvent placé la fidélité au-dessus de la compétence. S'il s'affiche en 2002 avec, à ses côtés à la tribune, Juppé, Madelin, Séguin, Léotard, Balladur, Bayrou, Pasqua et d'autres, Chirac n'incarnera rien de neuf, ne sera que son propre échec de 1995. Alors, il sera battu, homme du passé et du passif, chef scout des castors enrhumés, cette génération perdue de la droite, qui a dissous ses talents dans la haine et pris ses ambitions pour des idéaux. La France n'en veut plus : si Chirac propose un gouvernement rechapé, comme un pneu qui a déjà beaucoup roulé, il perdra.

Une fois qu'une équipe sera constituée, encore faudra-t-il la doter d'un bon discours : un « shadow cabinet » n'est pas un gouvernement de muets. « En 1995, s'amuse Edouard Balladur, Jacques Chirac a fait des propositions socialistes pour avoir un point de plus que moi au premier tour. En 2002, il devra choisir : sera-t-il un candidat de gauche ou de droite ? Et s'il est à droite, sera-t-il crédible ? » Chirac ne se soucie pas de cela : Président de tous les Français, il envisage d'être candidat pour tous les Français. Il croit, de plus, à cette révolution copernicienne de la politique que la cohabitation, populaire, incarne si bien : s'il demeure une différence entre la droite et la gauche, elle ne justifie plus « un combat de palefreniers ». C'est donc en humaniste tolérant qu'il présentera ses idées, testées au fil de son mandat : l'Europe politique, la responsabilité, la modernité, et l'environnement depuis la tempête de décembre 1999. « Plus j'avance, plus je vois que c'est une préoccupation essentielle des gens, que personne n'incarne sauf des associations. Les écologistes ont déserté la nature pour autre chose : les 35 heures, les sans-papiers. C'est un thème que j'approfondirai. » Et à l'appui de ses premières réflexions, il évoque la forêt corrézienne et le problème énergétique de l'Inde. « Le très près et le très haut, chuchote Raffarin, c'est son truc. » Le Président est tout ouïe pour ceux qui lui apportent des idées. Mais pour qu'il écoute, encore faut-il savoir lui parler : « Il ne faut pas lui demander de réponse, car il réfléchit alors à ce qu'il va vous dire et ne vous écoute pas, explique Debré. Moi je lui dis : "Ecoutez-moi, je veux être sûr que vous ayez entendu ce que l'on dit dehors, donc je vais vous le dire." Et quinze jours après, il me répond. » Chirac n'achète pas les idées comme sa fille, il les cueille dans le jardin français et les met à infuser. En visite à Rennes, il dort sur place, écoute, note. « Il se met en disposition d'être surpris », reconnaît un conseiller de Jospin. « Il se laisse inspirer, explique un proche de Chirac, il entend avant de parler. » C'est ainsi qu'il perçoit des mouvements d'opinion dont la citadelle de l'Elysée est très éloignée. Le 15 juillet 1999, il reçoit le maire de Tulle, qui lui présente son futur plan de ville : « C'est très bien, lui dit le Président, mais il n'y a pas de piste pour les rollers : fais-en, les jeunes ne s'intéressent qu'à ça. »

Quelle décoction intellectuelle sortira de la tisanière Chirac ? Les prophéties pointent. « La nouvelle gouvernance, plaide Raffarin. C'est ce qui ressort de toutes nos réunions : il faut répondre, par la République, aux insuffisances de la démocratie et du libéralisme. » « Jacques Chirac sera populiste et moderniste, assure Hervé de Charette. La synthèse des deux, ce sera le volontarisme. Mais peut-être les Français se contenteront-ils d'envoyer à l'Elysée un bon Premier ministre, le faisant avec Jospin comme ils le firent avec Pompidou. » « Les promesses de la campagne de 1995 sont toujours là, affirme Henri Guaino, concepteur de la "fracture sociale". En 2002, tout le monde sera jugé sur cette référence. » Jacques Chirac, lui, ne souffle mot et touille sa tisane. « Quand je lui dis : "Thématique ! sémantique !", raconte Raffarin, le Président me répond : "Pas trop tôt." » C'est en juin 1994 que « la France pour tous » et la « fracture sociale » sont apparues dans son discours, y germant doucement avant de s'épanouir et de recouvrir tout le champ politique. Au printemps de 1994, Jacques Chirac avait convié à l'Hôtel de Ville de Paris René Lenoir, auteur vingt ans plus tôt de *Les Exclus*. « Vous voyez la pile, là-bas, au bout de mon bureau ? lui glisse Chirac. Ce sont vos articles, que j'ai annotés. Ce sera l'axe de ma campagne. » Et René Lenoir est aujourd'hui conseiller à l'Elysée... Les caricaturistes ont raison de doter le Président d'un appendice nasal proéminent : Jacques Chirac, Cyrano politique, pense avec son nez. Plus intuitif que déductif, il a l'intelligence du flair. C'est au moment où il le jugera opportun qu'il dégainera l'épée de son thème majeur pour 2002 ; et la botte d'Ussel est encore secrète...

Les patins de Lebrun

« Un septennat pour rien. » Nicolas Baverez, lui, pense avec son cerveau. Dans *Le Monde* du 19 juin 1999, il livre le plus intelligent et le plus implacable des réquisitoires contre le bilan, après quatre ans, du Président Chirac. « Il ne restera rien du septennat de Jacques Chirac, avance l'historien. Non parce qu'il ne se sera rien passé sous sa mandature. Mais rien ne pourra lui être attribué, si ce n'est la dissolution de 1997. (...) Organisé en trois temps autour d'un gouvernement de premier tour en rupture ouverte avec les thèmes de la campagne présidentielle, d'une dissolution aventureuse puis d'une cohabitation longue, ce septennat vide (...) constitue le pire échec et l'unique chance de Jacques Chirac lors des prochaines élections. Son pari, semblable à celui qu'affronta François Mitterrand en d'autres temps, consiste à transformer la ruine politique de son camp en succès électoral personnel, à faire émerger d'un Président déchu un candidat neuf. » Le séguiniste Baverez est en dessous de la vérité. Non seulement Jacques Chirac entend bien prospérer sur les ruines de son camp, mais il en a de plus organisé la destruction par la dissolution, cette roulette russe atomique, et il en a empêché la reconstruction, notamment par sa guérilla contre Séguin. Mitterrand a subi le Congrès de Rennes et assisté au naufrage d'un Parti socialiste dont il n'était plus le timonier. Chirac a passé deux années à bloquer le renflouage du RPR, aujourd'hui épave morte dont Michèle Alliot-Marie est la pathétique sirène.

« Pis, Jacques Chirac a repris intégralement à son compte la face la plus détestable de la pratique mitterrandienne : éviction de la responsabilité liée à l'exercice du pouvoir au profit de sa jouissance ; conception clanique de la politique doublée d'une aversion profonde pour le talent et l'indépendance – dont Philippe Séguin fut la victime étrangement consentante ; goût de l'opacité, mépris pour la loi et les idées. » Là encore, le procureur Baverez voit juste, et son animosité lexicale ne trouble pas la lucidité de son propos. Mais il surestime Chirac. C'est par excès, par abus de pouvoir que Mitterrand a plongé dans les turpitudes, par « surprésidence » ; Chirac, lui, n'outrepasse pas sa fonction, il demeure en deçà de ce que l'Elysée permet – sinon autorise. « Mitterrand aimait le pouvoir, tandis que Chirac aime la conquête du pouvoir », explique Debré. C'est pourquoi il fut si mal à l'aise de 1995 à 1997, conquérant installé, laissant à Alain Juppé l'exercice du pouvoir et se consolant en faisant la guerre en Bosnie, ce prolongement de la conquête sur d'autres territoires. C'est pourquoi il est plus heureux en cohabitation, n'ayant plus à gérer, mais à défendre son espace vital et à reconquérir les Français. De l'Elysée, Jacques Chirac a fait une machine à reprendre le pouvoir, pas à en abuser. Les dérives sont les mêmes, mais le but est différent. Mitterrand voulait entrer dans l'Histoire, quand Chirac s'en moque. Chirac ne songe qu'au présent, cet établi de l'avenir. Chirac veut gagner. Gagnera-t-il ? « La politique a été un spectacle, puis un sport, philosophe Jean-Pierre Raffarin. Elle est désormais une tragédie ? La politique, ça finit mal. » « Dans ce qui fut l'Elysée du général de Gaulle, Jacques Chirac a chaussé les patins du Président Lebrun », écrit Baverez. « Chirac, c'est Coty plus la dissuasion », dit un jour le ministre radical de la Recherche, Roger-Gérard Schwartzenberg.

Mais Chirac, c'est aussi l'imprévisible guerrier. S'il a atteint l'Elysée, s'il est aujourd'hui le seul à droite à pouvoir espérer gagner en 2002, si Lionel Jospin, tout en ayant, en ce qui le concerne, « fendu l'armure », semble n'avoir pas trouvé le défaut de la cuirasse chiraquienne, ce n'est pas le fait du hasard. Le siècle a grandi sous Clemenceau, s'est épanoui sous de Gaulle et s'éteint sous Chirac. Les époques ont les dirigeants qu'elles méritent, la politique est aujourd'hui si peu salutaire à la France qu'elle ne saurait exiger de plus nobles champions pour défendre sa cause. Et pourtant la France, qui se croit orpheline du général de Gaulle, n'est que divorcée de la politique. Si se lève demain l'amant qui sait la séduire, les patins du Président Lebrun ne serviront plus. Tel est peut-être le drame de Jacques Chirac : ne pas être né dans une époque qui forge les caractères, ne pas être un caractère apte à sculpter l'époque. Il pourrait faire sienne la plainte de Don Quichotte, quand il compare les vertus et les peines des armes et des lettres : « (...) il me déplaît au fond du cœur d'avoir entrepris cet exercice de chevalier errant en un siècle aussi détestable que celui auquel nous vivons à présent : car, encore que nul danger ne me donne de la crainte, néanmoins la pensée que j'ai que la poudre et le plomb me doivent ôter l'occasion de me rendre fameux par la valeur de mon bras et par le fil de mon épée dans toute la terre ne me laisse point sans quelque appréhension. Mais que le ciel en ordonne comme il lui plaira, je serai d'autant plus estimé, si je viens à bout de ce que je prétends, que je me suis mis en de plus grands hasards que ne l'ont fait les chevaliers errants des temps passés. » Il faut imaginer Quichotte heureux.

Philippe Séguin

Falstaff

Philippe Séguin est mort le mardi 6 juillet 1999. Le lendemain, la nouvelle court Paris dès la fin de la matinée : pour les uns, il a succombé la veille au soir à une crise cardiaque ; pour les autres, il s'est tiré une balle dans la tête. Très vite, c'est son récent régime alimentaire qui est mis en cause : il aurait affaibli son organisme, déjà éprouvé par une infection pulmonaire en janvier, ou rudoyé son psychisme, déjà réputé pour être instable. « Il a trop maigri : il avait perdu 15 kilos. » « Non : 10. » Le mardi soir, vers 18 heures, c'est au RPR, rue de Lille, que les premières alarmes sont parvenues. Dans un bureau, Manuela Isnard, l'attachée de presse de Séguin, travaille tranquillement. « Ne lui dites rien, conseille aux permanents du parti un collaborateur de Sarkozy, ce n'est pas la peine de l'affoler. » En effet, Philippe Séguin ne va pas bien ; mais le mercredi matin, il est toujours vivant. C'est à l'Assemblée nationale que l'ex-président du RPR ressent, le mardi après-midi, une vive douleur au ventre. Il se fait raccompagner chez lui et demande qu'on prévienne SOS Médecins ; il est visiblement habitué à leurs services, tout comme ils sont rompus à ses appels. Le diagnostic du médecin est rapide : c'est une appendicite. Il décide de faire transférer l'ancien Président de l'Assemblée nationale au Val de Grâce, mais son patient refuse, rappelant l'accident opératoire subi par Jean-Pierre Chevènement. C'est donc à l'hôpital Lariboisière qu'il est emporté dans la soirée, où une radio confirme l'inflammation de son appendice. Le lendemain matin, il appelle Manuela Isnard – qui ne le croit pas – avant d'être opéré. L'intervention ne se passe pas sans difficultés. Séguin, qui confiait au *Journal de la Haute-Marne*, dans un questionnaire de Proust rédigé à la mi-avril, souhaiter mourir « âgé et bien-portant », a bien failli trahir son vœu. Il est tiré d'affaire, mais les rumeurs ne s'arrêtent pas. Quelques jours plus tard, plusieurs membres du RPR alertent conjointement la rue de Lille : Séguin est mort d'une rupture d'aorte. En réalité, il est victime d'une infection de sa plaie, pour avoir négligé les soins postopératoires et repris trop vite ses déplacements, et retourne à l'hôpital. Les médecins le mettent en garde : ils le considèrent dans un état de débilité physique avancée et le somment de perdre du poids et de changer d'hygiène de vie. Dès sa sortie définitive de l'hôpital, il applique leurs consignes. A la rentrée suivante, il a déjà fondu, son visage, bouffi avant l'été, retrouve énergie et expression, Séguin reprend vie.

Car Séguin est mortel. « On n'est pas sur terre pour rigoler », lâche-t-il un jour dans une interview. Il y a en Philippe Séguin de la colère et de la désespérance, de l'outrance et de la fragilité. Séguin, c'est Falstaff, si loin au-dessus des hommes et si humain pourtant, philosophe d'une Histoire qu'il n'arrive jamais à embrasser, pétri d'orgueil et de souffrances. Mais un Falstaff moderne, désenchanté. « La vérité est que je suis vieux seulement par la raison et par l'entendement », plaide Sir John dans *Henry IV*. Falstaff se veut d'abord l'éternelle jeunesse : « Je dois le confesser, nous sommes un peu mauvais sujets », lance-t-il à son juge. Puis, dans *Les Joyeuses Epouses de Windsor*, il s'affirme immortel : « Je crois que le diable ne veut pas que je sois damné, de peur que l'huile qui est en moi ne mette le feu à l'enfer. » « Falstaff est mort, et nous devons en être navrés », pleure Pistolet dans *Henry V*. Il est une différence entre Philippe Séguin et le héros shakespearien : de sa peur de la mort, de cette frayeur ontologique, Falstaff extirpe un insatiable appétit de vie, de femmes et de vin; de ses angoisses, Séguin extrait d'autres angoisses. L'un se console dans l'ivresse, l'autre s'inquiète dans la lucidité. Pour reprendre la dichotomie de Falstaff lui-même, Sir John est du côté de la rate, Sire Philippe du côté de la bile...

Philippe Séguin n'est pas un homme de théâtre : il préfère le cinéma et l'improvisation des stades. Pourtant, le 9 mai 1995, c'est d'une métaphore de théâtre qu'il use quand il regagne l'Hôtel de Lassay au surlendemain de la victoire de Jacques Chirac à l'élection présidentielle. Il sait alors que c'est Alain Juppé qui sera bientôt nommé Premier ministre. S'installant dans son bureau de Président de l'Assemblée nationale, il décroche la photographie de François Mitterrand et sonne un huissier pour qu'on lui trouve, dans l'attente du portrait officiel, un cliché du nouveau Chef de l'Etat. Puis il laisse tomber sa réplique : « On change l'affiche, les acteurs reprennent leur rôle, le rideau se lève. » Il ignore alors les rebondissements qui attendent le septennat de Chirac, basculant de la tragédie juppéiste au vaudeville de la cohabitation en passant par l'impromptu de la dissolution. En trois ans, de 1997 à 2000, Philippe Séguin passe de l'ombre de la coulisse aux pleins feux de l'avant-scène; il devient même l'auteur de la pièce qu'interprètent à ses côtés les gaullistes, dialoguiste tout en verbe et en effets, avant d'effectuer une sortie des plus spectaculaires. Mais la politique – il diffère en cela de Sarkozy – n'est pas un jeu pour lui; elle n'est pas non plus – il s'éloigne ici de Chirac – un art de la guerre, et pas plus – il contraste ici avec Pasqua – un contentieux d'intérêts. Pour Séguin, la politique est une religion, le refuge du sacré en ce monde délavé. Comme l'indique sa devise, « Fais bien ce que tu fais », il extrait de l'action politique une morale et, dans le feu de l'action, une mystique. Il n'est pas sur terre pour rigoler, il est sur terre pour faire de la politique, en un messianisme intransigeant et sacrificiel. S'il brûle les planches, ce n'est pas comme acteur, mais comme un martyr au bûcher. Séguin n'est pas Mounet-Sully, il est Jeanne d'Arc.

Philippe Séguin fait de la politique comme il fume. Avec ses doigts, épais mais agiles, il extirpe une Gitane du fameux paquet bleu, l'allume et pose son visage dans le creux de sa paume. Coincée entre index et majeur, la cigarette, telle une cheminée de navire, lance alors ses volutes derrière la tête du fumeur, en auréoles nuageuses. Puis il aspire une bouffée, qu'il ne souffle jamais : la fumée sort au hasard des mots, en petits paquets gris qui sont la ponctuation de ses tirades, mêlée à cette voix grave et chaude qui semble elle-même la vapeur de ses pensées. Ou bien il pose ses mains sur son bureau, les laissant errer entre la Constitution de la Ve République et le désordre de ses papiers; la fumée alors l'enrubanne et le masque, l'oblige à plisser les yeux, s'incline quand il souffle brutalement des naseaux un soupir de gaulliste contrarié, vient lisser ses cheveux plaqués à la Bonaparte sur le haut du front – quand il est en forme – ou rejetés en une mèche rébarbative – quand il déprime. Et quand il écrase sa cigarette, on ne voit même pas le mégot, camouflé par les trois doigts qui le tiennent, expirer un dernier filet bleu. Le geste du fumeur Séguin, toujours, est grave et lent. Il a la tabagie sérieuse, il philosophe en pétunant. Car Philippe Séguin ne sait pas rire. Non qu'il manque d'humour, même si se faire boute-en-train n'est pas son souci permanent. Dans le trait cruel, dans l'ironie et dans l'autodérision, il n'est pas à court d'esprit. Mais il ignore ce qu'est la manifestation bruyante d'une réjouissance éphémère. Quand il rit, Séguin émet un bruit de cigale enrayée, un crissement de grillon géant, un cliquetis de crécelle. Ses épaules tressautent, son sourire s'élargit, ses yeux se ferment et un « crr, crr, crr » de gravier concassé émane de son visage. En fait, Séguin ne rit pas avec ses zygomatiques et sa voix, il rit avec ses dents. Il est vrai que sa vie politique ne lui a pas beaucoup donné l'occasion de rire. Et sa vie tout court, probablement guère plus. Mais il n'est pas à plaindre, puisqu'il considère que la souffrance est une condition de la politique, la rançon du destin.

Le crime

De 1995 à 1997, Philippe Séguin est un peu plus malheureux qu'avant parce qu'en plus, il s'ennuie. Pourtant, il ne perd pas son temps. En moins de deux ans, il métamorphose sa pensée politique, il se rend acceptable au monde. S'il n'a pas obtenu Matignon, s'il a été évincé de la fin de campagne de Jacques Chirac, c'est parce que le Séguin forgé dans l'opposition à Maastricht est géopolitiquement incompatible. Dans un discours à Aix-la-Chapelle, en 1996, il remodèle donc sa vision de l'Union européenne, lui intégrant le vote irrémissible des peuples sur la monnaie unique. Lors d'un déplacement à Bruxelles, il redéfinit sa relation aux patrons, glorifiés comme créateurs de richesses, et absout le capitalisme libéral des péchés dont il l'a tant couvert. L'entourage d'Helmut Kohl fait passer le message aux proches du député d'Epinal : « Les positions de Philippe Séguin ne nous dérangent plus. » Egaré dans des abysses d'impopularité, Alain Juppé n'est plus un rival – il devient un allié tant il est rejeté. En janvier 1997, le maire de Versailles, le député séguiniste Etienne Pinte, est persuadé que le pouvoir est tout proche :

« En juin, s'il n'y a toujours pas de résultats, Chirac va bien devoir nommer un Premier ministre qui fasse gagner la droite en 1998 : Séguin. » Quelques jours plus tôt, en une initiative tolérée si ce n'est encouragée par l'Hôtel de Lassay, des élus locaux ont lancé un grand appel national en faveur de Philippe Séguin, se tenant prêts à agir à ses côtés. Ils souhaitent un 13 mai pour leur héros : Jacques Chirac leur réserve un 21 avril... Dans ses appartements de Président de l'Assemblée nationale, Philippe Séguin a fait installer une machine de musculation impressionnante, avec une grande potence et des poids. Sur cet instrument de torture, il s'astreint à de l'exercice quotidien pour maîtriser les épanchements de sa silhouette. Mais les architectes de l'Hôtel de Lassay ne pouvaient deviner que, trois siècles plus tard, des kilos de chair et des kilos de fonte s'additionneraient sur ses planchers. Donc, la dalle du premier étage se creuse, s'incurve, s'affaisse. Le fonctionnaire logé au rez-de-chaussée s'inquiète et s'attend à recevoir un jour ou l'autre sur la tête un mélange de gravats, d'haltères et de quatrième personnage de l'Etat. Mais il est sauvé par un coup de théâtre : le 21 avril 1997, Jacques Chirac dissout l'Assemblée nationale.

Ce jour-là, Philippe Séguin fête ses cinquante-quatre ans. Comme l'exige la Constitution, Jacques Chirac consulte, avant de prononcer la dissolution de l'Assemblée nationale, les Présidents du Parlement, Philippe Séguin et René Monory. Séguin ne cache pas son sentiment : il est opposé au renvoi de la représentation nationale devant les électeurs. Selon lui, il n'existe pas de désaccord entre l'Assemblée et le gouvernement, comme en 1962, ni de crise dans le pays, comme en 1968, ni de conflit de légitimité entre les deux émanations du suffrage universel direct à l'échelle nationale, la députation et la Présidence de la République, comme en 1981 et en 1988. Bref, il n'y a aucune raison institutionnelle pour dissoudre l'Assemblée : les seules motivations du Président sont donc politiciennes. Jacques Chirac prépare une dissolution à l'anglaise, c'est-à-dire une simple anticipation des élections pour soulager le Premier ministre : « Logique après deux années où le Premier ministre a dominé le Président, commente Séguin en 1999. Mais relisez ce que de Gaulle disait de la dissolution après sa réélection de 1965, et vous verrez que celle de 1997 est contre nature. » Le 5 janvier 1966, Alain Peyrefitte suggère au Général une dissolution : « Comment la justifier devant l'opinion ? répond de Gaulle. Cette Assemblée a soutenu mon gouvernement sans faiblesse, et je la renverrais dans ses foyers ? Ce serait absurde. Ce serait immoral. » La situation économique, avec ses orages de rigueur alors présumés à l'horizon, ou le corset du calendrier européen à venir, monnaie unique oblige, n'ébranlent pas Séguin : ces arguments ne figurent pas à l'article 12 de la Constitution, qui règle la dissolution. De retour à Lassay, le Président de l'Assemblée nationale couche ses réserves sur le papier, en un virulent avis négatif. Pour en conforter l'argumentation juridique, Séguin se fait assister par Arnaud Teyssier, un énarque devenu depuis le président des anciens élèves de l'ENA. La conclusion est sans appel : cette dissolution est « un crime contre les institutions ». L'avis écrit est transmis à l'Elysée... La dissolution prononcée, la campagne s'organise, qui très vite dévoile ses carences : il s'agit de renvoyer une majorité, fût-elle naine, à l'Assemblée, pour donner un blanc-seing à Juppé. Contre ce tour de bonneteau, l'électeur se rebelle. Au soir du 25 mai 1997, la droite est en déconfiture, Juppé est un Premier ministre en sursis. Il annonce son prochain départ, confirmé par Jacques Chirac : l'heure sonne pour Philippe Séguin.

En une semaine, bien que menacé dans sa propre circonscription des Vosges, il parcourt le pays pour sauver la droite en péril. Il réveille les ardeurs de 1995, s'affiche avec Alain Madelin, esquisse une politique générale, avance un nouveau style, patelin et volontaire. Mais il ne croit pas en la victoire. Dès la publication du programme de la gauche, il a senti que l'inspiration démocratique manquait à la majorité sortante. Il le répétera à François Bayrou, opposé comme lui à la dissolution, quand Lionel Jospin prononcera son discours de politique générale à l'Assemblée : « Mais qu'est-ce qu'il va nous rester ? » A Chambéry, le 28 mai, il lance en public : « Les résultats du premier tour m'évoquent irrésistiblement ceux du référendum de 1946, lorsque les Français avaient été invités à ratifier la Constitution de la IVe République. De Gaulle avait eu ce mot célèbre : "Un tiers des Français s'y étaient résignés, un tiers l'avaient repoussée, un tiers l'avaient ignorée." On sait ce qu'il en advint... » Pour Séguin, la situation n'est pas difficile en raison du seul retard électoral de la droite : c'est le paysage politique français qui est miné par un fontis républicain, un affaissement démocratique du pays ; l'écroulement de la droite triomphante de 1993 est une « étrange défaite » qui témoigne du malaise général du pays. Pour lui, l'ensemble des partis est en ballottage : « C'est tout notre système qui est contesté, c'est le bien-fondé de l'action politique que l'on remet en cause », lance-t-il à Epinal, où il tient la dernière réunion de la campagne. A Chambéry, la veille, il a dessiné le défi posé à la droite : « Ce que nous devons proposer aux Français, c'est bien plus qu'une autre politique. C'est la politique tout court. C'est une volonté. C'est un chemin. » En trois jours, il le sait alors, nul ne peut rebâtir le temple politique mis à bas par deux années de reniements et d'errances. Même en ayant une conception messianique de son destin politique, même en invoquant les mânes de De Gaulle, Séguin sait qu'il ne peut réussir. L'étroitesse de la victoire de la gauche montre, au soir du 1er juin, qu'il a eu raison de tenter l'impossible. Peu importe :

dans cette semaine où il fut l'ultime recours, Séguin a fait campagne pour autre chose que la majorité à l'Assemblée nationale, il a fait campagne pour s'emparer du RPR après l'inéluctable désastre.

Le putsch

Le dimanche 1er juin 1997 au soir, Philippe Séguin est très content : certes, le second tour a confirmé le premier et la gauche va diriger le pays. Mais lui est élu à Epinal, où il ne gagna que d'extrême justesse en 1988. Dès que les résultats de sa circonscription sont connus, Philippe Séguin s'échappe vers l'aéroport : dans la voiture, la radio lui apprend les résultats nationaux, qu'il accueille dans un profond silence. Puis il prend l'avion pour Paris, accompagné par Roger Karoutchi, son chef de cabinet à la Présidence de l'Assemblée nationale. Durant le vol, les deux hommes règlent les détails du déménagement de l'Hôtel de Lassay, où ils ont, en quatre ans, pris leurs habitudes : cinq jours seulement leur sont accordés pour vider les lieux. Ils évoquent aussi les deux scenarii politiques possibles : créer un groupe parlementaire indépendant, ou un nouveau parti politique; prendre une initiative au sein du RPR. A Lassay, une poignée de fidèles attend Séguin : Nicole Catala, Jean de Boishue, Etienne Pinte, François Fillon, Pierre Lellouche, Philippe Labarde, Marc Ladreit de Lacharrière... A 1 heure du matin, Françoise de Panafieu quitte le plateau de France 2 et trouve un message sur son téléphone portable : Philippe Séguin l'attend à l'Hôtel de Lassay. Dans le grand salon blanc de la Présidence du Palais-Bourbon, un véritable happening se déroule au long de la nuit qui s'avance. Philippe Séguin envisage toutes les possibilités, de l'arrêt définitif de toute activité politique au lancement d'une grande entreprise de rénovation de la République. Bref, il hésite entre être de Gaulle en janvier 1946 ou de Gaulle en mai 1958. Il interroge surtout ses proches : « Dois-je prendre le RPR ? » Panafieu prend la parole : « La vraie question est : qui est capable de sauver le parti ? Il n'y a que vous. » François Fillon, après quelques hésitations, rejoint cette thèse, soutenue aussi par Karoutchi, qui a tenté de convaincre Séguin dès leur trajet en avion vers la capitale, arguant que Juppé ne peut rester. « Qui plus est, ajoute Karoutchi, je rappelle à ceux qui veulent créer un parti que les règles de financement public sont implacables : pas un centime pour ceux qui n'ont pas présenté de candidats aux législatives. » Séguin écoute, ne réagit pas et va se coucher.

Le lendemain matin, sa réflexion en est au même point. « Personne ne comprendrait que vous quittiez le RPR pour créer autre chose, l'entreprend Karoutchi, en lui présentant les fax et les comptes rendus d'appels téléphoniques de députés, réélus ou battus, qui incitent Séguin à prendre l'initiative. Nous allons réorganiser le mouvement gaulliste pour vous, en remplaçant les dirigeants. » Ce sera la dernière utilité de Lassay pour Philippe Séguin : coordonner et relayer les pressions politiques pour que le RPR ne sorte pas intact du séisme législatif : « Il s'agissait de mettre en valeur le désir de changement, et expliquer que le changement passait par Séguin », résume Karoutchi. Le lundi 2 juin après-midi, Philippe Séguin est reçu par Jacques Chirac : « Tu deviens président du groupe RPR à l'Assemblée, Alain garde la présidence du RPR », lui propose le Chef de l'Etat. « Cela ne me convient pas, d'autant moins que Sarkozy va devenir le secrétaire général du mouvement. » Le Président reste bouche bée, puis appelle Juppé : « Pas question », tranche-t-il quand l'ex-Premier ministre lui avoue qu'il songe, en effet, à un tel attelage pour élargir sa base vers les balladuriens. Dans sa voiture, à la sortie de l'Elysée, Séguin appelle l'un de ses conseillers : « C'est moi qui lui ai appris que Juppé allait prendre Sarkozy, ricane Séguin. Et il a appelé devant moi pour dire "niet". » « Bravo », répond l'éminence grise. « Comment, bravo ? » « Je me demandais comment élargir votre base : Sarko va être furieux d'être récusé, il faut le voir. » Rendez-vous est pris pour le lendemain. Les informations de Séguin sont bonnes. Pendant qu'il médite, avec des points d'interrogation en guise d'hameçons pour pêcher des réponses dans le Rubicon, Alain Juppé s'organise pour garder la présidence du RPR et les balladuriens mettent en scène leur grand retour. Le 2 juin au matin, au milieu des cartons qui s'emplissent, Alain Juppé a avisé Patrick Stefanini, le plus politique de ses conseillers : « Vous filez au RPR. » Celui qui dirigea la campagne victorieuse de Chirac en 1995 se rend à pied de la rue de Varenne à la rue de Lille, où l'ex-Premier ministre le rejoint à l'heure du déjeuner. A 14 h 40, Sarkozy appelle Stefanini : « Je vois Alain à 15 heures, lui dit le maire de Neuilly. Je veux être son secrétaire général. » Les deux hommes n'ont jamais rompu le contact : au cœur de la campagne présidentielle, alors que la marche triomphale des balladuriens tournait à la Berezina, Chirac demanda même à Stefanini de jouer les estafettes, pour prévenir Sarkozy, invité d'une grande émission de télévision, pour qu'il n'en fasse pas trop. A 3 heures moins 5, Stefanini prévient Juppé des intentions de son visiteur, qu'il appuie : « Vous devez faire tandem. » Juppé approuve : en quelques minutes, les ennemis mortels, aux convictions si proches et aux intérêts si éloignés, font affaire.

Le lundi dans la soirée, néanmoins, Alain Juppé demande à sa secrétaire de prévenir Stefanini : qu'il soit présent rue de Varenne, où Lionel Jospin doit venir prendre ses fonctions en fin de matinée, dès 9 h 30. En arrivant au premier étage de Matignon le mardi 3 juin au matin, Stefanini comprend d'emblée qu'il y a un grain de sable dans les rouages enclenchés la veille : Jean-Louis Debré, l'homme du Président, est dans l'antichambre, qui attend. Juppé fait pénétrer ses visiteurs dans le bureau de son directeur de cabinet, Maurice Gourdault-Montagne. La nouvelle stratégie pour relancer le RPR est simple : Juppé reste président, Debré devient secrétaire général et Sarkozy prend la tête d'une commission de rénovation du mouvement. « L'Elysée ne veut pas de Sarkozy au secrétariat général », confirme Juppé. Stefanini retourne rue de Lille, où il accueille à midi Sarkozy, sans lui souffler mot du veto qui l'a frappé. Juppé arrive en retard et s'enferme avec le maire de Neuilly, non dans son bureau de président, ni dans celui du secrétaire général, mais dans la petite pièce occupée usuellement par Jean-Louis Debré, au quatrième étage. Au bout de 10 minutes, Sarkozy claque la porte, fou de rage. A Stefanini qui le raccompagne, il lâche : « Je vais voir Séguin dès cet après-midi et on va se mettre d'accord. Tu vas voir ce que je vais dire à la presse. » « L'alliance Sarkozy-Juppé était logique sur le plan des idées et disposait d'une large majorité au sein du RPR, déplore Stefanini. Mais si Chirac avait dit oui, qu'aurait fait Séguin ? Il se retrouvait le grand perdant de tout le mois écoulé. Chirac se retrouvait avec l'alliance du traître de 1995 et du perdant de 1997, avec en plus un Séguin fou de rage, desperado. » « Faut-il vraiment persister à la tête du RPR ? » demande Stefanini à Juppé. Dans l'après-midi du 3 juin, Jacques Chirac téléphone à Alain Juppé, qui branche le haut-parleur de son poste et demande curieusement à deux de ses collaborateurs les plus proches d'écouter l'entretien. « Vous devez rester président du mouvement », ordonne le Chef de l'Etat. « Je n'ai plus que la peau sur les os », objecte Juppé, qui se demande si Chirac est sincère ou s'il fait mine de soutenir un homme qu'il sait condamné.

Pendant ce temps, la Présidence de l'Assemblée nationale

est devenue le siège des conjurés balladuro-séguinistes. La rencontre entre Sarkozy et Séguin est rapide : « Je le dis devant Roger, qui sera témoin, avance Sarkozy en désignant Karoutchi : c'est pour le secrétariat général. » Séguin opine. Puis il rencontre Edouard Balladur, qui avalise – pourrait-il l'enrayer ? – la combinaison. « Sarkozy n'a pas les mêmes options que vous, conclut Karoutchi, mais il est fonceur et travailleur, et il doit se réapproprier une image interne au RPR. » Ainsi, à la cohérence idéologique (l'alliance Juppé-Sarkozy) et à la cohésion de 1995 (l'addition Juppé-Séguin) est préféré le rassemblement des contraires, celui du sicaire de Balladur et du bouledogue de Chirac, du libéral de droite et du gaulliste de gauche, de l'agité et du cataleptique. Juppé a tout perdu, Séguin a hérité du destin d'Hercule, Sarkozy a gagné plus en deux jours qu'il n'avait perdu en deux ans. Et Jacques Chirac, pour avoir repoussé Sarkozy par excès de sentiment et Séguin par excès de raison, se retrouve avec un mouvement gaulliste dirigé par Séguin et Sarkozy. C'est une forme de tripartisme qui saisit le RPR, où les deux minorités opposées, balladurienne et séguiniste, prennent en tenaille la majorité juppéiste. Il reste aux conjurés à officialiser leur triomphe. Alain Juppé replié sur Bordeaux, c'est Jean-Louis Debré qui débat des termes de la prise de pouvoir. La rencontre a lieu dans le bureau de Séguin, à Lassay. « Organisons des Assises à la fin du mois de septembre », propose Debré. « Non, avant l'été, ou l'appareil sera repris en main et Juppé reconduit », objecte Séguin. « Il faut un mois et demi pour organiser des Assises, plaide Debré. Début juillet, on n'aura personne. » Séguin ne cède pas. « Je te rappelle dans une heure », conclut Debré, qui optera pour des Assises le premier week-end de juillet. Debré et Stefanini les organisent, sous le regard scrupuleux de Karoutchi, en mission pour Séguin. « 60 % des votes me suffiraient », affirme le nouveau président du RPR, qui obtiendra 78 % d'approbation des délégués gaullistes.

L'ultra-gaulliste

Le 6 juillet 1997, Philippe Séguin tient la barre du vaisseau gaulliste. Jamais cet homme, toujours lucide sur lui-même, ne commettra l'erreur de s'identifier au gaullisme. Patron du RPR, il ne se croit à aucun moment une réincarnation du Général. S'il n'est pas victime de la mystique gaulliste, c'est parce qu'il en est acteur, au premier rang. Philippe Séguin est le grand prêtre du gaullisme, qui jamais ne s'écarte de la pensée fondatrice. Coïncidence, son saint patron, un apôtre, fut l'évangélisateur de la Phrygie, dont le bonnet coiffe la République. Comme lui, Séguin se ferait crucifier plutôt que d'abjurer. A l'ENA, devant confronter la communauté économique européenne et l'ordre juridique français, il définit comme intangible la souveraineté nationale, gaullisme pur qui lui vaut 5 sur 20... En janvier 1999, Séguin lance à François Bayrou, en présence de Jacques Chirac : « Ton estime et ton amitié, tu peux te les carrer où je pense. » Jean Amadou relève avec humour qu'il s'agit d'une citation, légèrement modernisée, de De Gaulle, qui avait lancé à Juin venant lui demander la grâce du général Jouhaud : « Ton bâton de maréchal, tu peux te le mettre où je pense. » Plus sérieusement, le gaullisme et ses productions politiques sont pour Séguin un bréviaire de l'action publique. Ainsi garde-t-il toujours la Constitution à portée de main, refusant toute analyse qui ne s'y rapporte pas. « On me parle de délégations de compétences à propos d'Amsterdam, lance-t-il en janvier 1998. Je ne connais pas le mot "compétences", il n'est pas dans la Constitution. En revanche, j'y trouve le mot "souveraineté". » Quelques semaines plus tard, venant d'exclure une poignée de candidats dissidents à l'occasion des élections régionales, il justifie ainsi sa sévérité : « Nous avons, en tant que mouvement politique, un rôle constitutionnel – j'entends un rôle prévu expressément par la Constitution – qui est de concourir à l'expression du suffrage, c'est-à-dire de faire en sorte que les gens puissent s'y retrouver au moment de voter entre les diverses propositions qui leur sont faites. Si nous acceptons que puissent se réclamer également du même mouvement deux, trois, voire quatre listes dans les mêmes départements, nous n'assumons plus nos responsabilités. » Bref, c'est par légalisme constitutionnel, donc fidélité gaulliste, que Séguin fait régner l'ordre. C'est mettre du gaullisme où le Général n'a jamais songé en placer. En fait, Philippe Séguin est un ultra-gaulliste, plus bonapartiste que Napoléon, plus gaulliste que de Gaulle. Ou, comme le dit son ennemi intime Jacques Toubon : « Séguin fait du gaullo-gaullisme. »

C'est en gaullo-gaulliste qu'il fond sur Jospin après sa « repentance » envers les mutins fusillés de 1917. C'est en gaullo-gaulliste encore qu'il se rue sur un plateau de télévision, au début du procès de Maurice Papon, pour dénoncer avec raison l'amalgame effectué entre Vichy et la France. C'est en gaullo-gaulliste enfin qu'en septembre 1998, quand la gauche est piégée par un absentéisme semi-volontaire de ses députés, lors du premier vote sur le Pacs, Séguin demande une suspension de vote. Ce faisant, il met en péril la manœuvre de l'opposition : profiter d'un avantage numérique pour repousser ce projet de loi et provoquer la première vraie crise de la majorité plurielle. Le piège fonctionne, mais chacun s'interroge sur les raisons qui ont poussé Séguin à offrir un sursis à la gauche : c'est qu'il a vu que l'Assemblée, une fois de plus, sera discréditée, offrant à la nation le spectacle d'un théâtre d'ombres, ravagé par l'absentéisme et hanté par les combinazione. C'est en garant de l'honneur de la Ve République qu'il agit donc, et non en patron de la première formation de l'opposition : le pays avant le parti, voilà qui est de la politique à l'ancienne, voilà qui est du gaullisme. Cette posture ardente n'est pas exempte de souffrances : Séguin est de plus en plus gaulliste à la tête d'un mouvement qui l'est de moins en moins, dans un pays qui a rangé le Général au musée des honneurs. Né au XIXe siècle, dix-neuf ans seulement après la fin du règne de Napoléon III, dont Séguin est le biographe, mort en 1970, de Gaulle est une figure historique, mais plus un maître politique. Séguin est donc en porte-à-faux avec la génération montante des gaullistes, en disharmonie avec son siècle. « Un jour, témoigne un élu du RPR, j'ai glissé à Philippe Séguin, sans agressivité : “De Gaulle est obsolète, il appartient à l'Histoire.” J'ai cru qu'il allait m'arracher les yeux. » « Le gaullisme, persiste un autre, c'est “je transcende les clivages au profit de l'intérêt national”, plus l'indépendance de la nation. Ce n'est pas avec ça qu'on fait une révolution intellectuelle et mentale de la droite. » L'hiatus est bien là entre Séguin et la plupart de ceux qui l'entourent rue de Lille : ils sont de droite, il est gaulliste ; ils veulent combattre la gauche de front, il espère transcender les clivages ; ils animent un parti, il dirige un mouvement.

Comme tout intégrisme, le gaullisme de Philippe Séguin est fruste, rigide. C'est une foi du charbonnier qui l'anime : elle pèche donc par excès de simplicité, par simplisme. Ainsi, il est évident que le RPR est devenu un parti comme les autres. Si tant est qu'il ait jamais été autre chose : machine de guerre au service de Jacques Chirac, il donnait par son esprit tout offensif l'impression d'être un mouvement. Mais « mouvement » au sens gaulliste dépassait la guerre du même nom, cet esprit de la cavalerie que le Général, quand il n'était que colonel, insuffla à ses unités blindées et que Jacques Chirac, plus cheval que cavalier, mustang inépuisable, incarna pendant trente ans avant d'emporter le Prix de l'Elysée. Le « mouvement » à l'ère RPR ne fut qu'un assaut perpétuel, une insurrection contre le giscardisme, puis une charge de brigade légère de 1981 à 1986, et enfin, jusqu'en 1995, une épopée équestre à la cosaque, un raid de Tarass Boulba, qui, lui aussi, tua son fils pour l'avoir trahi... De même, les gaullistes ne forment plus un rassemblement, réunion homogène de compagnons qui, étymologiquement fidèles, partagent le même pain politique : le RPR est un agrégat d'intérêts, où le mortier de l'ambition tient ensemble les clans ; il n'y a plus de compagnons, il n'y a que des compères, ou des complices. Mais Séguin n'en démord pas : il n'y a pas de parti gaulliste, il y a un mouvement, un rassemblement de compagnons. Son absolutisme ici l'aveugle : il fait de la politique dans le système de Ptolémée. Dans la définition du gaullisme qu'il ne cesse de rabâcher, Séguin révèle la même limite, en une simplicité revendiquée : « Le gaullisme aujourd'hui, ce sont quelques principes extrêmement simples, détaille-t-il devant Michel Field, sur TF1, le 22 février 1998. C'est, si vous voulez, la volonté d'être, dans la phrase, le sujet et non pas le complément d'objet, fût-il direct ou indirect. C'est la volonté de reconnaître à chacun la possibilité de peser sur son destin, sur son destin individuel et de participer à la définition de son destin collectif. Et tout le reste s'explique : c'est le non du 18 juin 1940, le droit des peuples à disposer d'eux-mêmes, la participation. » « Le gaullisme, c'est que chacun soit libre de choisir son destin » : tel est son psaume, cent fois répété. Dans une interview à *L'Evénement du jeudi*, en avril suivant, il affine sa définition, avançant que le gaullisme « est à la fois une attitude et une méthode ». La méthode est le rassemblement de personnes différentes et divergentes dans la recherche de l'intérêt général, l'attitude, le « mode de comportement », est « la volonté de faire en sorte que chacun ait les moyens, le plus de moyens possible en tout cas, de peser sur son destin ».

Le lexique employé est une cotte de mailles idéologique étrangement trouée : la « volonté de reconnaître une possibilité » ou la « volonté de faire en sorte que » n'autorisent pas beaucoup d'enthousiasme politique... Mais c'est le fonds intellectuel dépeint qui montre à quel point Séguin n'est pas moderne – il s'en vante – et peu original – il s'en défend. La « méthode » n'est en somme autre chose qu'une union sacrée, le dépassement des différends et des différences pour l'intérêt du pays, voire son salut. Quand l'ennemi est aux portes, la méthode s'impose; mais où est l'ennemi aujourd'hui? Quel péril fatal menace la France? Glorifier et prescrire ce gaullisme d'arche de Noé, qui n'exista au pouvoir que quelques mois en 1945 – avant de céder devant les partis – et quelques mois en 1958 – le temps de les annihiler, sauf le communiste – est un rêve et un archaïsme. De plus, il ne peut que s'accompagner d'une mélancolie politique, du noir désir de voir le pays sombrer pour qu'il puisse se relever. « Levez-vous, orages désirés », invoque Séguin entre deux déprimes devant le morne quotidien. Pour lui qui déclare que son principal défaut est l'impatience, le supplice doit être prométhéen. Afin de passer le temps, il aime dramatiser les incidents du microcosme, il se donne des Rubicon sans eau, des Pont d'Arcole virtuels, des 18 Juin de papier. Tel un héros de Julien Gracq égaré en politique, Séguin attend l'irruption, le moment. Un caractère et des circonstances, telle est la forge du destin : Séguin croit posséder l'un et attend les autres. Il n'est pas « libre de choisir son destin », puisqu'il l'espère; moins que messie et plus que prophète, Séguin est prisonnier de sa mystique gaulliste. Le gaullisme agit sur lui comme le ciel étoilé sur Kant : il le grandit et l'écrase à la fois, il est une raison de vivre et un motif de désespérer. Dans *Les chênes qu'on abat*, Malraux rapporte que de Gaulle susurre, en le raccompagnant dans la nuit : « Les étoiles m'enseignent l'insignifiance des choses. » Séguin ferait volontiers sienne cette sagesse. Sauf que, pour lui, les étoiles sont accrochées au képi d'un général...

L'« attitude » que Séguin affirme être le noyau philosophique du gaullisme, cette « volonté de faire en sorte que chacun soit libre de son destin », n'est pas plus solide. « Une phrase creuse », tranche Edouard Balladur. En effet, il ne s'agit ni plus ni moins que d'une définition, alambiquée et dramatique, de l'aspiration démocratique. Inefficiente en 1997, la devise de Séguin n'en est pas moins importante pour le comprendre. En 1950, âgé de sept ans, il reçut de sa mère un superbe cadeau : un gros livre illustré sur la France de 1918 à 1948, comportant la reproduction de la couverture de *Combat* ornée d'une citation de De Gaulle : « Nous avons choisi la démocratie et la République. » Diluée par la pérennité de l'une et de l'autre, la distinction entre démocratie et République ne demeure importante que pour quelques politiques chevronnés, comme Séguin. « La démocratie, c'est un mode de désignation des dirigeants, explique-t-il à *L'Evénement du jeudi*, la République, ce sont d'abord des valeurs. » Ici transparaît l'erreur de raisonnement de Philippe Séguin : il érige en « attitude », c'est-à-dire en éthique, en « valeurs », ce qui n'est, comme il le démontre lui-même, qu'un mode de désignation des dirigeants. Cette inversion est fatale à sa définition, qui ne prouve plus qu'une chose : le gaullisme, ni despotique, ni tyrannique, est démocratique ; l'article 3 de la Constitution, en établissant que « la souveraineté procède du peuple français et de lui seul », le dit plus simplement que Séguin. Mais cette confusion n'est pas sans raison. Pour Philippe Séguin, de Gaulle est, au bout du compte, un Napoléon III qui a réussi, qui ne s'est pas fourvoyé. Louis-Napoléon Bonaparte, au nom de la démocratie – le suffrage universel qui l'a choisi en 1848 pour un mandat unique – commet un coup d'Etat le 2 décembre 1851, violant cette démocratie que les plébiscites ne relèveront pas et assassinant la Deuxième République. En choisissant la démocratie et la République, quand le césarisme pouvait le tenter, de Gaulle ne répète pas l'erreur napoléonienne. Quand l'Empereur s'empêtre au Mexique, le Général se défait avec habileté et sens de l'Histoire de l'Algérie. Quand l'Empereur ploie devant la Prusse, le Général vainc l'Allemagne : le Reich, deuxième du nom, est proclamé à Versailles; le Reich, troisième et dernier, succombe à Berlin. Sur le même éloge des nations, Napoléon III dirige un Empire, de Gaulle les combat, qu'ils soient allemand, soviétique ou américain. Quand il déclare – comme Sarkozy – que son fait militaire préféré est Austerlitz, alors que la France libre offre tant d'exploits, n'est-ce pas pour effacer le 2 décembre 1851 par le 2 décembre 1805? En distinguant et confondant à la fois démocratie et République, Séguin prolonge le parallèle entre l'Empereur dont il a fait un livre et le Général dont il s'est fait un maître. « Il voyait trop loin, trop grand et trop tôt », écrit Séguin du premier; sans doute considère-t-il que le second a vu juste.

Enfin, et cela serait touchant s'il n'était un responsable politique, Philippe Séguin a une conception naïve, angélique du gaullisme. Jamais il ne critique le gaullisme, jamais il n'en dénonce les dérives autoritaires, barbouzardes ou conservatrices. Il semble à l'écouter que tout le gaullisme tient en la personne et en l'action du Général, et que le gaullisme, telle la Révolution pour Clemenceau, est un bloc. C'est ce qui différencie Séguin de Pasqua, lequel, des impératifs de la Résistance aux manigances de la place Beauvau, en passant par les carambouilles du SAC et la gestion des fichiers internes du RPR, n'a jamais renié la part d'ombre du gaullisme. Que Séguin ait été en poste à Tahiti au moment de mai 1968 n'est peut-être pas étranger à son attitude : des heures de doute du

Général, aux conceptions de la société vomies par la jeunesse, il n'a rien vu de près. Pour lui, le gaullisme est incontestable. Dans cet idéalisme, Séguin refoule le gaullisme du cambouis, et ne retient que celui de la transcendance. Or le gaullisme, ce fut Roger Frey autant que Malraux. « Pour Séguin, précise un dirigeant du RPR, le gaullisme n'est que le "premier gaullisme", celui de l'époque où il s'est révélé, avec son apologie de la France et de l'Etat. » Séguin récuse même le gaullisme de l'efficacité, cette organisation que de Gaulle négligeait sans la mépriser, la déléguant avec vigilance. Croit-il que le Gouvernement provisoire de la République française, le retour du 13 mai 1958 ou le discours fondateur de la Place de la République, le 4 septembre suivant, n'ont eu recours à aucune machinerie, à aucun mécanicien obscur? A force de le considérer pur, Séguin rend le gaullisme abstrait.

Le tyran domestique

Ces excès et ces errances lui coûtent ses premiers déboires, ajoutés à une ultime carence : la difficulté à prendre le pouvoir. En 1988, il manque d'une voix l'élection à la tête du groupe gaulliste de l'Assemblée, battu par Bernard Pons. En 1989, il saborde le vaisseau corsaire des rénovateurs, pourtant décidés à faire de lui leur grand timonier. En 1990, aux côtés de Charles Pasqua, il mène en demi-putschiste une moitié de putsch : contre Juppé mais, officiellement, pas contre Chirac. En 1992, il n'assène pas, en débat avec François Mitterrand, les derniers coups nécessaires à la victoire du non dans le référendum sur le traité de Maastricht. En 1993, encore tout échaudé par le cuisant échec de 1988, il hésite à briguer la Présidence du Palais-Bourbon : « Toutes les conditions sont réunies, lui assure alors Etienne Pinte. Ça ne se fera pas à une voix près. » « Bon, allons-y », décide Séguin, non sans avoir téléphoné au préalable à Jacques Chaban-Delmas, l'une de ses références en matière de gaullisme et longtemps locataire du « perchoir ». Séguin se résigne à prendre le pouvoir, il est putschiste à contrecœur. « Séguin n'est pas un homme de rupture, témoigne Henri Guaino, ancien commissaire au Plan, qui travailla avec lui. Il est parti contre Maastricht pour témoigner, pas pour changer le cours de l'Histoire. Il n'est ni de Gaulle, ni Churchill, ni Clemenceau. » En janvier 1997, Patrick Devedjian est définitif : « Philippe Séguin est un homme seul qui a raté le coche en 1990. Il n'a pas su prendre le RPR et ne peut rien faire sans. » Puis le maire balladurien d'Antony ajoute : « Avec, il ne ferait pas grand-chose. » La prophétie s'avère assez vite dans le courant de l'automne 1997. Pourtant, les séguinistes croient que leur heure a sonné : « En juillet 1997, Séguin a la volonté, le discours et un boulevard devant lui pour une opposition républicaine et souverainiste », se souvient le député de l'Essonne Nicolas Dupont-Aignan, rallié à son collègue des Vosges, qu'il quittera après la ratification d'Amsterdam. Mais les séguinistes, minoritaires dans le mouvement, se comportent comme s'ils en maîtrisaient les rouages. « Le chef de cabinet de Séguin bloque les parapheurs dès qu'une nomination ne fait pas le jeu des séguinistes, témoigne un permanent de la rue de Lille. Les décisions bancales se multiplient, d'autant que Sarkozy veut que Séguin donne son agrément à tout. On est dans le perpétuel équilibrisme. » Les juppéistes, dépouillés, sont tenus à l'écart, et s'installent dans une confortable résistance par l'inertie. « Quand Séguin a lancé ses réunions en régions, je me suis déclaré prêt à attaquer la gauche et à défendre les grandes options de droite, affirme l'un d'entre eux, Jean-François Copé, maire de Meaux battu en triangulaire aux législatives de juin. Je reçois une lettre de Séguin : “Votre successeur aux Etudes, Elisabeth Hubert, se tient à votre disposition pour que vous lui transmettiez vos dossiers." Avec une mention manuscrite à côté de la signature : "Merci pour ce que vous avez fait." Séguin commet en fait en 1997 avec les juppéistes la même erreur que Juppé a commise avec les balladuriens en 1995 : ni association, ni épuration. »

Si les séguinistes sont minoritaires, c'est la faute de Philippe Séguin. Jamais il n'a voulu structurer des réseaux, entretenir un courant, compter ses amis. « Un homme aussi charismatique peut aller directement au peuple, s'emballe un de ses thuriféraires : il est un phare pour l'Ouessant républicain dans la tempête. » Là encore, une vision idéaliste du gaullisme fait commettre à Séguin une grave erreur tactique : parce que le Général s'adressait au peuple par-dessus les partis, il serait à peine besoin d'appartenir à une structure, et à coup sûr inutile, voire hérétique, d'animer un club personnel. « Pour Séguin, explique Karoutchi, la force d'une action politique, c'est la force d'un message : soit l'opinion s'y reconnaît, soit il est flou et toute structure est inutile. » Au-delà de l'erreur sur la logistique gaulliste, cela dévoile le peu d'amour que Séguin porte aux militants. Contrairement au Général, il n'apprécie pas les bains de foule, ne cultive pas le rapport au public dans les meetings – « C'est un tribun de distance, avec estrade et micro, mais sans chaleur », résume un chiraquien – et ne sacralise pas la « base ». « Surtout, on reste le moins longtemps possible », murmure-t-il à ses collaborateurs en débarquant à Vannes lors d'un déplacement de campagne ; et, de fait, il ne passe que quelques minutes en compagnie des militants. Il y a dans cette attitude plus de misanthropie que de recul méditatif. Avouant qu'il rêve, pour son bonheur, d'une île, Séguin dévoile qu'il ne goûte guère la compagnie des hommes, que pourtant il aspire à diriger. Il ne s'est même jamais soucié d'entretenir un lien étroit avec ses partisans, quand de Gaulle, de ses hommes de troupe aux compagnons de la Libération, ne fut jamais avare de gestes d'estime, serrant les mains comme Napoléon pinçait les oreilles. « Les séguinistes sont des terre-neuvas, explique l'ancien secrétaire d'Etat Jean de Boishue, qui regroupa dans son club, Condition humaine, une trentaine de parlementaires acquis au député des Vosges. Personne ne "voit" Séguin : on le rencontre une fois de temps en temps et ça suffit. Il a fallu attendre deux ans pour qu'il reçoive les membres de Condition humaine ; il y a eu un déjeuner, pendant lequel il nous a délivré un manifeste gauchiste. Moi, je le vois une heure par-ci par-là, et ensuite je fais du séguinisme sans Séguin, comme Olivier Guichard déclarait faire du gaullisme sans de Gaulle. »

« Quand Sarkozy dit que les séguinistes sont une secte, il n'a pas tort, avance François Cornut-Gentille, le député de Colombey-les-Deux-Eglises. Car ils sont incompréhensibles : Séguin a toujours tout cassé, il a toujours égaré ceux qui croyaient entrer dans une écurie. » Etienne Pinte, député et maire de Versailles, qui créa l'Association pour une République citoyenne, confirme que Séguin reste en filigrane des groupes qui le soutiennent. « Nous intervenons à titre personnel, jamais en son nom, expliquait-il au début de 1997. Heureusement qu'on nous envoie tous les deux mois la copie de ses discours à l'étranger, pour entretenir la flamme. » Tout ce qui peut se glisser entre lui et le peuple irrite Séguin, comme un corset. « C'est un homme de suffrage universel, confirme Pinte. Il ne veut se marquer d'aucune catégorie socio-professionnelle. » Pendant deux ans, de 1995 à 1997, les proches de Séguin ont tissé clandestinement un maillage de partisans à travers le pays. Président de l'Assemblée nationale, il n'en sut rien ; président du RPR, il n'en fit rien. Nicolas Dupont-Aignan lui suggéra de créer une « table ronde » séguiniste au sein du parti gaulliste, mais Séguin refusa. Tout juste lui concéda-t-il un « Faites-le » sceptique quand son secrétaire national aux Fédérations lui dit : « Une base, ça se travaille. » Il n'écoute pas souvent les conseils de ses affidés : en juin 1997, Etienne Pinte lui déconseille de prendre Nicolas Sarkozy comme secrétaire général ; dix-huit mois plus tard, il lui recommande de ne pas être candidat aux européennes... Après son intronisation de juillet 1997, Séguin se brouille même avec la plus intelligente des « plumes » dont il disposa, Nicolas Baverez, parce que ce jeune biographe de Raymond Aron lui transmet une note prédisant qu'il sera à terme le dindon de cette nouvelle farce gaulliste. Il leur faudra deux ans pour se réconcilier, Baverez profitant de l'anniversaire de son ancien patron, le 21 avril 1999, pour le féliciter de sa toute récente démission. Séguin n'en fait qu'à sa mauvaise tête, sans toujours assumer cet esprit franc-tireur : préparant un discours pour le lancement de l'Alliance, il approuve deux feuillets que Dupont-Aignan lui suggère d'intégrer à son propos ; le lendemain, le passage en question a disparu de son texte, sans que le conseiller en ait même été averti.

Qu'il ne les encourage pas est compréhensible, qu'il les ignore est acceptable. Mais que Séguin maltraite ses proches marque les limites de son sens politique : pour en être un expert, il sait que la Ve République est le territoire des phalanges, des petits groupes soudés, déterminés et organisés. « Les réseaux ne sont pas une obligation, mais il faut un noyau, au cas où », reconnaît Karoutchi. Or le séguiniste, abandonné par son mentor, est isolé, versatile et démuni. Comble de la déshérence, le séguiniste est un souffre-douleur. Séguin l'avoue puisque, répondant au questionnaire de Proust, il glisse que ses « héroïnes dans la vie réelle » sont ses collaboratrices. La galanterie est de trop, tant ses excès ne distinguent pas entre les sexes. « Son caractère est un atout en politique, car il lui permet d'engueuler les Français, nuance Jean de Boishue. Mais avec ses collaborateurs, il a une mentalité d'esclavagiste. Cela dit, ils l'ont choisi en connaissant son image de marque. » Un jour, relisant en voiture une note mal rédigée, Séguin baisse sa vitre et jette les feuillets hors du véhicule, un par un, devant le regard médusé du scribe incriminé. Les vols planés de parapheurs nourrissaient le trafic aérien dans les divers bureaux qu'il occupa, troublés parfois par la mise en orbite d'une chaise. La colère est récurrente chez cet homme, mais le temps calme n'est guère plus agréable. « Etre un ami de Philippe Séguin – je le connais depuis plus de quinze ans – est une souffrance quotidienne, reconnaît de Boishue. Je l'ai compris dès le premier jour. » Un jour, souhaitant relire devant ses collaborateurs le discours qu'il doit prononcer en public le lendemain, Séguin les réunit. A peine a-t-il terminé la première phrase qu'il relève la tête pour scruter l'assistance, épuisée par avance à l'idée d'ouïr une heure trente de prose séguiniste, et, devant la moue générale, il lance : « Quoi ? Elle ne vous plaît pas, la première phrase ? » En déplacement en Guyane, il est odieux avec tout le monde, ne cessant de se plaindre : « Qu'est-ce qu'il fait chaud ! Aaaaah ! Qu'est-ce qu'il fait chaud ! » Quelques jours plus tôt, aux Antilles, il se réveille au milieu de la nuit et appelle Eric Raoult, qui est du voyage, sur son portable : « Je veux une bouteille d'eau ! » « Regarde dans ton frigo de chambre », lui répond l'ancien ministre. « Je l'ai fait, les bouteilles sont toutes débouchées. » « Demande à ton officier de sécurité d'aller en chercher une. » « Mais tu es où, toi ? » « Au club 126. » « C'est quoi, ça, le club 126 ? » « C'est une boîte de nuit », conclut Raoult.

François Fillon, l'un des plus intelligents et le plus politique des séguinistes, a subi plus que d'autres l'effet de souffle du caractère de son mentor. Le 26 septembre 1998, Fillon, tout nouveau président des Pays-de-la-Loire, inaugure le comice agricole d'un village de sa Région. Soudain, deux gendarmes font irruption et l'arrachent à son devoir : « Philippe Séguin vous cherche d'urgence », lui glissent les pandores. En fait, le président du RPR veut simplement relire à son porte-parole l'interview qu'il vient d'accorder à *L'Est-Eclair.* Quelques semaines plus tôt, il a appelé Fillon un vendredi pour le sermonner : « Et voilà ! Je te nomme porte-parole du RPR et, quand j'ai besoin de toi, tu n'es pas là ! » « Que veux-tu, réplique Fillon, je suis président de région. Mais si tu veux nommer quelqu'un d'autre comme porte-parole, ne te gêne pas. » « Oh ! là ! là !, soupire Séguin. Si je ne peux même pas te dire ça à toi ! » Un autre jour, alors que Fillon a réuni quelques journalistes rue de Lille, pour leur présenter la politique éducative qu'il mène dans sa région, Séguin s'invite à leur petit déjeuner et critique point par point les initiatives de son disciple. Le calvaire de Fillon ne cesse pas avec la démission de Séguin de la tête du RPR. Exilé une semaine par mois au Québec, où il donne des cours, Séguin appelle Fillon pour avoir des nouvelles de la campagne présidentielle interne au parti gaulliste : « C'est moi, rappelle-moi » est le premier message enregistré sur le portable de Fillon; « Mais où es-tu? Tu ne réponds jamais » est le deuxième; le troisième est une colère quasi inaudible. La relation de Séguin avec ceux qui le servent est plus subtile qu'un simple sadisme ancillaire. Un matin, ouvrant une réunion rue de Lille, il lance à la cantonade : « Evidemment, Fillon n'est pas là. » Séguin sait très bien que son lieutenant est en train de faire voter son budget au conseil régional, mais il vise par ricochet Nicolas Dupont-Aignan, de retour après une absence inexpliquée la veille !

Cette perversion n'est pas toujours aussi infantile. En décembre 1998, Dupont-Aignan lui envoie une longue lettre pour lui expliquer qu'il votera non ou s'abstiendra lors de la réunion du Congrès, le 18 janvier à Versailles, qui doit modifier la Constitution pour la rendre compatible avec le traité d'Amsterdam. Or Séguin est en train de modifier l'équipe de direction du RPR : « Je vous maintiens comme secrétaire national aux Fédérations, mais il faut me soutenir dans mon affaire européenne. » Le chantage est on ne peut plus clair. Après une journée de réflexion, Dupont-Aignan, qui ne veut pas qu'on l'accuse de rejeter Amsterdam parce qu'il a été limogé, décide d'être plus filou que son patron : « Nommez-moi et on verra. » Séguin ne répond pas. A la veille du Congrès, accompagnant François Fillon à une émission de radio, Dupont-Aignan glisse à un proche de Jean-Louis Debré qu'il va voter non. Debré, prévenu, alerte Séguin, qui menace Dupont-Aignan, lequel lui écrit : « Soit vous me virez, soit vous me gardez parce qu'il est bon qu'il y ait des votes non dans votre équipe. » Séguin ne répond pas et congédie Dupont-Aignan après qu'il a voté non le 18 janvier 1999 – alors qu'il confirme à son poste Nicole Catala, qui a pourtant voté comme son jeune collègue de l'Essonne. Il ne prévient même pas le limogé, qui doit contacter les journalistes pour apprendre qu'il n'est plus dans l'équipe. Pour remplacer Dupont-Aignan aux Fédérations, Séguin nomme Eric Raoult, lui-même suppléé aux élections par Roger Karoutchi. Or, un an plus tôt, au lendemain des Assises du 31 janvier 1998, Karoutchi, le vieux fidèle, avait été proposé par Sarkozy pour s'occuper des Fédérations. Séguin, rendant à son secrétaire général la liste des membres de la commission exécutive, ajoute innocemment : « J'ai juste biffé un ou deux noms. » En fait, il a relégué Karoutchi à l'animation... Un an plus tard, l'intéressé a réintégré un poste clef, mais il n'est pas vengé pour autant : dès la démission de Séguin, en avril 1999, Karoutchi fait allégeance à Sarkozy. « Quand on trahit, du moins faut-il le faire avec élégance », lui écrit Séguin. « Il y a des gens nés traîtres, Karoutchi est un traître-né », commente un proche de Pasqua. En effet, moins d'un an plus tard, Sarkozy ayant perdu toute fonction au sein du RPR tandis que

Séguin renaît de ses cendres grâce aux municipales parisiennes, Karoutchi reviendra vers son ancien maître. Celui-ci, sourd aux protestations de ses vrais fidèles, absoudra le félon pour l'associer à sa campagne... Comment s'étonner que nul ne se lève, au printemps 1999, pour pleurer le départ de Séguin ? Comment reprocher à François Fillon, quatre mois plus tard, de ne le consulter que formellement avant de se déclarer candidat à la présidence du RPR, se contentant – pour éviter, avoue-t-il, foudres et rancœurs – d'un coup de téléphone qui recueille une approbation maussade ? Jacques Chirac combat à la tête de vassaux prêts à mourir pour lui. Philippe Séguin regarde de loin ses mercenaires batailler sans fougue ni ordre.

Le quérulent aboulique

Philippe Séguin est-il fou ? La question n'est pas impertinente, mais la réponse est négative : Philippe Séguin n'est pas fou, il est malheureux. « Quand on le voit, résume le sénateur RPR Xavier Darcos, on n'a pas envie de vivre son existence de crapaud buffle. » A la veille du week-end de Pâques de 1999, Séguin signale à Nicolas Sarkozy qu'il entend travailler avec lui le samedi et le dimanche. « A Pâques, je ne travaille pas, répond le secrétaire général du RPR. Ou alors pas à Paris. Je vais à Deauville en famille : viens avec nous. Tu t'installeras dans un autre hôtel, tu feras une thalasso et, si tu le souhaites, on travaillera. » Séguin est d'accord, mais, le samedi matin, il appelle Sarkozy pour lui dire qu'il ne veut plus : « Tu ne peux pas retarder ton départ ? On travaille et on ira au Parc voir le match du PSG. » Sarkozy refuse et gagne sa villégiature normande. Séguin, lui, reste seul à Paris, se rend au stade puis passe son dimanche à regarder des cassettes vidéo chez lui.

Cette approche mélancolique de la vie est une neurasthénie du soleil, héritée de ses années tunisiennes, de son enfance d'orphelin. Invité de Paul Amar sur la chaîne Paris-Première, Séguin raconte par le détail la journée du 11 novembre 1949, quand il fut décoré à la place de son père décédé pendant la guerre. Il se souvient de chaque minute de cette journée, qui est son socle psychologique, d'honneur et de douleur mêlés, donc socle puissant et instable à la fois. Comment cet enfant qui incarne son père mort pour libérer la France ne donnerait-il pas un homme politique souhaitant ressusciter de Gaulle? Dans cette comédie des orphelins, Séguin est le seul à ne pas jouer un rôle de composition. La figure de la mère est importante aussi. Inaugurant à Fréjus un collège baptisé du nom de son second mari, François Léotard la convie, ainsi que son fils, à la cérémonie. Philippe Séguin arrive très en avance, et semble inquiet : il a très peur d'arriver après sa mère. « Il faut que je sois là avant elle », répète-t-il plusieurs fois à Léotard. Sa corpulence et son caractère le font oublier : c'est un enfant qui fait de la politique dans le corps adulte de Séguin.

Cela explique mais n'excuse pas sa propension à la colère. Séguin le sait, qui définit, comme son principal trait de caractère... son caractère, ce bloc de lave jamais refroidie. Si pathologie il y a, c'est de quérulence qu'est atteint Séguin, cette tendance morbide à chercher querelle à tout va. Il cherche querelle à Sarkozy, qui ne l'a pas prévenu de sa présence sur TF1 en avril 1998, comme invité de Public : « Une heure sur TF1, tu aurais pu m'en parler, quand même. » « Tu as entendu ce que j'ai dit, tu n'as pas à te plaindre », riposte l'agressé. Il se rebelle contre Jacques Pilhan, le feu conseiller en communication de Mitterrand puis de Chirac, qui raconte que, dans les tests d'image, Séguin fait peur aux enfants. « C'est la fièvre de Monsieur Séguin », renchérit Pilhan quand il apprend que le président du RPR le poursuit de ses foudres.

Séguin se brouille avec Alexandre Adler à cause d'un article sur le procès Papon, alors que les deux hommes ont jeté les bases d'un synopsis en vue d'un livre commun : il ne répondra même plus aux courriers de son éditeur. De son bureau de la rue de Lille, il est gêné par le bruit des travaux dans la cour du Palais-Bourbon : il téléphone pour les faire cesser, et menace tant l'administration que le chantier est stoppé. Après sa démission d'avril 1999, c'est sur sa secrétaire qu'il abat sa colère : « Il faut me changer ce téléphone, j'en ai assez d'attendre cinq secondes pour savoir qui j'ai en ligne. Dites-leur que, s'ils ne me le changent pas demain, je fais un scandale ! » Un jour, un patron de presse l'appelle dans sa mairie d'Epinal, pour lui demander une intervention auprès d'un ministre. Séguin promet, mais découvre un peu plus tard un article critique sur sa gestion municipale dans le journal du patron en question. Il le rappelle : « Pour le coup de fil au ministre, vous pouvez y compter, vous ne serez pas déçu », éructe-t-il avant de smasher son téléphone et de tirer sur ses bretelles en disant, avec un grand sourire : « Et voilà, au moins, on ne sera pas les seuls à se faire chier ce week-end. »

« Il y a du théâtre dans ses colères, commente un de ses proches, qui le quitta sur une éruption de trop. Séguin manque de caractère, il est faible, velléitaire. » « Séguin est un aboulique, insiste Charles Millon. C'est pourquoi il pique des colères. » « Chez Séguin, l'intellect est impeccable, raconte un de ses proches. C'est plus bas que ça se passe : du côté des tripes, des couilles. Séguin, c'est la lâcheté. Ses collaborateurs les moins engueulés sont les plus insolents, parce que Séguin a la trouille. » Courageux ou non, Séguin peut être méchant dans ses colères. Dans un avion, il jette à des journalistes, en faisant avec le pouce le geste de déclencher un magnétophone : « C'est cela, votre métier. Et il faut des écoles pour ça ? » A Jean-Michel Dubernard, urologue et chirurgien reconnu, et député RPR de Lyon, il lance un jour : « T'es pas un vrai politique, toi. Ton siège, tu le dois à tes diplômes. T'es qu'un toubib. » En avril 1998, alors qu'une motion de censure du gouvernement doit être défendue dans l'hémicycle, Séguin met son veto : il refuse qu'Hervé Gaymard prenne la parole. « Si ce traître s'exprime, je quitte l'hémicycle », lance-t-il à Jean-Louis Debré, qui lui propose cet orateur. Debré, surpris, prévient le député de Savoie : « Mais qu'est-ce que tu as fait à Séguin ? » Quelques heures plus tard, Séguin téléphone, pour un autre motif, à Gaymard, qui lui coupe la parole : « Je voudrais d'abord qu'on parle de cette affaire de traîtrise. » « Oui, tu m'as trahi. » « Où et quand ? » « Hier, à l'Assemblée, tu n'as pas applaudi mon discours. » « Visionne la bande : c'est faux. » « On me l'a dit. » « Qui ça ? » « Je te donne des informations, pas des informateurs. » « Dis à tes petits connards que profiter de tes accès de déprime pour te faire dire des conneries, c'est fini : on est un certain nombre à en avoir marre de tes sautes d'humeur. »

Les colères en chapelet ne font pas une démonstration, les témoignages à charge ne font pas une preuve. « Tout de même, insiste Nicolas Baverez. *L. 627* est un bon film sur la police parce qu'une heure trente d'anecdotes font un bon résumé de son travail et de ses vicissitudes. De même pour le caractère de Séguin. » Quels qu'en soient les ressorts secrets, la quérulence de Séguin est stérile, et lui coûte plus de respect qu'elle ne lui rapporte de crainte. Son autorité s'évapore dans ses cris. « La politique, c'est l'anticolère, explique le placide sénateur Jean-Pierre Raffarin. La politique, c'est une révolte qui n'est pas colérique. » Un intellectuel de droite résume l'erreur de Séguin : « Il confond être de mauvaise humeur et avoir du caractère. Il devrait relire *Le Fil de l'épée*, le passage sur l'homme de caractère. » Le portrait brossé par de Gaulle est bien plus nuancé, en effet, que le Séguin emporté : « La passion d'agir par soi-même s'accompagne, évidemment, de quelque rudesse dans les procédés. L'homme de caractère incorpore à sa personne la rigueur propre à l'effort. Les subordonnés l'éprouvent et, parfois, ils en gémissent. (...) Mais, dans l'action, plus de censeurs ! Les volontés, les espoirs s'orientent vers lui comme le fer vers l'aimant. Vienne la crise, c'est lui que l'on suit, qui lève le fardeau de ses propres bras, dussent-ils s'y rompre, et le porte sur ses reins, quand même ils en seraient brisés. » « Séguin, lui, est simplement brutal, il gaspille l'énergie car n'arrive pas à se percevoir dans le temps, commente un collaborateur du Président de la République. Et ses troupes refusent de le suivre. »

A la colère et la faiblesse, les détracteurs de Philippe Séguin, et parfois ses amis, ajoutent d'autres reproches. « Séguin, c'est le caprice, dit l'un. Et il n'a pas cessé, de 1997 à 1999, d'aller du caprice à la grossièreté. » Capricieux, Séguin l'est parfois de façon touchante : ainsi, il exige d'effectuer tous ses déplacements dans le même appareil de la société Aéroservices, parce que c'est le seul, selon lui, qui convienne à ses formes. Et il insiste pour se voir attribuer toujours les services de la même hôtesse. Moins gentil, un député gaulliste considère que les caprices de Séguin cachent parfois de la convoitise : « Tocqueville disait : "La France souffre de deux maux : la centralisation et l'envie." Séguin est atteint du même mal : il veut tous les pouvoirs, et bave de jalousie. » « C'est vrai, avoue un de ses proches. Ainsi, il parle très souvent d'argent. Il détaille combien gagnent ses copains de promotion de l'ENA, et pas seulement Ladreit de Lacharrière, il parle des revenus de son ami Eugène Saccomano, d'Europe 1. Il interpelle ses collaborateurs : "Combien gagne Kissinger ? Renseignez-vous !" » Enfin, il lui est reproché de nuire aux causes qu'il entend servir : « Il aime le foot, mais c'est un spécialiste des buts contre son camp, s'amuse Dominique de

Villepin. En 1995, dans la campagne contre Balladur, il n'était utilisable qu'un jour sur trois ! » « Il y a chez lui une pente suicidaire, renchérit le juppéiste Jean-François Copé. Il lui faut du chaos. » Et Françoise de Panafieu, qui le connaît bien, conclut : « Philippe Séguin détruit pendant qu'il construit, en permanence. » C'est exactement ce qu'il va faire, Pénélope ou Néron du gaullisme, à la tête du RPR.

Le rendez-vous de Mallarmé

Un jour, soucieux, Philippe Séguin pénètre dans le bureau de Nicolas Sarkozy : « Je cherche un livre de Jean-François Revel, qui s'intitule *Géopolitique de la bouffe*, ou quelque chose comme ça. Tu ne l'aurais pas ? » « C'est si important ? » questionne le secrétaire général du mouvement. « C'est fondamental », répond le président du RPR en tournant les talons. De 1997 à 1999, son activité intellectuelle a-t-elle été de cet acabit ? Maladroit avec les hommes, Séguin est malheureux avec les idées. Très vite, à l'automne de 1997, il comprend que le séguinisme ne deviendra pas la doctrine officielle du RPR, que ses convictions intellectuelles ne pourront être les positions officielles du mouvement. Mais quelles sont-elles ? Qu'y a-t-il dans le cerveau de Philippe Séguin ? Dans *En attendant l'emploi*, qu'il publie au printemps de 1996, il rédige une époustouflante synthèse des sables mouvants qui engluent la France dans le chômage. Mais il ne sait que suggérer pour créer des emplois, outre la résurrection des défunts pompistes et poinçonneurs. En janvier 1998, interrogés par l'Ifop, les Français ne sont que 9 % à le féliciter pour sa force de proposition. « Philippe Séguin est une montgolfière, affirme un conseiller du Président : c'est coloré, c'est immense, c'est impressionnant, ça vole très haut. Mais dedans, c'est de l'air chaud. » « Sur le fond, il est le meilleur, réplique Dupont-Aignan : il a un véritable "franc-penser", une certaine idée de la France. A côté de lui, les autres ne valent pas un clou. » Les deux avis sont exacts, car Séguin est un homme d'idée qui n'est pas un homme d'idées. Tel Léonard de Vinci, il invente la machine qui vole mais, négligeant les problèmes concrets – les matériaux et l'énergie – n'en fait jamais décoller une. De son passage aux Affaires sociales, il n'est rien resté, que la suppression de l'autorisation administrative de licenciement. « Mais dans son discours pour la France de mai 1992, prononcé à l'Assemblée, contre Maastricht, il y a les fondements de l'Autre politique », objecte Henri Guaino. « Dans ses textes, précise le financier Marc Ladreit de Lacharrière, son ami depuis l'ENA, il y a une vraie cohérence, des grandes lignes, mais pas le détail des choses. Mais de Gaulle ou Deng Xiaoping s'occupaient-ils des détails ? » En une vingtaine d'années, Séguin a bien changé : conseiller à l'Elysée, sous Pompidou, il était perçu comme un technocrate, sans vision politique. « C'est encore vrai, entend-on à l'Elysée. En 1995, il a été incapable de réhabiliter le contrôle parlementaire du budget, parce qu'il fallait un grand sens politique, et pas seulement des connaissances techniques. »

Séguin brouille l'expertise par cette ambivalence : il pense mais ne propose pas. Sa pensée est sans conteste lumineuse : « Il voit les choses, il débarrasse les analyses de toutes les scories », avance Fillon. De même, elle est puissamment exprimée : « Il dit les choses quand il a à les dire, avec un fort charisme », reconnaît Devedjian. « En écoutant Giscard, les Français se sentent plus intelligents, illustre Pinte ; en écoutant Séguin, ils se sentent plus forts. » « Est-ce que ça suffit pour faire un "isme" ? » interroge Ladreit de Lacharrière. Non, car la pensée de Séguin est stérile. « Impatience, humeur, relations complexes à autrui : il ne se donne pas les moyens de servir sa vision », reconnaît Fillon. « Il a des positions : à quand les propositions ? » désespère de Boishue, au début de 1997. « A-t-il des idées ? doute même l'inconditionnel Pinte. Parfois je me pose des questions. C'est un homme très secret, il fait partager ses analyses, pas ses propositions, car il craint qu'elles ne soient dévoyées. » Séguin est-il avare ou indigent ? Séguin met en avant une « attitude » et une « méthode », mais aucun contenu pour justifier l'une et appliquer l'autre. Qu'elle soit le couvercle sur le vide du séguinisme, ou la prudente attente du mûrissement de la situation, cette réserve précipite Séguin dans la contradiction et l'archaïsme. D'un côté, il confie à un ultra-libéral, proche du Medef, la rédaction d'une note et d'un article sur les retraites par capitalisation, qu'il signe. De l'autre, il adresse un petit mot dithyrambique à un député qui recommande d'épargner les fonctionnaires et leurs dix millions de voix. « Heureusement que Séguin n'a pas trop d'idées, plaisante François Bayrou : à Epinal, il a fait acheter une ferme par la ville, pour que les enfants des écoles voient des vaches municipales ! »

A la tête du RPR, Séguin a une occasion unique d'abattre ses cartes, de réaliser, au sens premier, sa pensée. Mais il renonce devant l'obstacle, et semble cautionner la conversion définitive du mouvement gaulliste au libéralisme. Non qu'il se soit lui-même rallié au marché tout-puissant : il ne manque aucune occasion pour rappeler qu'il souhaite une taxation des mouvements de capitaux, et ne répond jamais aux notes que lui fait passer le secrétaire national à l'Economie, le juppéiste Jean-François Copé – « Pour ne pas laisser de traces d'approbation du libéralisme », affirme un proche de Sarkozy. Philippe Séguin ne devient pas un libéral, mais le RPR achève de devenir un parti libéral sous la présidence de Philippe Séguin, dans le dernier trimestre de 1997. Et en président garant de l'unité du parti, Séguin colore ses propos de libéralisme, ainsi qu'il les avait infléchis en faveur de la construction européenne entre 1995 et 1997. Comme un serpent qui mue est aveugle, Séguin repousse alors l'accusation, en plaisantant : « Quand j'étais petit, un libéral était un partisan de l'évolution du statut de l'Algérie. Alors qu'on dise que je fais du national-libéralisme ou du libéral-séguinisme, peu importe : je n'ai pas changé d'idées. Il y a chez moi une ambiguïté ? C'est ce qui fait mon charme... » Mais il ajoute, soudain sérieux et résigné : « Je ne bâtis pas, je suis un accoucheur pour le corps de doctrine de mon mouvement. » C'est un centaure droitier et libéral, un monstre pour lui, que le gaullisme met bas ; néanmoins, Séguin remplit sa tâche, sage-femme zélée qui use de forceps pour aller plus vite, jusqu'au tandem des européennes, avec Démocratie libérale. Séguin est coupable d'abjuration passive, de non-assistance à pensée en danger : non seulement il laisse le séguinisme se faire écorcher vif devant lui, mais il aiguise les poignards, puisqu'il est rémouleur en chef du gaullisme.

Et c'est en marge du RPR, hors de ses fonctions officielles, qu'il développe ses propres idées. Paul-Marie Coûteaux, futur pilier du souverainisme et député pasquaïen au Parlement de Strasbourg, lui propose dès juillet 1997 de publier une revue mensuelle de réflexion politique. « D'accord, répond Séguin, mais faites plutôt un trimestriel. » Jean de Boishue trouve le titre et en janvier 1998 paraît le premier numéro d'*Une certaine idée*, dont l'austère couverture bleu foncé cache un contenu de grande qualité. Plus de 5 000 abonnés décortiqueront ce bulletin de la résistance séguiniste, cet espace libre de tout compromis. Qu'il est beau le jardin secret de Philippe Séguin ; qu'il est désert. Le 25 janvier 1999, sans l'avoir annoncé publiquement, le président du RPR se rend rue d'Ulm, à l'Ecole normale supérieure, pour dispenser une longue conférence sur l'éducation. Il arbore ce jour-là une cravate ornée de petits drapeaux français... Car le sujet est grave et l'instant solennel : « L'école n'est plus seulement une institution de la République. Elle est le cœur de la République. Et c'est d'elle et d'elle seule qu'il dépend qu'il y ait une République. En tout cas, sur les tableaux noirs, c'est tout à la fois notre passé que l'on retrace et notre avenir que l'on dessine. » Ebouriffé, transpirant, il s'appuie sur le lutrin gris, utilise ses lunettes comme une loupe quand il bute sur un mot et déroule son propos, soigné et implacable. Les maux de l'Education nationale sont énucléés au scalpel, tandis que l'école est glorifiée. Puis soudain, un Séguin inédit s'avance : « J'ai évoqué les dérives et les risques : il y a lieu maintenant d'évoquer les chemins possibles. » Puis il détaille ce que serait la politique éducative s'il avait le pouvoir. Deug localisés dans les villes moyennes, jumelages internationaux d'écoles primaires, horaires, carte scolaire, programmes : à côté des grands principes réaffirmés, les propositions concrètes affluent, il n'y a plus qu'à les transcrire en projets de lois. « En sixième, je m'en souviens, je me moquais totalement des Hittites qu'on cherchait à m'infliger et dont j'ai gardé d'ailleurs le plus flou des souvenirs. En revanche, on sortait de la guerre. Et j'aurais aimé savoir pourquoi nous vivions dans des ruines. » Pendant une heure, c'est Philippe Séguin en liberté qui épanouit sa pensée, qui offre les fruits de son jardin. Invité à boire un verre dans les appartements du directeur, Séguin respire le bonheur : « Quand j'étais à l'école normale d'instituteurs, confie-t-il, je lisais *L'Ecole libératrice*, et je découpais les fiches pédagogiques. » C'est lui que l'école a libéré en cette après-midi hivernale.

De cette conférence ne restera officiellement qu'une minuscule brochure carrée, mal reliée, sans référence aucune au mouvement gaulliste. Comme si le président du RPR Philippe Séguin ne pouvait cautionner les idées du penseur militant Séguin Philippe sur l'éducation. Comme si le bon docteur Jekyll, tout affairé à accoucher le RPR de son libéralisme, ne pouvait tolérer les escapades iconoclastes de Mister Hyde. Pendant ce temps, la Fondation que projette Séguin, pour animer le débat d'idées, n'avance pas : il provisionne cinq millions de francs sur le budget de 1999, mais ne désigne pas le tiers des membres du conseil d'administration qui relève du RPR – il est seulement décidé que Bernadette Chirac et Christian Poncelet y siégeront – et la cagnotte sera engloutie l'automne suivant dans l'élection de son successeur. Pendant ce temps, des commissions *ad hoc* de la droite, aucune idée originale ne sort. L'échec de Philippe Séguin à la tête du RPR n'est donc pas intellectuel, mais politique. Il avait en lui les données nécessaires à un programme alternatif, mais il est demeuré si faible qu'il n'a pu ni l'imposer, ni l'exposer. Deux craintes l'ont dissuadé de passer à l'acte : d'une part, il manque des pans entiers au « séguinisme appliqué » : « On n'a pas été assez loin dans la confrontation des idées fondamentales du séguinisme avec la réalité de la société », reconnaît Fillon. « Séguin est profondément républicain, poursuit Guaino, mais la vraie question est : quelles conclusions politiques et techniques au choix de la République ? » D'autre part, rien ne prouve qu'elles auraient séduit l'opinion, qu'elles auraient éclos au bon moment. « De 1985 à 1997, Séguin est la solution, affirme Baverez. Mais aujourd'hui, est-il encore de son temps ? On ne sait ce qu'il est, ce qu'il pense, ce qu'il veut. Soit il produira des petites phrases médiocres, soit il écrira un grand livre. » Bref, Séguin a-t-il tiré les leçons de son apostasie altruiste ? S'il échoue encore, le séguinisme demeurera identique au grand livre promis par Mallarmé : un coffre empli de feuilles blanches. Et personne n'entendra Séguin, aux oubliettes de la République, gémir : « Croyez que ce devait être beau. »

Maximilien

En quelques mois, à l'automne de 1997, la séguinisation du parti échoue. Une fois de plus, c'est le gaullisme à la lettre dont Séguin fait son bréviaire qui le mène à l'échec sur deux rails. D'une part, se voulant président de tous les gaullistes, comme de Gaulle, imité par ses successeurs, se voulait Président de tous les Français, il abjure son originalité, il polit ses différences. « Il surestime alors les courants, affirme le chiraquien François Baroin. Il venait de ramasser le pouvoir et pouvait se placer au-dessus de la mêlée. Au contraire, il fait l'essuie-glace : un coup vers le libéralisme, un coup vers l'Etat. » « On ne devient pas président du RPR sans être influencé par différents courants de pensée, objecte Karoutchi. Je considérais que Séguin pouvait incarner la cohésion du mouvement, derrière un discours mobilisateur non partisan. » Séguin y parvient en effet, mais il le paye de son identité. Tel le Henry V de Shakespeare, la couronne le transforme – mais il refusera de livrer bataille à la veille d'Azincourt. Jadis atypique, Séguin devient lentement représentatif du RPR : pas assez pour être incontesté, trop pour être révolutionnaire. « Je suis l'instituteur de la classe, explique-t-il à Dupont-Aignan, je ne dois heurter la liberté de conscience d'aucun parent d'élève. » « Sauf que les parents d'élèves veulent vous piquer votre place », réplique son jeune affidé. D'autre part, confondant démocratie et République, c'est-à-dire la vie interne du mouvement et ses valeurs, Séguin se lance tête baissée, dès la fin de l'été, dans un vaste dialogue avec la base, et repousse au début de l'année suivante la réflexion sur les idées fortes du gaullisme. « Enfermé dans son bureau, Séguin lance un dialogue alors que le RPR veut un chef, entend-on à l'Elysée. Chirac souhaitait une opposition sur le fond à la gauche, de la pensée, mais Séguin a une culture parlementaire, une culture de l'amendement, pas une culture de projet. En fait, le séguinisme glisse comme un pet sur une toile cirée. » Du tour de France des régions et du « dialogue » sortiront des statuts modernes pour le RPR, qui devient un peu plus un parti comme les autres, et un peu moins une expression collective du gaullisme. De la réflexion sur les valeurs sera issue une brochure convenue, grandiloquente et généraliste, ode à la politique, mais pas mode d'emploi de la politique. « Le président du RPR en 1997 n'a plus rien à voir avec ce qu'était Chirac, avance François Fillon. Le président n'est plus le présidentiable, il gère le mouvement. C'est pourquoi j'ai même suggéré une candidature collective pour diriger le mouvement. »

Les erreurs initiales de Séguin trouvent sans tarder leur traduction politique. « Le premier coup porté à Séguin fut l'élection du président du groupe RPR de l'Assemblée, témoigne Fillon. On ne peut imaginer un groupe parlementaire en désaccord avec le parti, le groupe est le bras armé du parti. » Pourtant, le RPR inverse, dès l'automne de 1997, le principe maoïste, et c'est « le fusil qui commande au parti » – c'est-à-dire que l'Elysée, via les députés, impose ses vues à Séguin. Car Jean-Louis Debré, le Mameluk de Chirac, bat, le 16 septembre, le séguiniste Franck Borotra dans l'élection du président du groupe RPR de l'Assemblée. Le nouveau président du RPR avait pourtant choisi un candidat acceptable par l'Elysée, mais, après avoir hésité, le Château a préféré un président servile à un président loyal. « Le symbole était trop fort, explique un dirigeant du RPR : Debré contre Borotra, c'était Chirac contre Séguin. La veille de l'élection, l'Elysée s'occupe d'appeler les députés : la consigne de voter Dominique Perben – ce qui laisserait passer Borotra – est transformée en ordre de voter Debré. Comme Borotra n'a pas fait campagne, que les balladuriens se sont dispersés entre les candidatures de Perben et d'Alliot-Marie et que Séguin, impartialité de président oblige, n'a pas voulu soutenir officiellement son poulain, l'affaire a été vite pliée. » Le pire est à venir pour Philippe Séguin : le 31 janvier et le 1er février 1998, les Assises du RPR doivent confirmer son pouvoir et amorcer réellement la séguinisation du parti. Le 17 janvier, une vaste réunion de cadres peaufine les nouveaux statuts et sculpte la charte des valeurs du mouvement. Ne quittant presque pas l'estrade, Séguin, sourcilleux, passe au tamis de sa sévérité les amendements et les déclarations. Avec les fils multicolores que déroulent les différents clans, il tricote la doctrine chinée qui sera officiellement la sienne deux semaines plus tard, il tisse un parti politique qu'il espère à sa pointure. Mais dans l'ombre se tresse la corde qui va pendre ses ambitions. C'est l'échec et l'humiliation qui l'attendent aux Assises.

Le lieu était mal choisi : les hangars glacés de la porte de Versailles sont la salle de jeux de Jacques Chirac. C'est là qu'il baptisa le RPR en décembre 1976 ; c'est là que sa campagne de 1995 trouva la ferveur annonciatrice de la victoire ; c'est là que, chaque année au printemps, il s'offre un marathon au cœur du Salon de l'agriculture, écrasant de naturel et d'endurance tous les politiques qui prennent ses traces dans la paille. En arrivant dans le grand hall d'accueil, le samedi 31 janvier, Philippe Séguin a trois objectifs : obtenir une confortable ratification des nouveaux statuts et du projet que l'équipe provisoire installée le 6 juillet a concoctés ; imposer sa marque politique en un grand discours ; obtenir des délégués qu'ils changent le nom du mouvement. Il n'atteindra que le premier. Depuis six mois, un « conseil des Dix » a présidé aux destinées du Mouvement, sous la houlette de Philippe Séguin : Charles Pasqua, Nicolas Sarkozy, Elisabeth Hubert, Françoise de Panafieu, Nicole Catala, François Fillon, Eric Raoult, Guy Drut, Renaud Muselier et une simple militante, Magali Benelli. Ce conseil des Dix n'a rien du fameux tribunal vénitien : il est beaucoup moins redoutable et beaucoup moins efficace. Largement séguiniste, ce groupe va manquer la dernière marche pour assurer l'ascendant de Séguin sur le gaullisme. Le projet est adopté à 95,1 % des suffrages, un score qui reflète moins l'adhésion des militants que leur indifférence au combat des idées : pourquoi pas ce projet plutôt qu'un autre ? Les statuts n'obtiennent « que » 87,9 % d'approbation, car un point chiffonne les militants : une partie de la base souhaitait que les secrétaires départementaux du mouvement fussent élus par les adhérents, comme les présidents locaux, et non plus désignés par la rue de Lille. Le niet de Séguin et de Sarkozy est absolu : les secrétaires départementaux sont les préfets du RPR, ils relaient vers le bas les décisions de la direction, et font remonter vers Paris informations et problèmes. Ce détail prouve que la démocratisation engagée au sein du parti gaulliste est toute relative : les militants peuvent donner leur avis, mais ils n'ont pas leur mot à dire. Les dirigeants du RPR n'ont pas tort : une véritable démocratie dans un parti, c'est la fin du parti. Si les vrais responsables locaux étaient élus, la féodalisation du mouvement serait rapide et irrémissible. Que la discipline soit la force principale des partis est une évidence, que les dirigeants du RPR mentent aux militants en leur faisant croire que les clefs des décisions sont désormais à leur trousseau est une erreur.

Le changement de nom, lui, est un symbole, et c'est pourquoi il est d'une importance cruciale. Trois solutions sont proposées aux délégués maintenir le RPR, le résumer au R de Rassemblement, lui substituer le RPF, Rassemblement pour la France. Ici aussi, Séguin multiplie les erreurs tactiques. Il a tort, compte tenu de l'arithmétique, de proposer un triple choix, qui empêche toute majorité absolue, au premier tour, pour l'un d'eux, même si le « R » est moins désiré que brocardé dans un mouvement qui manque d'air. Voulant donner à ce vote une tournure référendaire sur la nouvelle ère qui s'ouvre, Séguin aurait dû organiser un face-à-face entre deux appellations. Il a tort, surtout, compte tenu du légitimisme et du conservatisme inhérents au mouvement, de laisser le RPR dans le choix présenté : il fallait tuer le RPR puis laisser les militants choisir la nouvelle appellation. En opposant RPF à RPR, Séguin lance l'idée d'un match entre l'ancien et le nouveau, entre Chirac et lui, le RPF ayant l'atout d'être un label déjà « gaullifié », même si le Rassemblement du peuple français s'acheva, au début des années cinquante, par une débandade. « L'objectif du changement de nom était double, raconte un conseiller de Sarkozy. Il s'agissait de couper le lien avec les affaires, en image au moins, comme l'avaient fait le PR et le CDS en devenant Démocratie libérale et Force démocrate. Il s'agissait dans le même temps de couper le cordon ombilical avec Jacques Chirac. » Séguin commet une erreur supplémentaire en ne s'engageant pas dans ce débat : comme il refusa de faire campagne pour Borotra, il refuse de préconiser une appellation. « Rassemblement tout court ne me déplairait pas, se contente-t-il de glisser en aparté. Cela signifie que nous refusons le prêt-à-porter, que rien n'est écrit, qu'il n'y a rien d'écrit. » Les autres membres du comité des Dix, hors Pasqua qui prône le RPF – il est sifflé en annonçant cette position lors des Assises – adoptent la même réserve, par scepticisme plus que par impartialité. Comme chaque fois qu'il désapprouve Séguin, Sarkozy ne souffle mot. Pendant ce temps, la campagne des chiraquiens contre le changement de nom s'organise. Bernard Pons et son association des Amis de

Jacques Chirac entreprennent les militants : « Abandonner le sigle, c'est trahir le Président. »

La dernière erreur de Philippe Séguin est de ne pas faire voter les délégués aux Assises dès leur arrivée Porte de Versailles. La rue de Lille a appelé les Fédérations, sur le thème : « Tournons la page, changeons de nom. » Les séguinistes, le samedi matin, considèrent que le principe est acquis. « Séguin est convaincu alors de la gratitude des militants, témoigne François Fillon. Il est persuadé qu'en échange de la démocratisation du mouvement, ils vont lui offrir une page blanche, pour construire un RPR comparable à la CDU ou au Parti populaire espagnol. » Dans les travées de la salle de meeting, puis au long des immenses tablées du restaurant contigu, les chiraquiens s'activent : « Il n'y avait pas de consigne stricte de l'Elysée, confie l'un d'eux. Chirac ne faisait pas du changement de nom un cas de litige. Mais nous avons vu soudain la dimension politique de l'affaire, notamment l'influence que le résultat devait avoir sur le discours de Séguin le lendemain : si le RPF passait, Séguin tournait la page du chiraquisme. Ce qu'il attendait de ces Assises, c'était une mise en bière de l'ancien régime. Nous avons donc mené un combat de dernière minute. » C'est lors du déjeuner que la résistance au RPF s'active. Assis, comme il l'a souhaité, à une table de jeunes militants, Séguin ne se rend compte de rien : il avale sa potée aux choux en racontant le spectacle qu'offre le tour de Guadeloupe à vélo, compétition sauvage qu'il compare à la constitution dans l'Essonne de la liste pour les élections régionales à venir. Au bout de la table présidentielle, de jeunes juppéistes de l'Aveyron médisent de lui : « Le "gros" n'a rien compris à la situation politique. » Mais le plus grave est ailleurs. Bernard Pons, qui écume les tables des délégués de l'Outre-Mer, Frédéric de Saint-Sernin, un proche conseiller du Président, Roger Romani, sénateur et lui aussi conseiller à l'Elysée, Bechir Mana, qui s'occupe pour le Chef de l'Etat des rapports avec les partis, et Jean-Louis Debré sont à la manœuvre. « En fait, explique Saint-Sernin, on se rend compte que les délégués ont été "briefés" par la rue de Lille, et qu'ils attendent l'avis de l'Elysée. Alors on ment; on leur dit : "On vient d'avoir Chirac. Il est furieux de la tournure que ça prend." »

Le samedi soir, à l'heure du dépouillement, le travail de sape est récompensé : le RPF obtient 49,94 % des suffrages exprimés, et le RPR 49,34 %. Sans cette campagne entre la poire et le fromage, le RPF aurait obtenu la majorité absolue. Le doute saisit alors les séguinistes : faut-il organiser un second tour? Le « R », avec ses 0,72 % est un grain de sable dans la mécanique référendaire. « C'est ridicule, explique Nicolas Dupont-Aignan. Il faut passer en force; dans la vie, il y a des moments où il faut faire des coups d'Etat. » Le dimanche matin, très tôt, se réunissent Philippe Séguin, Charles Pasqua, Nicolas Sarkozy, François Fillon, Eric Raoult et Roger Karoutchi. Fillon prône l'adoption du RPF, qui l'a emporté. Pasqua et Karoutchi suggèrent un second tour. « Le changement n'est pas unanimement souhaité, conclut Séguin. Pas de second tour. On ne change rien. » Et dans son discours aux militants, il conclut : « Je me suis abstenu de prendre position dans le débat sur la dénomination. Je comprends que les militants aient été partagés. Toute la démarche de notre mouvement se résume à notre volonté de changement (...) et de fidélité à nos principes, qu'incarne Jacques Chirac. Par votre vote, vous avez montré que l'un n'allait pas sans l'autre. L'essentiel doit rester ce message d'équilibre parfait que vous avez exprimé. (...) Nous demeurerons le RPR. » Le changement ne va pas sans la fidélité, Séguin ne va pas contre Chirac, tout change et rien ne change. La défaite du nouveau patron des gaullistes est totale : le quotidien du gaullisme, c'est lui ; le principe du gaullisme, c'est Chirac. Dans son questionnaire de Proust, Séguin écrit que son plus grand désir est d'« être compris » : « J'ai le sentiment d'avoir été compris au-delà de tout espoir », lance-t-il ce 1er février 1998, en une antiphrase masochiste. Il est vrai que, chez les gaullistes, tout « Je vous ai compris » est suspect... « Changer de nom devait être le geste fondateur, conclut Dupont-Aignan. C'est raté, et cela devient la faiblesse initiale. Pourquoi Séguin a-t-il renoncé ? Parce qu'il a eu peur. »

En effet, le dimanche 1er février au matin, Séguin a eu peur. Peur de Chirac. Parce que la veille lui a été infligée la plus terrible humiliation de sa carrière politique. Avant de libérer les mandataires pour le déjeuner, Philippe Séguin les a prévenus : « On reprend à 14 h 30. Et soyez exacts, car j'aurai une annonce importante à faire. » Les militants sont donc tous à leur place à l'heure indiquée, échauffés par la convivialité du déjeuner et le vin qu'ils ont bu. Séguin s'avance vers la tribune pour prononcer son discours. « Avant de m'adresser à vous, je vais vous lire un message de Jacques Chirac... » A peine a-t-il prononcé le nom du Chef de l'Etat qu'une ovation se lève au milieu de la foule, une houle mêlée d'applaudissements et de « Chi-rac ! Chi-rac ! » scandés comme si le Président allait apparaître sur l'estrade. « Ah ! C'est la mer ! » lança de Gaulle sur les Champs-Elysées le 26 août 1944. Porte de Versailles, le 31 janvier 1998, ce n'est qu'un étang militant, une flaque populaire, mais l'onde est tout aussi agitée. Quand les cris et les battements de mains semblent se tarir, il est toujours quelques rangées de spectateurs pour relancer la vague. Assemblés par provenance géographique, les militants se lancent dans des compétitions bruyantes, des Intervilles d'applaudissements. Et c'est en marées successives que le fanatisme chiraquien monte à l'assaut de la tribune. Séguin sourit d'abord, puis recule de quelques pas, avance vers son pupitre quand il lui semble que le bruit décroît, pour battre en retraite aussitôt. Il ne sait s'il doit retourner s'asseoir, cherche du regard ses collaborateurs puis scrute, hagard, cette foule qui lui échappe, qui quitte ses Assises pour chanter une messe en l'honneur de Chirac. Chacun tente de chronométrer l'ovation : onze minutes pour les uns, dix-sept pour les autres, treize sans doute. Au fond de la salle, debout, François Baroin jubile, comme tous les fidèles de Chirac : « Séguin va peut-être dire : “Je vous demande de vous arrêter” », plaisante-t-il cruellement en faisant allusion aux propos d'Edouard Balladur, au soir du premier tour de l'élection présidentielle. « Séguin a suscité cette ovation par son attitude, déplore François Fillon. On avait longuement discuté du moment pour lire le message de Chirac : c'est lui qui a choisi l'après-déjeuner, alors qu'on pouvait le lire à la fin de la réunion, quand tout était bouclé. De plus, en se tenant en retrait de son pupitre, il favorisait la prolongation des applaudissements. » « Pourquoi avez-vous laissé durer cela aussi longtemps ? » l'interroge Karoutchi à sa descente de tribune. « Je ne voyais plus ce qu'il fallait faire, bafouille Séguin. Si j'avais coupé court, on aurait dit que je jouais contre Chirac. » Personne ne se souvient du discours qu'il a prononcé ce jour-là. Seule demeure l'ovation, cet assassinat à mains nues.

Quelques jours plus tard, Paul-Marie Coûteaux écrit à Séguin une lettre pleine de reproches, sur ce qui a été fait depuis sept mois, et surtout sur ce qui n'a pas été fait. Le président du RPR lui renvoie sa missive couverte d'annotations ; en bas d'une page, il a écrit : « Croyez-vous que ce soit si facile ? » L'ovation du 31 janvier, trompettes de la renommée chiraquienne, fait tomber les maigres murailles du séguinisme. Mais elles étaient déjà bien érodées par les erreurs de l'automne. Séguin n'impose pas son pouvoir parce qu'il n'a pas voulu imposer sa pensée. Chirac était maître du gaullisme par la tripe et le cœur, il pouvait l'être par le cerveau. Mais ses compromis et son impartialité ont abouti à une doctrine hybride, une chimère à tête libérale et queue étatiste, à fibre nationale et discours européen. Cette confusion intellectuelle, ce mélange de dogmes et de concessions aux réalités, c'est le chiraquisme, gaullisme corrodé de modernité, ce n'est pas le séguinisme, ce rêve d'un gaullisme restauré. En ne s'attaquant pas à Chirac, en pensant qu'ils peuvent s'entraider et s'épanouir de concert, Séguin se trompe, tentant d'incarner une sorte de Robespierre monarchiste. La rançon de cette illusion se verse en treize minutes d'applaudissements sonnants et de séguinisme... trébuchant. Apprenant la nouvelle de l'ovation, Dominique de Villepin commente : « Il y a un seul chef au RPR : Jacques Chirac. Les autres ne sont que des guerriers des Balkans, qui se disent : "Pourquoi pas moi?" » Mais ce n'est pas si facile... Près de sept mois d'efforts, et le mouvement gaulliste demeure le fan-club de Jacques Chirac, moins d'un an après la dissolution, bourde historique. Ces salves qui déferlent, cette canonnade roulante, c'est le bruit de l'échec, c'est le Waterloo de Séguin, qui met un terme à ses deux cents jours de pouvoir. Ou bien, pour rester dans le Second Empire qui lui est cher, les Assises sont la fin d'un songe : Séguin se rêvait Napoléon III, il se réveille Maximilien.

Golgotha

Le 31 janvier 1998 à 14 h 43, l'échec de Philippe Séguin à la tête du RPR est consommé. Le dimanche 1er février, à un visiteur venu lui rendre compte des Assises, Jacques Chirac lance, faussement détaché : « Il paraît que ça s'est bien passé? » Un conseiller du Président de la République résume alors en deux mots la période écoulée depuis juillet 1997 : « Fausse couche. » Mais le calvaire de Séguin n'est pas terminé. Le 15 mars adviennent les élections régionales. Séguin, jacobin, n'a jamais compris l'intérêt de ces collectivités locales, qu'il juge plus méprisables que dangereuses. A ceux de ses proches qui se passionnent pour le scrutin de mars 1998, il rétorque : « Ça sert à quoi de savoir qui va repeindre les lycées ? » A Roger Karoutchi, vice-président de la Région Île-de-France, il répète souvent : « Vous perdez votre temps. » Et dès qu'on évoque devant lui conseils généraux ou régionaux, il arrête son interlocuteur d'un mot : « Tiroirs-caisses. » C'est pourquoi, sans doute, il s'avance aussi léger vers l'échéance du printemps 1998. « Nous détenons vingt régions sur vingt-deux, plaisante-t-il. Nous en gagnerons peut-être une de plus, peut-être deux ; au-delà, je ne peux donner aucune garantie. » Au soir du scrutin, le ton est moins badin, tant le recul de la droite est important. « Nous soldons les comptes de la dissolution, analyse Séguin. Neuf mois après des législatives perdues dans les circonstances que l'on sait, notre effort de rénovation était encore trop récent pour porter de vrais fruits. » En clair, c'est la faute de Chirac. Mais à la défaite électorale s'ajoute une incroyable faillite morale, quelques jours plus tard, quand plusieurs présidents de droite pactisent avec le Front national pour sauver ou conquérir leur siège. Certes, aucun d'eux n'appartient au RPR, mais seulement parce que les gaullistes négligent les Régions ; au sein des assemblées régionales, nombre d'élus RPR soutiennent ces alliances du déshonneur. Dès le vendredi 20 mars, Séguin hausse le ton, tout en essayant de rattacher ces événements au passé : « Cette terrible convulsion était certainement inévitable. Et probablement nécessaire. » Le lendemain, il établit un complexe code de conduite : certains postes, dans les Régions présidées avec le soutien du FN, peuvent être acceptées, d'autres non, d'autres encore ne peuvent l'être que si le FN n'a pas de fonction équivalente... Pendant tout le week-end, le standard de la rue de Lille est submergé par les militants gaullistes – ou des lepénistes en mission – qui abjurent leurs chefs d'avaliser l'alliance avec l'extrême droite. Cinq Régions ont basculé, Franche-Comté, Paca et Île-de-France sont dans les affres. Séguin et Sarkozy ne cèdent pas : s'ils diffèrent sur la conception du Rassemblement, ils se retrouvent sur la définition de la République.

Le samedi 21 mars, l'Elysée reprend les choses en main. Séguin convoque rue de Lille Roger Karoutchi, qui mène les gaullistes à la Région Île-de-France. La veille, la droite a provoqué par son absence un report au lundi de l'élection du président de la Région. Elle craint que le FN ne vote pour le candidat gaulliste, qu'il se nomme Balladur ou Karoutchi, afin de le plonger dans l'embarras. « Ce serait bien que Dominique Versini soit candidate », suggère Séguin à Karoutchi. Inconnue, l'élue est une proche de Chirac : la « suggestion » est donc un ordre de l'Elysée. « Elle n'a aucune chance, réplique Karoutchi. Elle est faite pour présider la Région comme moi pour être archidiacre. » « Je sais que vous êtes prêts à vous allier avec l'extrême droite, tempête Séguin. C'est insupportable. Les conseils régionaux, je m'en fous ! » « Tu t'en fous de présenter Versini pour gérer 15 milliards ? » s'étouffe Karoutchi. « Ça a été le début d'une remise en cause de mes relations avec Séguin », affirme-t-il depuis. Mais le RPR présente quand même Dominique Versini... Avec son allocution télévisée, le lundi 23 mars, Jacques Chirac donne le ton : le surlendemain, Séguin prolonge le discours à l'occasion d'une rencontre de jeunes RPR, prévue de longue date, à la Maison de la Chimie, à côté de l'Assemblée nationale. Dans une salle comble, encombrée de drapeaux tricolores, embrumée de *Marseillaise* entonnées en désordre, Philippe Séguin livre un discours fiévreux et saillant, aux phrases courtes et martelées. Il n'évite pas l'opacité – « Il ne s'agit plus d'annoncer la vérité, il faut la dire », lance-t-il – mais, pour une fois, il brasse de la passion, à l'unisson du chef de l'Etat. Néanmoins, chaque fois qu'il cite le Président, il arrête d'un geste, ou en reprenant la parole sans tarder, les applaudissements qui démarrent... Pour Séguin, il doit être difficile de suivre Chirac sur le terrain de la morale antilepéniste. En 1983, quand la droite s'allia avec le FN pour emporter l'élection municipale de Dreux, Chirac téléphona à Séguin à Epinal, pour lui demander de justifier publiquement une telle manœuvre : « Toi seul peux le dire. » Bien que le FN ne fût alors qu'un alevin venimeux, Séguin refusa. C'est sans doute à cause de ce souvenir qu'un mois après les régionales de 1998, il est sans aménité pour l'initiative présidentielle : « Le 23 mars, Chirac n'a pas dit ce qu'il fallait; et il n'a pas parlé au bon moment. »

Le printemps de 1998 prolonge le calvaire de Philippe Séguin, l'actualité ajoutant les stations les unes aux autres, sur cet interminable Golgotha où il traîne la Croix de Lorraine. Jean-Pierre Soisson, élu avec les voix du FN en Bourgogne, le plaint : « Il s'est rendu compte qu'il n'était pas fait pour diriger le RPR. Il doit regretter Epinal... » Le lundi 6 avril 1998, Jacques Toubon et Bernard Pons lancent leur putsch, à l'Hôtel de Ville, contre Jean Tiberi. Séguin n'aime aucun des deux putschistes : il soupçonne le premier, conseiller politique à l'Elysée, d'œuvrer contre lui; il accuse le second, qui lui a soufflé la présidence du groupe RPR en 1988, de ruiner ses efforts de rénovation d'un RPR fidèle mais autonome à l'égard de Jacques Chirac. Séguin a deux fois raison, mais il ne peut soutenir l'insoutenable Tiberi. Depuis son arrivée à la tête du RPR, il réaffirme la même ligne : le maire en place termine son mandat, mais le RPR désignera quelqu'un d'autre pour les municipales de 2001. Quand se déclenche cette guerre civile, Philippe Séguin dicte une lettre à l'intention de Toubon et de Tiberi : le RPR désignera un troisième homme pour la prochaine élection. Mais il n'envoie pas ce courrier. L'affaire parisienne échappe complètement au patron du RPR, qui ne peut qu'agir, faiblement, sur la Fédération de la Seine... Le reste se passe entre chiraquiens, en chiraquie, où il n'a pas de droit de séjour. S'il avait su, en ce printemps 1998, intervenir efficacement dans les affaires de l'Hôtel de Ville, sans doute sa propre candidature aux municipales, deux ans plus tard, en eût été facilitée... Tout comme sa candidature aux élections européennes de 1999 aurait profité d'un succès personnel de Séguin lors du débat sur l'euro tenu à l'Assemblée en avril 1998. Mais une fois de plus, il passe sous le joug chiraquien.

Le mercredi 22 avril, les parlementaires doivent en effet voter pour ou contre la résolution sur l'euro présentée par le gouvernement, comme il se doit dans la procédure d'adoption de la monnaie unique. Pour le RPR, la stratégie est en apparence simple : il faut dire oui à l'euro mais non à Jospin. Mais que voter ? C'est Hervé Gaymard qui a été désigné, en l'absence de Séguin, pour prendre la parole. De retour de Tunisie, le vendredi 10 avril, Séguin fulmine contre ses collaborateurs : il ne supporte pas que cette délégation ait été confiée à un député ultra-chiraquien qu'il n'apprécie pas. Il appelle Gaymard, retiré dans sa circonscription de Savoie, au sortir du week-end de Pâques : « Il faut que tu reviennes. » « Ça s'est bien passé, tes vacances ? » soupire le jeune député, qui remonte néanmoins dans la capitale dès le mardi. « Tu n'as pas encore commencé ton discours ? » l'interroge Séguin. « Non, répond Gaymard, j'écris toujours la veille ou dans la nuit qui précède, je suis "câblé" comme ça. Mais j'ai fait un plan. Je conclus qu'il faut voter oui ou s'abstenir. » Séguin sort quelques feuillets : il a déjà commencé à rédiger un propos, en inscrivant même les accents toniques qui doivent rythmer sa diction. Mais il ne dévoile pas son contenu. Le lendemain,

Gaymard appelle Maurice Ulrich, conseiller du Président : « Je suis inquiet, il pourrait y avoir du schpountz la semaine prochaine sur l'euro. » A midi et demi, Chirac appelle Gaymard : le Président doit déjeuner avec Séguin et veut se mettre au clair sur le RPR et l'euro. Dans la nuit du mercredi au jeudi, Séguin faxe son projet de discours à Gaymard, qu'il appelle à plusieurs reprises le lendemain, alors que le député de Savoie fait visiter sa circonscription à Bernadette Chirac. « C'est un bon discours, dit Gaymard, mais il est trop subtil. Ma femme et ma mère n'y comprennent rien et, si on enlève la dernière phrase qui appelle à voter non, on ne peut pas deviner comment il se conclut. » Le vendredi, Jean-Louis Debré rend visite à Chirac, qu'il trouve aligné sur la position de Séguin. « Je ne veux pas qu'il se sente sous tutelle, explique le Président. Et puis il m'a dit que toute l'opposition était pour le non. »

Le dimanche 19 avril au matin, Pierre Lellouche aide Séguin à donner une forme définitive à son discours. Au bout de deux heures, le nouveau texte est prêt, qui réitère le verdict gaulliste : « Oui à l'euro, non à Jospin, tant il y a de raisons de lui dire non. » Nicolas Sarkozy se rend en voiture à Tourgeville, où Edouard Balladur passe le week-end. L'ancien Premier ministre reprend le dernier feuillet de sa main mais en avalise les conclusions. Quelques semaines plus tôt, lors d'une réunion du bureau du groupe parlementaire, il a déclaré : « Comment accorder notre confiance à Lionel Jospin sur l'Europe ? Je ne vois pas. » Ces propos sont décisifs : « Séguin s'est dit, témoigne un de ses proches : "Balladur et Pasqua me soutiennent, Chirac me laisse faire, j'y vais." » Pour le président du RPR, ce vote sur l'euro est une occasion rêvée d'imposer sa ligne au mouvement : s'il n'a pas été suivi aux Assises, il le sera dans l'Assemblée. Chirac est pour l'euro, mais les députés gaullistes vont voter contre – contre le gouvernement, certes, mais, par ricochet, contre Chirac. Pendant tout le week-end, Debré essaye de joindre François Bayrou pour harmoniser les positions du RPR et de l'UDF, en vain. Le leader centriste bataille de son côte pour que l'orateur de son groupe soit Valéry Giscard d'Estaing, et non François Léotard. Le lundi soir, de retour à Paris, il dit à Debré : « C'est trop tard. » L'UDF votera donc oui. Gaymard appelle Ulrich : « Il y a le feu au lac. » « On a bien réfléchi, le rassure le conseiller. Entre deux inconvénients, il faut choisir le moindre. » L'Elysée préfère des gaullistes rétifs à l'euro qu'un Séguin fou furieux. Le mardi matin, Séguin hésite : Edouard Balladur et Alain Juppé étant retenus par la commission d'enquête sur le Rwanda, qui les auditionne, il est tenté de faire voter le groupe entier sur le non à la résolution, que seuls trois députés contestent ouvertement. Mais il considère que c'est inutile : « A 11 heures le mardi, c'était bouclé, se souvient Lellouche : on vote non. » Lionel Jospin veille pendant ce temps à ne laisser aucune prise à l'opposition : il ne parle qu'euro, et ne réclame à aucun moment avec ce scrutin une approbation de sa politique générale ; si la droite vote non, ce sera non à l'euro, donc non à une décision de Jacques Chirac, et en aucun cas non à la politique du gouvernement.

C'est alors qu'Alain Juppé, absent de la vie politique depuis dix mois, reprend les armes. Il lui semble inacceptable que le parti du Président contredise ainsi le choix de son chef naturel. « On ne peut pas mettre Chirac à poil sur l'Europe, résume crûment François Baroin, face à des négociateurs européens qui ricanent, sur le thème : "Même son parti ne le suit plus." » Et les juppéistes rappellent de leur côté la règle à suivre durant la cohabitation : « Quand Chirac approuve, on approuve ; quand il s'abstient, on s'oppose ; quand il s'oppose, on canarde. » Le soir de ce mardi, d'humeur noire, le Président s'entretient au téléphone avec Philippe Séguin, pour le convaincre d'échanger son bulletin « non » au profit de la non-participation au vote : la conversation s'échauffe et Chirac finit par raccrocher au nez de son interlocuteur. Le lendemain, le petit déjeuner des hiérarques du RPR, à l'Elysée, tourne à l'explication de gravures entre le Président de la République et celui du RPR. Un peu plus tard dans la matinée, devant les députés gaullistes réunis, Alain Juppé le confirme : il ne participera pas au scrutin, car il refuse de voter contre la résolution. Pierre Lellouche intervient : « Je suis aussi européen que toi, mais il y a trois raisons pour voter non : les critères arrêtés à Dublin n'ont pas été réformés, la Banque centrale européenne n'a pas de contrepoids politique, la politique de Jospin est mauvaise. » A midi, une poignée de séguinistes quittent la salle, certains que le vote non est la position définitive du groupe. Mais une demi-heure plus tard, Jean-Louis Debré met aux voix la décision, devant une soixantaine de parlementaires : 30 choisissent le non, 33 préfèrent la non-participation au vote. « A midi, fulmine Renaud Muselier, je suis sorti avec Léon Vachet et deux autres députés, pour parler des sénatoriales de l'automne : à nous quatre, si on était restés, on faisait basculer la majorité ! » Tous soupçonnent Debré d'avoir agi sur ordre de l'Elysée. « Nous sommes des clowns ! » enrage Lellouche. Plusieurs députés débordent de rancœur : ils considèrent que le RPR signe ce jour-là son arrêt de mort en replongeant dans les querelles de personnes : Juppé contre Séguin, l'Elysée contre la rue de Lille. Mais le résultat immédiat est la défaite de Séguin, qui parle dans le vide, déjugé par ses troupes. Entre sa démonstration et l'oukase de l'Elysée, c'est l'autorité qui l'emporte sur l'influence. Aux Assises, Séguin n'a pas réussi à se faire comprendre ; sur l'euro, il n'arrive pas à se faire obéir.

L'épisode de la résolution sur l'euro est une étape cruciale du parcours malheureux de Séguin à la tête du RPR : un an avant de jeter l'éponge, c'est à ce moment précis qu'il comprend qu'il a perdu, défaite qu'il déniait après les Assises. Qu'il a perdu dans son œuvre de restauration du RPR ; qu'il a perdu dans sa tentative de captation de l'héritage gaulliste ; qu'il a perdu dans sa joute distanciée contre Jacques Chirac. Le soir même du 22 avril, Pierre Lellouche est à Salzbourg, où les droites européennes se réunissent. Le lendemain, Séguin le rejoint ; il est épuisé et lui demande de le remplacer au dîner officiel. Les deux hommes discutent longuement des rapports entre Chirac et le RPR. « Il faut briser cette tutelle, affirme Séguin. Il est le Président de tous les Français, mais nous sommes l'opposition. Est-ce qu'au moins je peux dire cela ? Le RPR n'est pas que la machine électorale au service de Chirac depuis 1976 : c'est aussi le mouvement gaulliste, continu depuis 1947. Le problème n'est pas d'être le parti du Président, il est de gagner les législatives, qui auront lieu avant la présidentielle en 2002. » Séguin poursuit, après l'humiliation du 22 avril, sa réflexion : qu'un parti soit un club de fans du Président est un contresens institutionnel, le RPR, sous sa tutelle, est devenu mieux qu'un groupe de supporters. Comme il le dit lui-même, en un spirituel double sens : « Nous supportons le Président. » Jacques Chirac est la cause de tous ses malheurs, et l'unique objet de ses ressentiments. Leur relation est la clef des deux années politiques qui séparent les élections législatives de 1997 des européennes de 1999.

L'eunuque et l'usurpateur

C'était le 11 avril 1973. Ministre de l'Agriculture, Jacques Chirac se rend au congrès de la FNSEA, à Saint-Malo ; à ses côtés a pris place un jeune chargé de mission auprès de

Michel Jobert, le secrétaire général de l'Elysée : Philippe Séguin. Chirac ignore alors que ce jeune homme va encombrer pour longtemps ses bagages... Cette première rencontre a son importance : à l'Elysée, Séguin est du côté du manche, au milieu de ceux qui donnent les ordres. Petit télégraphiste du Château, devant, comme il le dit lui-même, « faire passer la main du maître sur le valet ». Jamais Séguin n'a été le collaborateur de Chirac, pas plus dans un ministère qu'à Matignon ou à l'Hôtel de Ville de Paris : il considère donc qu'il ne lui doit rien. Toujours Séguin a observé Chirac, pour le compte de Pompidou, au sein du gouvernement ou depuis le perchoir de l'Assemblée : il considère donc qu'il le connaît bien. Pour ces deux raisons, il n'y a aucune confiance entre les deux hommes. Pour ces deux raisons, Chirac l'affectif n'aime pas Séguin et Séguin le réflexif méprise Chirac. Philippe Séguin se considère comme l'héritier moral et intellectuel du Général ; Jacques Chirac se revendique son héritier politique et historique. Le premier traduit le gaullisme dans le texte, le second dans les faits. Pour Séguin, Chirac est un usurpateur ; pour Chirac, Séguin est un eunuque.

C'était le 12 novembre 1994. Candidat à l'Elysée depuis moins de dix jours, Jacques Chirac réunit le RPR sur la pelouse de Reuilly, près du bois de Vincennes, pour transmettre à Alain Juppé la direction du mouvement et demeurer ainsi libre des siens pendant la campagne. Philippe Séguin, en une ostentatoire bouderie, fait savoir qu'il ne viendra pas : un présidentiable ne se fait pas investir par un parti. Avec le putsch de 1990, mené aux côtés de Charles Pasqua, et surtout la campagne référendaire de Maastricht, l'ancien ministre des Affaires sociales a pris de l'envergure. « Pour une fois, Séguin a raison », bougonne Olivier Guichard. Approuverait-il le reste de son attitude ? Quelques heures avant la réunion publique, des séguinistes intercèdent auprès de l'équipe Chirac : « Si vous envoyez une voiture, il montera dedans. » Mais aucun véhicule ne vient le chercher Séguin, lui, téléphone au même moment à Edouard Balladur, retiré à Chamonix... Mais de ce camp-là non plus, personne ne viendra le quérir. Séguin pèse ensuite de tout son poids dans la campagne présidentielle, lourd boutoir lancé contre les murailles balladuriennes. Sa force de destruction fait merveille : la brèche ouverte, il se retire sous sa tente, en Achille qui sait que nulle récompense ne lui adviendra.

En juillet 1997, le malentendu se poursuit : à aucun moment, l'Elysée ne laisse le bénéfice du doute à Séguin. Dès les premières semaines de sa présidence du parti gaulliste, la consigne est limpide : le contrôler, l'empêcher de nuire. « Il faut maintenant multiplier les cercles autour du Président, au cas où le RPR ne suffirait plus », ordonne Jean-Louis Debré. Constitution de petits cénacles de parlementaires, développement de l'Association des amis de Jacques Chirac, défilé des visiteurs du soir – ou plutôt du dimanche – en sont les premières manifestations, avant la prise de contrôle par Debré du groupe parlementaire. De son côté, Séguin ne fait pas beaucoup d'efforts. A la fin de juin, Alain Juppé prévient Patrick Stefanini : Chirac a fait savoir à Séguin qu'il apprécierait que Stefanini restât en poste rue de Lille après les Assises du 6 juillet. Séguin reçoit le « pistonné » et l'interroge durant trois quarts d'heure, dans l'un des bureaux du groupe parlementaire, sur l'état financier du RPR : il ne le contactera plus jamais... De même, alors que Jacques Chirac a tenu des propos très durs, le 14 juillet, à l'égard de la gauche, Séguin maintient sa consigne : ne pas trop critiquer le gouvernement, intouchable si peu de temps après sa victoire législative. Les deux hommes poursuivent dès ce moment d'incompatibles objectifs. Chirac doit survivre à la cohabitation, Séguin doit reconstruire une opposition. Discrédité par la dissolution, corseté par les règles de la cohabitation, le Président ne part pas favori dans cet affrontement. Et pourtant, en quelques mois, il va prendre un avantage décisif. Dès le départ, Séguin s'emmêle dans les contradictions de l'« autonomie dans la fidélité ». « Séguin veut exister tout en collant à Chirac, explique un député. Comment combattre Jospin en collant à Chirac, qui colle à Jospin à cause de la cohabitation ? » Comme le résume alors le séguiniste Nicolas Baverez : « Ce qui peut sauver l'opposition détruit Chirac, ce qui sert Chirac détruit l'opposition. » C'est donc une lutte ouverte qui s'engage entre les deux hommes, celui qui veut emporter la présidentielle de mai 2002 et celui qui veut gagner les législatives du mois de mars précédent. C'est une guerre sous-marine, où les torpilles sont verbales et les mines psychologiques.

A l'Assemblée nationale, il y a le coin des séguinistes. En entrant dans la cour, à droite, au deuxième étage du pavillon A, s'étend le maigre royaume de Philippe Séguin. Dans l'un des bureaux, des photos du général de Gaulle, datant des années 40 ou 60, se mêlent aux caricatures de presse représentant Philippe Séguin : toutes ou presque l'opposent, directement ou non, à Jacques Chirac. Sur l'une, vêtu d'un tutu, il écrase Chirac avec l'aide – dans la même tenue – de Charles Pasqua, tels deux hippopotames échappés de *Fantasia* ; sur une autre, Séguin est figuré en boulet attaché à la cheville de Juppé ; sur une troisième, Chirac, mué en oculiste, essaye de faire lire à Séguin le mot « Maastricht », dont les lettres vont décroissant, mais le patient lit : « Matignon. » De 1997 à 1999, tous ceux qui ont approché le président des gaullistes ont emporté une anecdote antichiraquienne en sortant. Plaisanter sur le Président de la République devient même le jeu préféré de Philippe Séguin et d'Alain Madelin, viré du gouvernement Juppé en août 1995 : dans un avion qui les emporte de Strasbourg vers Paris, en pleine campagne européenne, ils se livrent, cigare à la bouche, à l'un de leurs plus beaux échanges. Séguin multiplie les impairs et les insolences à l'égard de Chirac. Un jour, il ne se rend pas au rituel déjeuner du mardi avec le Président, sans prévenir l'Elysée : le Chef de l'Etat attend, puis finit par déjeuner seul... Un autre jour, dans une réunion rue de Lille, il tend la main vers la Seine et, au-delà, l'Elysée, puis lance devant ses auditeurs médusés : « Il faut en parler au grand con. Vous savez? Le grand con qui est là-bas. » Séguin prend parfois un malin plaisir à maltraiter le Président. Ainsi, il convoque dans son bureau quelques collaborateurs : « Venez, vous allez rire. » Après quelques instants d'attente, le téléphone sonne : c'est Bertrand Landrieu, le directeur de cabinet de Chirac. « Non, désolé, je ne peux pas parler au Président », tranche Séguin avant de raccrocher, hilare. « Vous avez vu? Mais ce n'est pas fini, attendez. » Cette fois, c'est la secrétaire particulière du Président qui appelle, sur la ligne directe de Séguin. « Non, c'est impossible, je ne peux pas prendre le Président. » « A l'autre bout du fil, conclut un témoin de la scène, Chirac devait être fou de rage. Sarkozy sort de son bain pour prendre un appel du Président. Et moi, quand j'étais ministre, je me mettais debout, les premiers temps, pour lui parler au téléphone. Merde, c'est quand même le Président ! »

Entre les deux hommes, le différend dépasse souvent les chamailleries de potaches. « Est-ce que je te demande tes numéros de comptes en Suisse? » lance un jour, au téléphone, Séguin à Chirac, qui lui raccroche au nez pour cette plaisanterie qui pousse trop loin l'irrespect. Heureusement que Séguin ne prend pas tous les appels... En mai 1999, lisant un article, à son goût trop indulgent, sur les quatre années de Chirac à l'Elysée, Séguin appelle la journaliste qui l'a rédigé : « Vous voulez la Légion d'honneur? » Dans son questionnaire de Proust, Séguin précise que la qualité qu'il apprécie chez un homme est « la cohérence » : avec Chirac, il n'est, à coup sûr, pas gâté... Le Président de la République n'est pas en reste. Lors de la campagne européenne, il ne souhaite pas que Philippe Séguin, en déplacement à la Réunion, se rende à Mayotte : « J'aurai des emmerdes avec l'OUA », assure-t-il. Il confie donc à ses proches la mission d'empêcher l'expédition, lesquels se retournent vers Eric Raoult. Bien en cour avec Séguin, chiraquien dans l'âme, Raoult est, depuis janvier 1999, le nouveau responsable des Fédérations du RPR : « Ça ne se refuse pas », lui a dit Chirac quand Raoult l'a prévenu que Séguin le nommait à ce poste. Raoult cherche donc tous les moyens pour dissuader Séguin d'aller à Mayotte : « Il fait chaud, tu vas te fatiguer. Et si on leur demandait de te rejoindre à la Réunion? L'essentiel, c'est qu'ils soient sur la photo avec toi. » En vain. Lors de ce déplacement, Chirac appelle Raoult : « Je veux lire le discours de Séguin avant qu'il le prononce. » Ça va être difficile », bredouille Raoult. « Tu ne me comprends pas : je te demande de me faire passer le discours avant. » Raoult obtempère. L'œil de Chirac poursuit Séguin jusqu'aux Antilles : « Je te passe le Président, dit Landrieu à Raoult, il veut savoir comment les choses se passent. » Séguin n'est pas dupe : lors de ce voyage, à l'un de ses accompagnateurs se plaignant de la panne de son téléphone portable, il lance : « Ça vous évitera d'appeler l'Elysée... » Néanmoins, soucieux de ménager la psychologie éruptive de Séguin, le Président écoute parfois ceux qui lui conseillent de faire des gestes. Ainsi, on lui confie que Séguin collectionne les tortues miniatures, alors il lui rapporte des tortues. En déplacement en province, il entre à l'improviste dans un magasin : « Bonjour madame, vous n'auriez pas des tortues ? » lance-t-il à une vendeuse qui doit encore s'en souvenir. « Pourvu qu'on n'aille pas aux Galapagos ! » soupire un membre de son cabinet.

Chaque dossier politique creuse un peu plus le fossé entre les deux hommes. Avant les élections régionales de mars 1998, Jacques Chirac entend donner du poids aux Régions, tandis que Séguin déploie un jacobinisme fort peu tempéré. Après ces mêmes élections et leurs turbulences, Séguin affirme que les valeurs du RPR seront désormais mises en avant, que l'identité prime sur les accords avec l'UDF, tandis que Chirac en appelle à l'union de l'opposition. Le 27 avril 1998, Séguin le clame : « Ça fait deux cents fois que je dis à Jacques Chirac que je ne serai pas candidat contre lui en 2002 ! » Mais deux jours plus tard, il réclame dans la presse une « marge de manœuvre » vis-à-vis du président de la République, « sans pour autant être en contradiction avec lui » : après l'autonomie dans la fidélité, la liberté dans la loyauté... En juin, il tente de s'opposer à la réforme du Conseil supérieur de la magistrature, voulue par le Président. La manœuvre échoue de justesse, prometteuse de lendemains difficiles pour la réforme. Séguin, une fois de plus, a manqué de relais à l'Assemblée. « Si Chirac le leur demande, soupire un de ses conseillers, les parlementaires gaullistes se jetteront par la fenêtre. Et s'il répète, ils recommenceront. Mais c'est de notre faute : qu'avons-nous fait pour eux ? »

Enfin, juste avant l'été 1998 survient un grave incident. Le juge Desmure, qui a perquisitionné, le 27 avril, l'Hôtel de Ville de Paris, dans le cadre de l'affaire des emplois fictifs, vient de demander au RPR de lui transmettre ses livres de caisse. « Des cahiers sans intérêt, avec les sorties d'argent liquide pour les frais, décrit un apparatchik de la rue de Lille. C'est là qu'on note les sommes prises pour acheter des crayons ou des gommes, ou payer des taxis – au maximum des notes de restaurant. » Une réunion de crise est immédiatement organisée, qui rassemble, à l'Elysée, sept personnes, des plus éminentes au sein du mouvement gaulliste. Que faire des maudits cahiers ? Quelle réponse apporter au juge ? « La législation est floue sur ce type de documents comptables, explique l'un des participants. Il n'y a pas de règles sur les délais de conservation. On peut donc les transmettre, n'en donner qu'une partie, dire qu'on les a détruits, ou simplement repousser la requête du juge. » « Tu les détruis », lance à Séguin un de ses principaux interlocuteurs. « Tu les détruis, puisqu'on n'a pas obligation de les avoir gardés », renchérit un proche du précédent. Un ancien magistrat passé en politique, présent lui aussi, avouera plus tard avoir réprimé un haut-le-cœur : c'est tout de même une requête de la Justice... Séguin prend la parole : « Attention, il s'agit quand même d'une destruction de preuves. » « Personne n'en saura jamais rien », conclut le premier intervenant. « Nous sommes sept ici, réplique Séguin, il est impossible que personne n'en sache rien. Et puis il y a eu des perquisitions et les flics ont déjà quelques livres. » La réunion se termine sans qu'aucune décision irrémédiable soit prise. Le lendemain, Philippe Séguin transmet les documents demandés à la Justice. Le 21 août, Alain Juppé est mis en examen. Sans que l'on sache si les livres de caisse du RPR ont eu une quelconque importance dans ce dossier – il est probable que non –, un juppéiste déclare, deux ans après : « Ce crime-là, Chirac ne le pardonnera jamais à Séguin. » Séguin, lui, déclarera en privé un an plus tard : « Le procureur a écrit des choses très dures contre Chirac : dès que le verrou constitutionnel sautera, il est attendu par les questions de la Justice à la porte de l'Elysée, juste après la poignée de main avec son successeur. »

Au sortir de l'été de 1998, le dialogue s'éteint entre les deux hommes. « Ils discutent mais ne se parlent pas », résume Fillon. Le 25 septembre, Debré plastronne : « La nouveauté, c'est que tout le monde s'accorde pour dire qu'en 2002, ce sera Chirac notre candidat. Avant l'été, tout le monde pariait sur la crise, sur un mandat écourté. Pasqua se croyait le seul à pouvoir rassembler de la droite à l'extrême droite, Balladur de la droite au centre et Séguin au-dessus de la mêlée. Et ils se sont tous tiré une balle dans le pied : Pasqua en proposant de régulariser les sans-papiers, Balladur avec son débat sur la préférence nationale et Séguin en acceptant le libéralisme. » « Jacques Chirac, je m'en fous, lâche Séguin devant Nicolas Dupont-Aignan. Le gaullisme est né le 18 juin 1940 ! » Mais cette foucade est un ultime soubresaut : le couple maudit se délite parce que Séguin se soumet. Quand Christian Poncelet, vosgien chiraquien, déloge le centriste René Monory, le 1er octobre 1998, de la Présidence du Sénat, Séguin, vosgien non chiraquien, s'en lave les mains. Il arrive au Palais du Luxembourg après le premier tour, pour demander à Poncelet de se retirer s'il est en deuxième position, mais le candidat RPR a devancé Monory et les jeux sont faits. Séguin s'installe alors devant deux télévisions, l'une diffusant les images du deuxième tour, l'autre retransmettant le match de coupe d'Europe entre le Paris-Saint-Germain et le Maccabi Tel Haïfa – et il regarde surtout la seconde. Le gaulliste élu, Séguin s'en va, en rappelant que « ni le RPR en tant que mouvement, ni le groupe RPR du Sénat n'avaient accordé d'investiture à Christian Poncelet ». Séguin est très contrarié : le PSG a été éliminé.

Le 18 janvier 1999, au Congrès de Versailles, Séguin avoue à un proche, édictant un principe gaullien qui n'est que le constat de sa défaite : « Sous la Ve République, le président du parti dont est issu le Président de la République ne peut s'opposer à lui. » Lors du déjeuner du lendemain, où les leaders de l'opposition, rassemblés par Chirac, se déchirent, le Président confie à François Bayrou : « Rapproche-toi de Sarkozy, c'est quelqu'un qui apaise. » Séguin, c'est, pour lui, déjà du passé. Peu après, il confie à Eric Raoult : « Toi, tu es rondouillard, tu sais que ça permet d'être sympa pour les gens.

Mais Philippe, lui, il va trop loin. Quand il dit à Bayrou : “Ton estime, tu peux te la carrer au cul !”, il va trop loin. » Pourtant, Séguin ne le gêne plus : « Il est passé de la démarcation, en se mobilisant contre l'euro ou le Conseil supérieur de la magistrature, à la soumission, résume Debré. Tout cela pour rester président du RPR et être candidat aux européennes. » Dans cette aventure électorale, Séguin se lance sur une ligne chiraquienne : il approuve François Cornut-Gentille, qui lui conseille de ne pas être candidat aux européennes, ou alors de mener une liste purement RPR, mais il prend quand même la tête d'une liste d'union RPR-DL favorable à la construction européenne en cours, parce que c'est le souhait de l'Elysée. Il semble si anémié que Jacques Toubon s'en inquiète auprès de Chirac : « A force d'affaiblir Séguin, on va se retrouver avec un Madelin ou un Bayrou qui feront des scores au premier tour de la présidentielle. » Le 26 février 1999, recevant les journalistes rue de Lille, Séguin allume ostensiblement ses Gitanes avec une pochette d'allumettes marquée « Palais de l'Elysée » : tout va bien... Pourtant, c'est parce qu'il considère que l'Elysée et ses sicaires persistent à enrayer son action qu'il claque la porte, le 16 avril. Il part à cause de Chirac, sa démission est un divorce.

Dès le lendemain, Nicolas Sarkozy explique ainsi cette nouvelle crise du couple Séguin-Chirac : « Il s'agit de la putréfaction d'un climat de méfiance qui durait depuis des années, d'une aigreur enkystée. » Mais le feuilleton n'est pas fini. Séguin et Chirac, d'abord, s'évitent : pour la finale de la Coupe de France de football 1999, Nantes-Sedan, François Fillon, président de la Région Pays-de-la-Loire, invite Philippe Séguin dans la loge du conseil régional. Le démissionnaire est ravi : cette solution lui permet de déserter la tribune présidentielle, où l'Elysée, traditionnellement, convie ce passionné de foot. « Je crois que la rupture avec Chirac est totale, commente alors Fillon. Ce qui veut dire un affrontement entre les deux hommes en 2002. Je ne dis pas que ce sera facile pour Séguin, je ne sais pas s'il a fait une bonne opération avec cette démission, mais ce qui est sûr, c'est que Chirac en a fait une mauvaise. » Séguin lui-même s'interroge, scrute le calendrier : « Ils ont fait toutes les conneries, maugrée-t-il en juin, pourquoi éviteraient-ils la dernière : anticiper la présidentielle et donner les clefs à Jospin en avance ? » Parmi les chiraquiens, l'hypothèse du choc frontal est également envisagée : libre de ses mouvements, Séguin va-t-il, en trois ans, pouvoir incarner l'alternative, être le candidat qui réhabilite 1995 et efface 1997 ? « S'il est candidat contre Chirac en 2002, Séguin fera le score microscopique de Michel Debré en 1981, pronostique Josselin de Rohan, le patron du groupe RPR au Sénat. Séguin échouera s'il veut être le Connétable de Bourbon. » Mais Séguin ne veut pas se mêler du siège de Pavie : il pense déjà à celui de Paris. Avec la mairie de la capitale, s'il la conquiert, il investira une forteresse à tenir jusqu'à 2007, achevant son mandat deux mois avant que ne se termine le premier quinquennat élyséen de l'Histoire de la République. Le quinquennat sert donc son avenir, mais Séguin le boude néanmoins. Partisan d'un vrai régime présidentiel, il vote oui le 24 septembre 2000 parce que le référendum « est une occasion de confirmer la légitimité du Président » : c'est donc qu'il considère qu'elle a besoin d'être confirmée... La rivalité élyséenne, qu'il s'agisse de s'affronter en 2002 ou de comparer un jour leurs mandats respectifs, demeure donc en filigrane des relations entre Chirac et Séguin. Entre les deux hommes, il y a la Présidence de la République. Ce qu'elle représente pour Séguin, ce que Chirac en a fait.

Philippe Séguin a une haute opinion de l'institution présidentielle et une piètre estime pour Jacques Chirac : que le second incarne la première est pour lui une incongruité qui l'entraîne dans ces étranges emportements privés et dans une irréprochable, quoiqu'un peu lisse, révérence publique. Lors de son débat sur Maastricht avec François Mitterrand, en septembre 1992, Séguin le terrible s'est soudain évanoui, cédant la place à Philippe le studieux, le bon élève de la Vᵉ République, naturellement soumis au Président. Il n'y avait là aucune flagornerie, aucune obséquiosité de courtisan : Séguin considère que la Présidence transcende l'homme qui l'incarne, et se comporte donc en conséquence. Dans sa conception religieuse du gaullisme, l'élu est l'Elu. En janvier 1999, à quelques jours du vote du Congrès sur Amsterdam, Séguin dit à Nicolas Dupont-Aignan : « Le Président de la République, c'est le pivot de la France. » « Ce respect des institutions, c'est la force et la faiblesse de Philippe, avance, au début de 1997, le séguiniste Jean de Boishue. Mais une chose est sûre : Premier ministre, il ne toucherait pas à Chirac. » C'est parce qu'il le jugeait incontrôlable que Chirac n'a jamais voulu appeler Séguin à Matignon, même quand Juppé était exsangue, préférant l'aventure de la dissolution à celle du séguinisme. « Quelle erreur, assure un séguiniste. Si Chirac était un vrai gaulliste, il aurait fait réaliser la monnaie unique par celui qui y était le plus opposé, Séguin, comme le Général a fait faire l'indépendance de l'Algérie à Michel Debré. » C'est parce qu'il le juge imprévisible, que Chirac, jamais, n'appellera Séguin à Matignon. Le Président sans doute se trompe quand il pense que Séguin ne vivrait aucune « mue de Matignon ». Séguin chef du RPR ne voyait en Chirac que Chirac; Premier ministre, il ne verrait plus que le Président de la République, et viendrait chaque mercredi matin, sa sacoche en main, prendre les ordres dans le rituel tête-à-tête qui précède le Conseil des ministres.

« Tout cela est faux, balaie un proche du Président. Alors qu'il est perçu comme légitimiste à l'égard de la fonction,

Séguin est en permanence dans l'atteinte à la légitimité présidentielle, à cause de sa relation perverse à Jacques Chirac. Il a compris la nature du combat du Président, qui mise tout sur l'Europe. C'est pour tuer la légitimité européenne de Chirac que Séguin se dresse en avril 1998 contre la résolution sur l'euro. C'est pour la même raison qu'il démissionne pendant la campagne des européennes en 1999. » On ne saura sans doute jamais quelle thèse est la bonne, tant il y a peu de chances que Séguin soit un jour le Premier ministre de Chirac. « Matignon? Jamais! tranche le premier quelques semaines après sa démission du 16 avril 1999. Je n'ai pas vocation à être un larbin. » Sur un coin de la cheminée, dans son petit bureau d'exil de l'Assemblée nationale, il a posé, au milieu de clichés du général de Gaulle, la reproduction d'une couverture de *L'Express* : « Séguin, la route de Matignon. » La Une est ancienne, mais il vient de la demander à l'hebdomadaire pour la faire encadrer. A qui connaît Séguin, le message est clair : s'il l'affiche ainsi, c'est qu'il a vraiment renoncé à devenir Premier ministre, portant ses regards un peu plus haut. « Je suis fait pour être Président bien plus que pour être Premier ministre », glissait-il à Nicolas Sarkozy dès 1997. « Tout ce qu'il y a entre sa naissance et son accession à la Présidence lui est secondaire, confirme Jean de Boishue. Séguin est poursuivi par l'image présidentielle. C'est aussi pourquoi il tombe dans des dépressions profondes. » Chirac a gagné, Séguin pense donc à l'après-Chirac, que le quinquennat, accélérant le temps comme une heure d'été institutionnelle, fixe au plus tard à 2007. Séguin aura 64 ans, soit un an de plus que Chirac quand il fut élu à l'Elysée...

« Coitus interruptus »

Pour atteindre un jour ce nirvana gaulliste, Séguin devra rassembler et résister. A la tête du RPR, la période du « séguinisme décadent », du printemps de 1998 à celui de 1999, l'a révélé incapable de l'un comme de l'autre, cabotant entre des positions contraires pour sombrer enfin. Le 25 mars 1998, devant les jeunes du RPR, Séguin s'engage : « Il est clair que nous entendons nous refuser désormais à toute stratégie du plus petit dénominateur commun. » Le 14 mai à midi, se reniant, Séguin proclame la création de l'Alliance pour la France, association des états-majors du RPR, de l'UDF et de Démocratie libérale. L'Elysée a été prévenue le matin, Jean-Louis Debré n'est même pas mis au courant. « On ne peut pas passer un an à parler de dialogue et de démocratisation et faire l'Alliance par surprise », proteste un conseiller du Président. Séguin n'affiche pas un grand enthousiasme pour son invention. Il refuse même d'aller à la télévision expliquer sa démarche : « Tout est dans mon texte, grogne-t-il. Il est très clair, mon texte. » Puis il s'emporte quand l'AFP publie une version tronquée de son communiqué, et accepte de se rendre sur les plateaux. Le 27 juin, à Port-Marly, dans les Yvelines, une grand-messe peine à rassembler 2 800 militants des trois partis. Dans la salle Mykerinos, au parquet vert et aux murs recouverts d'une fresque représentant une palmeraie, le stand Idées Action des madelinistes fait face à celui des séguinistes d'Une certaine idée, en une confrontation qui suffit à démontrer la vanité de l'Alliance. Dans une loge discrète patientent les divers artistes du spectacle : les politiques qui vont monter à la tribune et l'orchestre de samba chargé de mettre de l'ambiance – sept musiciens et cinq Brésiliennes des Yvelines en corsage et jupette blancs. Les danseuses sont très flattées de rencontrer ces grands élus et font des photos souvenirs : deux Brésiliennes s'assoient sur les genoux de Philippe Séguin, puis s'attaquent à René Monory : « Papy ! Papy ! Et toi ? » Mais René Monory s'esquive : « A trois mois de la réélection du Président du Sénat, je préfère m'abstenir. » Dans la salle Khephren, devant les tables dressées pour le déjeuner, les orateurs prennent enfin la parole. Tel un automate, Sarkozy termine son discours en citant Jacques Chirac, pour s'assurer les faveurs de l'applaudimètre, puis souhaite une « bonne soirée » aux militants, alors qu'il est 13 heures. François Léotard somme la droite de « faire l'alliance, pas la guerre », tandis qu'Edouard Balladur s'enfuit avant les hors-d'œuvre. Séguin, qui a beaucoup grossi en quelques semaines, s'avance, débraillé, pour un discours poussif. Puis chaque orateur reçoit, la Coupe du Monde battant son plein, un maillot de l'équipe de France de football à son nom. « D'ailleurs, je ne vais pas m'attarder, maugrée Séguin. Il y a Italie-Norvège en huitième de finale à 16 h 30. » La droite française gravit ce jour-là l'Everest du ridicule ; en courant.

L'Alliance est mort-née. Et Séguin s'en moque. « Le prix de l'union, c'est nous qui le payons, rappelle-t-il régulièrement. Si on va séparés aux législatives, on ratiboise les centristes et les libéraux. » Au début du mois de juillet 1998, il n'insiste pas beaucoup pour que prenne corps l'intergroupe RPR-UDF-DL, que Jean-Louis Debré combat ardemment et, une fois de plus, avec succès. Le 7 juillet, devant le bureau du groupe gaulliste, Séguin se met en colère : « Je me tape de l'union de l'opposition. Moi, je suis gaulliste : ce n'est pas pour faire la fusion avec les socio-démocrates. Mais l'opinion veut la fusion et le Président me demande de la faire, alors je la fais. Et puis le Président me demande de tout arrêter parce qu'il craint le retour de Balladur à la tête de l'intergroupe. Je suis trop vieux pour le *coitus interruptus* ! » Nicole Catala, député séguiniste de Paris, ouvre de grands yeux effarés : « Qu'est-ce que le *coitus interruptus* ? » Et son mentor de lui expliquer. Il parle en expert, puisque, depuis le 25 avril précédent, il applique cette vieille forme de contraception à la politique : pour ne pas faire d'enfant non désiré au RPR, Séguin se retire toujours de sa position avant qu'il ne soit trop tard... Ce samedi-là, le président du RPR, qui doit prononcer un discours à l'hôtel Méridien de la Porte Maillot, pour conclure la réunion des cadres départementaux du mouvement, entraîne son secrétaire général derrière un paravent : « Je démissionne et tu prends ma place. » « Si tu fais ça, réplique Sarkozy, je monte à la tribune et je dis que, moi aussi, je laisse tomber. » Séguin accepte alors de différer son retrait, et se contente de menaces : il n'est pas sûr, loin de là, d'être candidat à sa propre succession lors de la prochaine élection du président du RPR, en décembre. Il n'a pas démissionné, mais n'en pense pas moins : « Je ferais mieux d'être pilote de ligne », lance-t-il à un proche peu après.

A la rentrée de septembre 1998, sa tactique est plus limpide : fils maudit du gaullisme, il entend se faire désirer. « Personne n'a demandé que je reste ? » disait-il déjà à Nicolas Dupont-Aignan après son chantage du 25 avril. « Non, répondit le responsable des Fédérations. Mais si vous voulez, ça peut s'organiser. » « Ah non ! trancha Séguin, ce doit être sincère ! » « Si tu fais ça, répond Sarkozy quand Séguin réitère sa menace de démission dans le courant de l'automne, j'arrête et on laisse les clefs du mouvement à Debré. » « Ça me touche, ce que tu me dis », soupire Séguin. L'automne est aux caprices de diva. « Il exige des choses incroyables pour être candidat à la présidence, même privées, soupire Karoutchi. Un jour sur deux, il veut arrêter. C'est insupportable. Je dis à Fillon et Sarkozy : “Je le fais réélire et j’arrête.” » Séguin tente de créer la panique dans son entourage : « Je suis malade, je vais tout arrêter », geint-il devant ses proches collaborateurs. « C’est *Santa Barbara* », pouffe François Cornut-Gentille. « Manuela, je suis malade », renchérit Séguin en se tournant vers son attachée de presse. « J’ai dit à Fillon que je ne croyais pas une seconde à ce cinéma, mais que je voulais bien participer à l’affolement général, raconte Cornut-Gentille. On en a tous fait autant, et ça a marché. » Entre deux caprices, Séguin glisse de vraies conditions à sa candidature : en lui envoyant une demande écrite, il obtient de Jacques Chirac l’autorisation de mener une liste aux européennes, alors que le Président n’y était pas favorable, il reçoit les parlementaires pour des allégeances individuelles et il exige du mouvement 70 % de participation au scrutin présidentiel interne, fixé les 12 et 13 décembre. « 70 %, ça veut dire 100 %, avec les adhérents qu’on ne voit jamais et qu’on ne connaît plus », panique Karoutchi. L’appareil de la rue de Lille va donc mettre en place les instruments nécessaires pour réaliser la volonté plébiscitaire de Philippe Séguin. Car, s’il précise qu’il n’exige pas 70 % de votes en sa faveur, mais simplement de participation au scrutin, Séguin omet de signaler qu’il est seul en lice. En annonçant le 14 octobre la candidature du président sortant, la rue de Lille tente de donner un vernis démocratique à l’opération : « On indique au service des Fédérations du RPR qu’après Jacques Boisseau, adhérent de la 4e circonscription de la Gironde, une nouvelle candidature à la présidence du RPR a été enregistrée aujourd’hui, celle de Philippe Séguin, de la 1re circonscription des Vosges. » L’illustre Jacques Boisseau n’arrive pas à nuancer le césarisme de l’élection. Il ne parvient d’ailleurs pas à rassembler les 2 500 signatures de militants nécessaires pour maintenir sa candidature, quand la rue de Lille fait tourner ses fax quarante-huit heures d’affilée pour en récolter près de 8 000 au service de Séguin.

Le 12 décembre, Séguin ne se bat que contre l'abstention. Mais il a été décidé que seuls les adhérents à jour de cotisation seraient comptabilisés, ce qui limite les risques. « On a fait aussi des cartes pour les proches de militants acquis, avoue Karoutchi, sur le thème : "voter, c'est être de la même famille." » De plus, le RPR s'est doté, via une légère modification de son règlement, d'une arme absolue : le vote par correspondance, avec enveloppe pré-affranchie. Les militants qui le souhaitent, au lieu de voter dans leur département, peuvent envoyer leur bulletin rue de Lille. Des paquets d'enveloppes peuvent donc être constitués, au cas où, et ajoutés aux suffrages exprimés, sur le quota du vote par correspondance. Un secrétaire départemental de Picardie s'étonnera ainsi que le taux de participation de son département soit beaucoup plus élevé lors de l'annonce officielle des résultats à Paris que lors du dépouillement local : les Picards auraient-ils beaucoup voté par correspondance ? Un an plus tard, les candidats à la succession de Séguin tomberont d'accord pour refuser le vote par correspondance... « On a pensé à ce stratagème pour gonfler le vote, reconnaît un séguiniste, mais on ne l'a pas fait. Il était plus simple d'agir sur place. » En effet, il est plus facile de rajouter des bulletins dans les urnes locales, en émargeant les listes à la place des absents. « Jacques Chirac nous a dit qu'il fallait faire le nécessaire pour que Séguin ait ses 70 %, raconte Frédéric de Saint-Sernin, conseiller à l'Elysée et gaulliste de Dordogne. Alors, nous avons organisé des réunions de militants : sans cela, on n'atteignait pas les 50 %. Et on a bourré les urnes, sinon on dépassait les 60 %, mais de peu. Le samedi, il n'y avait qu'un bulletin dans l'urne de mon bureau de vote : le mien. Le dimanche, ça allait beaucoup mieux, mais j'ai quand même regardé qui n'avait pas voté, et on a rajouté des bulletins, en signant les listes d'émargement à la place des abstentionnistes. J'aurais peut-être fait 70 % sans cela, mais avec, je suis monté à 85 % ! Et il n'y avait pas besoin de consignes de l'Elysée pour comprendre qu'il valait mieux faire plaisir à Séguin. »

Le 13 décembre au soir, les séguinistes s'inquiètent : et s'ils en avaient trop fait ? Le premier résultat officiel qui tombe sur l'écran géant installé rue de Lille est éloquent : 98 % de participation ! « C'est un essai », avance la société d'informatique en charge des calculs. « On ne fait pas d'essais quand il y a des journalistes », rugit Karoutchi. En réalité, la participation s'élève à 81,46 %, soit 74 600 votants – un chiffre bien rond... – sur 91 577 inscrits. Seuls quatre départements n'ont pas atteint les 70 % requis. Et Séguin est élu avec 95,07 % des voix, décrochant un flatteur 100 % dans quatre départements. Seuls l'Aveyron et la Lozère tranchent, avec 78,1 % et 76,1 % de votes en faveur du candidat unique : soit le séguinisme est une doctrine qui pénètre mal en milieu rural, soit les urnes ont été bourrées avec des bulletins blancs... Quand les résultats définitifs sont annoncés, et que Séguin est proclamé président du RPR, les applaudissements et les cornes de brume fracassent le hall de la rue de Lille. Séguin, apparu au milieu des militants et des caméras, verse une larme de joie. « Cette larme, affirme le juppéiste Jean-François Copé, c'est une goutte d'eau, de celles qui font déborder le vase. C'est trop, c'est une faute. » Nicolas Sarkozy, lui, est resté cloîtré toute la soirée du 13 décembre dans son bureau : cette pantomime n'est pas la sienne. Pour Philippe Séguin, cette élection, même faisandée par une mise en scène grossière, est importante : pour la première fois, il a été désigné au suffrage universel sur l'ensemble du territoire français, et non sur l'une de ses portions électorales. Même à Wallis-et-Futuna, des bulletins à son nom ont été mis dans une urne – il y a d'ailleurs obtenu 100 % des exprimés. Certes, les militants gaullistes composent un échantillon bien maigre du corps électoral français, mais cette onction lui dispense une saveur référendaire. Pour lui, elle est le brouillon d'une autre cérémonie : les élections européennes. Il entend vivre en grand, le 13 juin 1999, ce qu'il découvre en miniature le 13 décembre 1998, ce vertige gaullien du suffrage universel, cette ivresse du peuple. Séguin a six mois pour passer de l'*in vitro* à l'*in vivo.* Mais la gestation de cette légitimité nationale n'ira pas à terme : après le *coitus interruptus*, l'IVG.

Et vogue la galère...

A l'Elysée, on ne s'est pas ému de l'élection de Philippe Séguin, le 13 décembre 1998, à la tête du mouvement. « C'est important, explique Dominique de Villepin, car le gaullisme a des racines bonapartistes : il s'agit d'aller loin avec un chef. Le problème avec Séguin, c'est qu'il est un faux chef, sacchariné. Il n'est là que pour représenter Chirac. » Séguin expérimente vite qu'avoir été élu au suffrage universel des militants ne lui facilite pas la tâche. Alors que les conseillers régionaux de Rhône-Alpes se donnent un nouveau président, l'élection de Charles Millon grâce aux voix du FN ayant été annulée, le RPR bafouille sa tactique et laisse les centristes pactiser avec la gauche pour s'emparer du siège, en deux nuits de combinazione. Le second soir, un vendredi, depuis la rue de Lille, Philippe Séguin et Nicolas Sarkozy tentent de contrôler les élus gaullistes, auprès de qui ils ont envoyé Brice Hortefeux, et de contrer l'UDF. Séguin a de la fièvre, il respire mal, il est affalé dans un fauteuil, dans l'attente des événements. Soudain, il se redresse, fiévreux : « Je veux du saucisson, trouvez-moi du saucisson ! » Un permanent se dévoue et écume le VIIe arrondissement de Paris pour rapporter, triomphant, le saucisson demandé. Séguin contemple l'assiette, puis la renverse sur le sol : « C'est du mou ! je veux du saucisson sec ! » Et, dans un effort surhumain, roulant des yeux et soufflant comme un épaulard échoué, il enfile son manteau et va en chercher lui-même, avec son chauffeur. A 22 h 30, il revient et s'effondre, suffoquant, en s'épongeant le front. Sarkozy entre dans son bureau : « Les socialistes retirent la candidature de Jean-Jack Queyranne, ça veut dire que les centristes vont bâtir une majorité avec l'aval de la gauche : il faut empêcher cela. » Séguin bondit : « Je vais appeler Juppé, Balladur et Debré. » « Je m'en occupe, propose Sarkozy. Rentre chez toi, ou tu vas crever. » Mais Séguin veut participer au combat de tranchées, jonglant avec ses téléphones. « Vous flanchez devant les centristes ! » hurle-t-il à Brice Hortefeux, qui se débat sur place avec un groupe gaulliste éclaté en neuf tendances. A deux heures du matin, Séguin quitte la rue de Lille. Il reste alité tout le samedi puis appelle un médecin : le dimanche, il est hospitalisé pour une infection pulmonaire. Quand il retrouve la liberté, quelques jours plus tard, il est passé de trois à un paquet de cigarettes par jour. Mais Rhône-Alpes est entre les mains de l'UDF, sous le contrôle de la gauche.

L'incapacité de Philippe Séguin à rassembler l'opposition derrière lui devient manifeste avec sa candidature aux élections européennes. Depuis le mois d'août 1998, Séguin a décidé de mener une liste lors du scrutin du 13 juin suivant. Cette aventure est liée à la présidence du RPR, qu'il ne sert à rien de conserver – le mouvement est chiraquien dans l'âme – si ce n'est comme machine de guerre pour un autre combat. « Toute ambition nationale est interdite à Séguin, car elle serait perçue comme une manœuvre anti-Chirac, explique alors Françoise de Panafieu. Or il aime le pouvoir, donc il se cherche une ambition ailleurs : les européennes. » L'élue de la capitale a vu juste, sauf que Séguin, renonçant à l'Europe, ira ensuite porter son ambition vers la mairie de Paris, entravant ses propres projets... A la rentrée de 1998, François Cornut-Gentille, qui a percé le désir de Séguin, lui rédige une note lui exposant pourquoi, selon lui, il ne faut surtout pas qu'il soit candidat aux européennes. Séguin renvoie le document à son auteur, avec la mention suivante, dont la formulation marque Cornut-Gentille : « C'est impeccable et implacable. Vous avez tout à fait raison. Mais il faut que je me vautre dans la campagne européenne. » Si Séguin ressent une telle envie, c'est qu'il a une passion pour l'Europe et un profond mépris pour les institutions qui la font vivre. « Prenez un gaulliste, mettez-le dans la structure européenne : au bout d'un mois, vous ne comprenez plus ce qu'il dit », aime-t-il plaisanter. Le 19 septembre 1998, par rejet des partis plus que par dissimulation de sa stratégie, il s'enflamme devant la presse : « Les européennes ? Au lendemain du scrutin, tout le monde s'en fout. Tout cela passera à la trappe. » Mais il poursuit néanmoins le parcours nécessaire à sa candidature, un périple qui emprunte le chemin de Damas, où Séguin achève sa conversion à la construction européenne. « C'est en 1994 que Séguin a changé d'idée sur l'Europe, affirme Karoutchi. Mais il ne l'a dévoilé que deux ans plus tard, avec les grands discours de Louvain et d'Aix-la-Chapelle. » Séguin ne commet pas ses apostasies à moitié : c'est sur le tombeau de Charlemagne, qui est le berceau du Saint Empire romain germanique, qu'il fait sienne, parce que les peuples l'ont faite leur, l'Europe de Maastricht. Au même endroit, Charles Quint médite dans *Hernani* : « Je t'ai crié : "Par quoi faut-il que je commence ?"/Et tu m'as répondu : "Mon fils, par la clémence." » Séguin n'a pas de clémence : il se sépare après ce discours d'un collaborateur qui désapprouve sa conversion.

Dès l'automne de 1998, Séguin se « vautre » donc dans la campagne européenne. « S'il m'a dit cela, explique Cornut-Gentille, c'est qu'il trouve le débat européen nul et qu'il veut s'en mêler. » Le 6 octobre, devant la Convention pour l'Europe du RPR, Séguin achève son abjuration : entre les murs gris de la Cité des Sciences, couverts de plaques métalliques percées de petits trous, il s'avance pour lire son discours. Il commence par de l'humour, constatant que cinq femmes pour trois hommes siègent à la tribune : « Cela montre que la misogynie prêtée à notre courant de pensée est une légende, Dominique Perben, Nicolas Sarkozy et moi-même prouvant que la pratique des quotas est inutile pour protéger notre sexe... » Puis il passe aux choses sérieuses, liquidant six années de combat personnel contre l'Europe : « Dire non ne fut jamais une fin en soi. Arrêtons donc de proclamer nous-mêmes la fin de l'Histoire. (...) Est-il si osé de prétendre que c'est le général de Gaulle qui a inventé l'Europe ? Je veux dire la vraie Europe, l'Europe politique, cette Europe européenne que saisit à merveille la fameuse tautologie gaullienne. Cette Europe, nous avions fini par en oublier le sens, à force de disserter du sexe des anges. » Séguin relève la tête et ajoute : « Je n'ai pas été le dernier, j'en conviens. » Puis il poursuit : « On nous accusera de nous renier. J'en sais quelque chose. » Tout est dit : Séguin a changé mais il n'a pas changé, puisqu'il a découvert qu'être pour l'Europe, c'était être gaulliste. Sa conclusion – « Tous ces défis se résument à un seul et même enjeu qui fut au cœur de nos défis : la France » – ne trompe personne : Séguin est rentré dans le rang. « Je n'ai pas une ligne à changer à ce discours », sourit Michel Barnier, le plus européen des gaullistes, qui intégrera un an plus tard la Commission de Bruxelles. Etienne Pinte est moins ravi : « Séguin perdra dans cette campagne européenne ce qu'il lui reste de séguinisme. »

Il va perdre plus que cela, laissant dans ce naufrage une bonne part de sa crédibilité et les franges de son honneur. Après le renoncement dans la bataille du 22 avril 1998, contre la résolution sur l'euro, puis l'abjuration de la Convention gaulliste du 6 octobre, advient le renoncement du 18 janvier 1999, au Congrès de Versailles sur Amsterdam. Comme saint Pierre avec Jésus, Séguin a trois fois renié son idéal anti-européen. « Il décourage les siens pour concilier des contraires », se désole Dupont-Aignan. Et les contraires ne se laissent pas concilier : Pasqua se déclare candidat aux européennes le 1er janvier 1999 et l'UDF décide de présenter sa propre liste autonome le 7 février. Les gaullistes fanfaronnent, qui croient que ces séditieux, après un tour de piste, vont se rallier au panache neuf de Séguin : « Bayrou ne peut glorifier Henri IV pour sa conversion et refuser que Séguin mène la liste de l'opposition malgré la sienne, explique Patrick Devedjian. D'autant que la conversion d'Henri IV fut aussi politique que l'est celle de Séguin ; c'est-à-dire peu sincère. » « Ce sera Séguin, rassure un parlementaire proche de l'Elysée. Tout le monde y a intérêt : les uns pour qu'il réussisse, les autres pour qu'il se plante. » Philippe Séguin a trois stratégies à sa disposition : placer l'unité du RPR au-dessus de tout et négocier avec Pasqua une liste mêlant les pro- et les anti-Maastricht, qu'il mènerait en champion du non de 1992 converti en europhile de 1999 ; laisser partir Pasqua et faire l'union du reste de la droite, avec Bayrou en deuxième position et Madelin en troisième ; se contenter d'une petite coalition avec Démocratie libérale, laissant Bayrou et Pasqua le prendre en tenaille. La première stratégie est interdite par l'Elysée, qui a imposé Amsterdam et exige l'union. La deuxième est gâchée par Séguin, qui ne donne aucun gage aux centristes – Bayrou a pourtant dit à Fillon en décembre 1998 qu'il souhaitait une liste commune – et les insulte dans l'affaire de Rhône-Alpes. La troisième sera la bonne, ou plutôt la mauvaise, puisqu'elle est invalidée le 13 juin 1999 par le vote des Français. Mais il est vrai que Séguin a sauté en marche du train qu'il a lancé vers l'abîme... « Depuis 1979, commente Dupont-Aignan, on constate qu'il faut deux listes à droite, pas plus ; dès qu'il y en a trois, celle du milieu est écrabouillée. On oublie toujours les scrutins précédents... »

Séguin n'a pas consulté les archives, pas plus qu'il n'a cherché à négocier : dès le 31 décembre, Roger Karoutchi, aidé par Brice Hortefeux, jetait sur une feuille les premiers noms de la liste Séguin... Le 6 février, dans une ambiance de monôme plus que de putsch, les jeunes du RPR célèbrent la candidature Séguin au Carrousel du Louvre. Humour potache et cornes de brume chauffent l'ambiance, Karoutchi raconte la première université d'été du RPR, « en Avignon, dans un collège religieux, avec *benedicite* à chaque repas ». « Roger a connu la défaite de Sedan en 1870 », plaisante l'orateur. « La liste conduite par Philippe Séguin sera en tête de toutes les listes et nous battrons les socialistes », réplique l'intéressé. Lequel des deux est le plus éloigné de la vérité ? Puis Séguin, sur l'écran, apparaît, filmé tout au long des couloirs souterrains du Louvre qui vont le mener au meeting. Les fondations bâties par Philippe Auguste sont toutes proches, et sans doute Séguin rêve-t-il d'un nouveau Bouvines pour refonder la nation française. Mais ce Philippe est plus près de Philippe VI, et c'est Crécy qui l'attend. Le 13 février 1999, devant 1200 cadres du RPR, Eric Raoult raconte qu'il a pris la parole pour la première fois en public vingt ans plus tôt, juste avant les européennes de 1979 – funestes, déjà, pour les gaullistes : « Philippe Séguin venait d'être élu député des Vosges et Nicolas Sarkozy achevait son service militaire. » Puis il ajoute : « En cette veille de Saint-Valentin, je dis : "Oh ! oui, Philippe, fais-nous aimer l'Europe. Avec Chirac au cœur et Séguin... en tête !" » Dans la salle, un séguiniste regarde son chef et cite Molière : « Mais que diable va-t-il faire dans cette galère ? » Le surlendemain, Séguin reçoit Brice Hortefeux, venu lui « vendre » quelques idées de communication : « Nous sommes la liste raisonnable, celle qui défend Chirac, contre les diviseurs. Attaquons en les mêlant Bayrou, Pasqua, Millon, de Villiers. Jusqu'au 28 février, on peut acheter de l'espace publicitaire. » Mais Séguin ne l'écoute pas. Le 25 février, il envoie une lettre glacée à Bayrou, qui met un terme aux esquisses de propositions de tentatives de rencontres de négociations. Le lendemain, il réunit les journalistes pour s'amuser un peu, dans un salon de la rue de Lille, au cinquième étage, où trône un grand cactus. Séguin en est un autre, qui réserve ses piquants du jour à François Bayrou : « Ce n'est pas moi qui ai cassé l'UDF. Il y a des gens qui cassent tout ce qu'ils touchent, même leur département... Bayrou est allé chercher un petit succès local en Rhône-Alpes... Avec de grandes manifs contre l'extrême droite, on se fait plaisir mais on fait monter le FN. Seulement, pour comprendre cela, il faut enchaîner deux idées et être sincère, deux conditions difficiles à remplir, surtout simultanément. » Et Séguin s'esclaffe en de gros nuages de Gitane qui avalent les croissants, avant de poursuivre son exposé sur sa campagne à venir, en un lapsus dont il ne se rend même pas compte : « Tous les cinq ans, il y a une élection présidentielle (...) Je suis pour une Europe fédérative, mais pas fédérale. La différence ? L'Europe fédérative est péri-fédérale et gaullo-compatible. » Et une nouvelle avalanche de Gitane dévore les derniers croissants... La campagne de Philippe Séguin est placée sous le signe de la fumée.

Ex

« Je suis venu en 1997 parce qu'il y avait la merde. Et on m'a sabordé ma campagne des européennes comme on m'a sabordé mes Assises. » Deux mois après avoir démissionné de la présidence du RPR et déserté l'élection au Parlement de Strasbourg, Séguin ne regrette rien, tandis qu'un soleil d'après-midi vient lécher le bric-à-brac encore emballé qu'il a fait transporter de la rue de Lille au Palais-Bourbon. Le 15 avril 1999, dans son bureau de patron gaulliste, Séguin éructe : une dépêche de l'AFP, annonçant une interview de Bernard Pons à paraître dans *Valeurs Actuelles*, lui cause, selon ses proches, « un véritable coup de sang ». Le président de l'Association des amis de Jacques Chirac considère qu'au soir du 13 juin, les voix des listes Séguin, Pasqua et Bayrou seront à rassembler au sein du total de la majorité présidentielle. « Calme-toi, plaide Karoutchi. Pons a déjà dit cela. » Séguin est particulièrement mal disposé à l'égard de Pons : en 1988, c'est lui qui l'a battu pour la présidence du groupe gaulliste, l'emportant d'une seule voix. Or il fut évoqué que de faux pouvoirs avaient été rédigés pour des députés absents au moment du vote : les partisans de Séguin lui suggérèrent de porter l'affaire en justice, mais Séguin préféra une vengeance plus froide, qui ne se présenta jamais. Depuis l'été de 1998, Séguin réclame de plus à l'Elysée la dissolution de l'Association des amis de Jacques Chirac : « Ils ont recyclé des types qu'on a virés après les régionales et Pons a mis le feu à la mairie de Paris avec Toubon. » Pour Séguin, ce nouveau croc-en-jambe de Pons est téléguidé : il vient de Chirac. « Non seulement il ne me soutient pas, mais il trouve légitime de voter ailleurs. » Il appelle immédiatement Bertrand Landrieu et exige un communiqué de l'Elysée démentant les propos de Pons. Le jour même, le directeur de cabinet du Président a déjeuné avec un séguiniste, François Fillon, et la conversation n'a tourné qu'autour d'un seul sujet, qui obnubile l'Elysée : quelle initiative doit prendre Chirac après le scrutin du 13 juin ? A 16 heures, le président du RPR prend son cartable et quitte son bureau : « Je pars », lance-t-il à ses collaborateurs. Landrieu rappelle Karoutchi : « On n'a pas à faire un tel communiqué, mais j'espère un geste de Chirac, qu'il appelle Séguin chez lui. »

Le vendredi 16 avril au matin, Karoutchi regarde discrètement par la porte grande ouverte du bureau de Philippe Séguin : il est installé derrière son bureau, serein. « C'est calmé », se dit Karoutchi, qui rejoint le sien. Un quart d'heure plus tard, Séguin flâne dans les couloirs, parlant de tout et de rien avec ses collaborateurs. « Vous avez eu le Président ? » finit par lui demander Karoutchi. « Non, répond Séguin, personne, pas de réaction. Tant pis pour eux, il y en aura une de ma part. » Et il retourne s'enfermer dans son bureau. Karoutchi appelle Landrieu : « Ça ne va pas traîner, on a un drame dans la matinée, il va se casser. Mais c'est peut-être ce que vous cherchez ? » Puis il joint Nicolas Sarkozy, retenu à des obsèques, et François Fillon, en réunion dans son conseil régional. Tous deux croient que c'est une crise supplémentaire, qui ne va pas durer : depuis Noël, c'est la quatrième fois que Séguin menace de tout plaquer. Il obtient donc l'intérêt limité de celui qui crie au loup après avoir berné plusieurs fois la vallée, sauf qu'ici, le berger est soulagé de se faire dévorer – il est même son propre loup ! « Tout de même, se souvient Fillon, je sentais monter une crise depuis deux ou trois semaines. Séguin était tellement malheureux. Un matin, dans une rencontre avec des pêcheurs, à 7 heures du matin, il prenait des notes sans répondre à une seule question. J'ai dû le faire à sa place, car je craignais que les choses ne tournent mal. J'ai donc essayé de l'appeler le 16 au matin, mais il a refusé de me prendre. » Karoutchi décide de ruser, et envoie une secrétaire en éclaireuse : « Jacqueline, que fait-il ? » « Je ne sais pas. » « Allez lui porter des journaux, n'importe quoi, et regardez. » Jacqueline s'exécute : « Il écrit à la main. » Karoutchi sent l'odeur du communiqué de démission : « S'il vous donne quelque chose à taper, vous me le montrez et vous ne l'envoyez nulle part. » Une demi-heure après, Jacqueline vient voir Roger : « Il ne m'a pas donné de texte à taper, mais je lui ai passé Myriam Lévy, de l'AFP, il y a dix minutes. » Karoutchi décide d'en avoir le cœur net : il se dirige vers le bureau de Séguin, mais celui-ci en sort, son cartable à la main. « C'est fait », lui dit le président du RPR avant d'entrer dans l'ascenseur – il ne remettra jamais les pieds rue de Lille. Il a lu et faxé à l'AFP son texte manuscrit, qui est toujours sur son bureau, bien net, recopié le matin même à partir de brouillons rédigés la veille. Karoutchi appelle l'AFP : « Combien de temps tu me laisses ? » « Sur un truc pareil, répond le responsable, cinq minutes, pas plus. » Karoutchi appelle Landrieu, lui lit le communiqué et ajoute : « J'ai cinq minutes. » « Que veux-tu qu'on fasse ? répond Landrieu. Je ne sais même pas si le Président est là. » La dépêche tombe sur les téléscripteurs.

En matière de démission, Philippe Séguin a des lettres. Le début de sa missive, après un rappel des motifs, imite l'expression employée par de Gaulle quittant l'Elysée en avril 1969 : « Ma démission de mes fonctions et le retrait de ma candidature à ces élections prennent effet immédiatement. » La fin de son communiqué recycle la formule utilisée par Chirac démissionnant de Matignon en 1976 : « Je suis aujourd'hui privé des moyens nécessaires pour conduire mon action. » Et il ajoute : « J'évolue dans un contexte où la loyauté, la clarté et la transparence ne sont pas des vertus cardinales. » Philippe Séguin en a eu assez de la fumée; après s'être vautré dans la campagne européenne, il s'est lassé de ce bain-là. Jacques Chirac a fait irruption dans le bureau de Dominique de Villepin, où sont réunis une poignée de membres du cabinet élyséen : « Philippe Séguin a démissionné. » Le Chef de l'Etat se laisse tomber dans un fauteuil, abasourdi : « Il n'a pas semblé catastrophé – il ne l'est jamais – mais quand même terriblement surpris, et très emmerdé », raconte un témoin. « Je l'ai eu au téléphone hier après-midi, raconte le Président. Il m'a dit : "J'arrête tout, je démissionne." Mais il a tellement démissionné ; je n'ai pas senti un ton différent, plus alarmant que lors des autres démissions. » Les conseillers sont interloqués : « Il gagnait un point par semaine dans les sondages », dit l'un. « Il revenait d'un voyage très réussi à la Réunion et à Mayotte, poursuit un autre, où il avait emporté un de vos vieux discours pour être dans la ligne. Et d'un voyage en Martinique, un peu moins réussi il est vrai : il s'est endormi à table lors du dîner des chefs d'entreprise locaux. » « Qu'est-ce qui peut se passer maintenant ? interroge Chirac. Comment s'en relever ? » Le Président trouve la dépêche très dure, et passe une demi-heure à s'en remettre ; puis il décide qu'il faut sauver l'union de l'opposition puisque Séguin, qui l'empêchait, n'est plus là. Mais il est trop tard : Bayrou ne renoncera pas à sa propre liste.

Quand il apprend que la démission de Séguin est publique, François Fillon est en réunion avec les élus de la Mayenne pour débattre du contrat de plan Etat-région. Il se saisit de l'étiquette à son nom posée devant lui, la retourne et écrit la nouvelle au dos, pour la faire passer à Roselyne Bachelot, installée quelques sièges plus loin ; le principal lieutenant de Séguin ajoute une ligne : « C'est la fin du RPR. » Quatre mois plus tard, il sera candidat – malheureux – à la succession de Séguin à la présidence d'un RPR moribond mais pas tout à fait fini... En apprenant la nouvelle, Bayrou philosophe : « Nicolas Sarkozy et Alain Madelin ont tué Séguin par personne interposée, et cette personne, c'est Chirac. » Chez Pasqua, on plaisante plutôt : « Séguin est un boursicoteur, un agioteur, lance Marie-France Garaud. Il a spéculé sur les européennes parce que c'est la prochaine occasion et, quand il a vu qu'il n'y avait pas de profit à réaliser, il a renoncé. » Valéry

Giscard d'Estaing, lui, se contente d'un mot : « Il a raison. » Une étrange proximité, cimentée d'antichiraquisme, anime les relations entre Séguin et l'ancien Président de la République. En 1989, quand VGE propose de créer un intergroupe de l'opposition à l'Assemblée, Alain Juppé et Bernard Pons déclinent l'offre, mais Séguin, publiquement, déclare : « La proposition du Président Giscard d'Estaing est à la fois sage et audacieuse. » Plus tard, quand Giscard exige dans *L'Express* que l'euro soit fixé à sept francs, par souci de simplicité, Séguin arrive radieux au déjeuner du groupe Condition humaine. Giscard l'a d'ailleurs consulté avant d'écrire ce texte, comme il l'avait appelé avant de déclarer, en décembre 1995, qu'il ne fallait pas être trop strict sur les critères de Maastricht. Quand Giscard veut surprendre, il fait du Séguin, et ça marche ; quand Séguin fait du Giscard, en revanche, ça ne fonctionne pas... Or, le 16 avril 1999, les deux hommes ont rendez-vous. Brice Hortefeux, qui pratique VGE au conseil régional d'Auvergne, l'a prévenu la veille à 17 heures : « Président, il y a de la tension entre Séguin et l'Elysée, mais je n'ai pas tous les éléments. » « Tâchez de voir et de me rappeler avant 19 h 30, répond Giscard, car ensuite je suis au dîner des anciens de l'X. » A 19 heures, Hortefeux n'en sait guère plus : « Séguin a disparu, que va-t-il faire ? » Puis il supplie la plus proche collaboratrice de Séguin, Carole Payen, de se renseigner : Séguin ira-t-il au domicile de Giscard d'Estaing, rue de Bénouville, le lendemain matin ? A 9 heures du matin le vendredi, Hortefeux peut le confirmer à Christine de Veyrac, qui travaille avec Giscard : Séguin ne viendra pas, Séguin ne viendra plus. » Mais Giscard ne s'en offusque pas : entre ex...

Minuit

Séguin ne réapparaît que le mardi 20 avril, à l'Assemblée, serein et ravi. À Karoutchi, il glisse, un rien gêné par l'embarras causé : « Voilà, c'est comme ça. » Et il ajoute : « J'ai été au cinéma. » Le lendemain, profitant de l'anniversaire de Séguin, Nicolas Baverez décide de se réconcilier avec son ancien patron en lui téléphonant après cette démission salutaire : « Le prétexte n'est pas glorieux, le texte n'est pas très bon, mais il n'était que temps, bravo », dit-il pour clore vingt mois de brouille. Nicolas Dupont-Aignan, néo-pasquaïen, vient lui aussi souhaiter bon anniversaire à Séguin : « Vous ne m'en voulez pas trop ? » lui demande celui qui l'a congédié de la direction du parti. « Mais non », rétorque son disciple. Enfin, recevant Roselyne Bachelot dans son nouveau bureau de simple député, Séguin l'embrasse et lui dit : « Surtout, ne change jamais ! » « Je ne lui ai pas retourné le compliment », glousse Roselyne Bachelot. « Durant deux ou trois semaines, il a été ainsi, ravi, rayonnant, soulagé dans son bureau de l'Assemblée, témoigne François Fillon. Puis il y a eu un tassement. Il se retrouvait sans secrétaire particulière, sans les dépêches de l'AFP. Alors on lui a fait installer des ordinateurs, il s'est remis à téléphoner, à écrire. » Un matin, un député socialiste boit un café à la terrasse du Bourbon, une brasserie qui fait face à l'Assemblée nationale ; soudain, il voit Séguin ouvrir une fenêtre et se pencher. Le député alerte son voisin : « Putain ! Séguin va se suicider ! » Mais Séguin n'entend pas se suicider : il regarde la place du Palais-Bourbon, la rue de Bourgogne et le mois de mai qui va. Séguin ne déprime pas, Séguin s'ennuie.

Sur son bureau, il a posé des objets familiers : une maquette d'un émetteur de la télévision chinoise, un petit buste antique, un Footix – la mascotte de la Coupe du Monde de football – en cristal, un mini saint-bernard, une matriochka. Sur la pile des cartons transférés de la rue de Lille, Séguin a installé une crosse de hockey sur glace, un sabre offert par le député Christian Cabal, avec l'inscription « Pour défendre nos valeurs républicaines » gravée sur la lame, une boîte du jeu Trivial Pursuit spécial Coupe du Monde. Sur les meubles sont exposées des photos du couple royal d'Espagne et de la Reine d'Angleterre, à la poignée de la porte du bureau est nonchalamment accroché un maillot de la Juventus de Turin portant son nom. Et puis, devant lui sur son écritoire, Séguin a placé un indice précieux pour déchiffrer son avenir : un petit drapeau du Québec. Il a en effet accepté de donner à partir de septembre un cycle de conférences à l'Université de Montréal. Sa traversée du désert est une traversée d'océan; Québec, c'est une Sainte-Hélène climatisée. C'est aussi un exil tellement gaullien, et le meilleur endroit pour regarder la France, à travers le prisme de ce souverainisme que Séguin n'a pas su incarner dans son pays. Car Séguin n'oublie pas la France.

Dès l'été, il s'intéresse à la mairie de Paris. Avec Pierre Lellouche, il jette les bases de sa stratégie. A François Cornut-Gentille, qui l'incite par une note écrite à ne pas se lancer dans ce combat, il réplique : « Qu'est-ce que c'est que ça? Il me donne des conseils ? » A la fin du mois de décembre de 1999, une rencontre secrète est organisée, chez Lellouche, entre Philippe Séguin et Bernard Bled, le principal lieutenant de Jean Tiberi et le meilleur connaisseur de l'administration parisienne. « Tu ne vas pas rester jusqu'au bout dans le bunker de Berchtesgaden avec Tiberi ? » lui demande Lellouche. Bled regarde Séguin et lui dit : « Moi, dans les bunkers, je creuse des tunnels. » Le 21 avril 2000, pour ses 57 ans, Séguin découpe au milieu de ses partisans un gâteau en forme de Paris, surmonté de figurines représentant les monuments de la capitale. Puis il traverse solidement les primaires internes au mouvement gaulliste, une désignation et non une élection, en fait un simulacre de sélection destiné à l'investir. A l'Elysée, on plaisante : « Séguin est un candidat d'arrière-pensée, Tiberi un candidat d'arrière-garde, Balladur un candidat d'arrière-ban et Panafieu une candidate d'arrière-train. » Mais l'Elysée ne devrait pas rire : avec la municipale se poursuit le face-à-face Séguin-Chirac. Avec le combat gaulliste pour sauver Paris, Séguin trouve enfin une solution pour incarner cette autonomie dans la fidélité qui fut l'illusion majeure de sa présidence du RPR. Paris, c'est un moyen de quitter Chirac sans le quitter : il dénonce les prébendes et le système tout en sauvant Chirac s'il gagne Paris. « Ah, si Chirac m'appelle et me dit : "C'est la mairie de Paris contre votre soutien en 2002..." » confie alors Séguin. Paris vaut bien une laisse : Séguin est peut-être sincère dans cette nouvelle allégeance, acceptant de n'être pas Connétable de Bourbon s'il est Comte de Paris. Quand le Président le reçoit pour parler de cette candidature, le 1er avril 2000, l'Elysée précise que c'est à la demande de Séguin, craignant sans doute que le nouveau candidat ne distille un poison d'avril... Sauveur de la capitale, il deviendrait aussitôt l'homme providentiel de la droite, le héros des causes perdues. A la moindre faiblesse de Chirac, relents d'affaires, effets de l'âge ou vicissitude politique, le maire de Paris est un recours, Séguin est un secours. Et si Chirac tient jusqu'à 2002 mais échoue à la présidentielle, seul Séguin, de la fenêtre de l'Hôtel de Ville où de Gaulle apparut en août 1944, émergera des ruines de la droite, incontestable meneur des éclopés durant le quinquennat Jospin. La guerre sous-marine continue, à torpilles mouchetées... Le 14 juillet 2000, écoutant dans un salon de l'Elysée l'intervention du

Président, Séguin boude. Jérôme Monod, qui vient alors de rejoindre Jacques Chirac comme conseiller personnel, interroge Séguin : « Que penses-tu de ce qu'il a dit sur la Constitution européenne ? » « Je m'en fous. Sur Paris, je n'ai pas été servi. »

Avec Paris, Séguin s'est redonné une cause. Mais il lui reste à rebâtir sa pensée, tant le séguinisme est sorti exsangue de ses deux années à la tête du gaullisme. Dans un premier temps, il se préoccupe surtout d'être une vedette des médias : lui qui se voulait avare de paroles comme président du RPR, devient bavard comme militant de base. Il est ainsi l'invité de Michel Field, sur TF1, pour la dernière édition de Public, le 27 juin 1999, et inaugure par une interview la nouvelle formule de *France-Soir*, le 9 septembre suivant, avec un million d'exemplaires vendus 1 franc pièce. Séguin est omniprésent, mais la qualité n'est pas toujours au rendez-vous : invité de Michel Drucker, sur France 2, il converse d'éjaculation précoce avec le télé-psy Gérard Miller, écrasant à l'Audimat Michèle Alliot-Marie, qui parle gaullisme sur TF1. Quelques mois plus tard, il pose dans *Paris-Match* avec un chien ridicule, et se prête à un quizz stupide et pipé devant Karl Zéro. Bref, Séguin participe à la décadence de la politique qu'il dénonce. Mais il pense quand même. Il rédige un livre pour enfants, *Qu'est-ce que la politique ?*, où il donne l'impression de se poser à lui-même les questions de base de sa vocation, de reprendre de zéro sa réflexion. Au Québec ou à Paris, Séguin devient son propre élève. Il réfléchit sur la société post-démocratique, prédit l'avènement d'un néo-despotisme éclairé si la politique ne se redresse pas. « Nous sommes en train de dépasser le stade de la technocratie, confie-t-il au *Figaro*. Voilà en effet le politique qui organise lui-même sa dépossession, en inventant l'"ad-hocratie", pour reprendre la juste formule de mon successeur à l'Assemblée. » « La seule chance de survie de la démocratie, affirme-t-il, c'est le retour des partis et de leur pédagogie. » En 1988, il avait déclaré : « Pour les gaullistes, les temps sont pires que difficiles : ils sont ambigus. » Douze ans et tant d'échecs plus loin, les temps ne leur sont pas plus limpides, et Séguin en personne a contribué à les obscurcir. Minuit dans le siècle sonne pour le gaullisme. Quelle aube peut donc tisser Philippe Séguin ?

Le 6 avril 2000, il tient une conférence, boulevard Saint-Germain, devant le club du Luxembourg, un cercle de réflexion politique animé par le centriste Jean-Dominique Giuliani. Réservé pour l'occasion, l'amphithéâtre de la Société de géographie est jaune et triste, avec deux colonnes noires laquées en cariatides et une plaque de marbre qui rappelle que l'impératrice Eugénie et Ferdinand de Lesseps comptent parmi les premiers donateurs. Dans ce lieu marqué par le Second Empire, Séguin doit se sentir chez lui ; il a aussi choisi son thème : « Faire de la politique autrement. » « La politique n'a aucun sens, aucune légitimité, n'obéit à aucune éthique si elle ne débouche sur du concret, des orientations, sur des décisions. Si elle se résume à la glorification d'une "méthode" de gouvernement, (...) alors la vie d'une démocratie n'est plus qu'un théâtre d'ombres dont les acteurs sont morts sans même l'avoir compris. Je serais tenté de dire que le fondement même de l'éthique, en politique, c'est l'action. Sans l'action, il n'y a rien, sinon de misérables enjeux individuels. » Après « l'attitude » et « la méthode », voilà « l'action », chaînon manquant du séguinisme. L'attitude ne lui a rien rapporté jusqu'à 1997, la méthode a tourné à vide les deux années suivantes : Séguin a compris. Saura-t-il agir ? Une hôtesse apporte des bouteilles d'Evian, que Giuliani, soucieux d'épargner la susceptibilité de son invité vosgien, fait remplacer discrètement par des bouteilles de Vittel. Suivent des questions sur Paris, faussement spontanées, auxquelles Séguin répond en consultant des fiches. Il ne connaît rien à Paris, il ne s'intéresse pas aux Parisiens : il s'engage dans ce combat capital(e) pour l'avenir de la politique et le sort de la République. Après sa conférence, il va boire un verre avec ses partisans au premier étage du Café de Flore. Sur le boulevard Saint-Germain, il avance lentement, comme un cachalot, poussant devant lui une vague de photographes et de caméras. Il passe dix minutes au Flore, puis rentre chez lui : il ne faut pas manquer le début d'Arsenal-Lens à la télévision. Philippe Séguin a-t-il changé ?

Nicolas Sarkozy

Désert climatisé

En ce début des années 1970 se tient, avenue de Wagram, une petite pizzeria tranquille, à deux pas du Cours Saint-Louis de Monceau. Chaque jeudi, Paul Sarközy de Nagy-Bocsa, publicitaire, y déjeune en compagnie de ses trois fils : Guillaume, Francis et Nicolas. Entre la tomate-mozzarella et les spaghettis, il confie un jour à sa progéniture : « Mes enfants, il vous faut aller aux Etats-Unis. Là-bas, un Kissinger peut faire carrière, le nom ne compte pas. Ici, un Sarközy ne deviendra jamais Président de la République. » Au bout de la table, Nicolas s'arrête de manger : voilà la pizza Rosebud. Trente ans plus tard, en effet, il se souvient encore du conseil paternel; il est resté en France et il espère bien devenir un jour Président de la République. Entre-temps, il s'est délesté de sa particule, de la rallonge hongroise de son patronyme et même de cet insolite tréma sur le « o » de son nom. En revanche, Nicolas Sarkozy a appris à mettre les points sur les *i*. Et son ambition a grandi au fur et à mesure que diminuait son nom. En 1993, « pizza de Proust », le souvenir du déjeuner du jeudi lui apporte une première fois les délices de la réminiscence. Nommé ministre du Budget dans le gouvernement d'Edouard Balladur, Nicolas Sarkozy voit la fierté sur le visage paternel : « C'était important pour lui. » A l'occasion d'un voyage officiel en Hongrie, le jeune ministre emmène son père à Budapest, et lui permet de rencontrer le Premier ministre magyar. Plus tard, Paul Sarközy fête ses soixante-dix ans sur sa terre natale, qu'il quitta en 1949 caché sous un train. Nicolas est présent, la famille est au grand complet, et, s'il n'y a pas de pizza au menu, le rêve américain n'est plus de mise non plus : patrie des ancêtres et terre d'asile suffisent aux épanouissements dynastiques.

« Rien n'est jamais perdu, rien n'est jamais acquis », a choisi pour devise le maire de Neuilly. De la fragilité des choses, il a fait un viatique de carrière, et trace son destin comme un scénario. Pour Nicolas Sarkozy, la politique en France impose ses figures : il faut des victoires empanachées d'audace, des heures vides où l'on a raison contre tous, de splendides désastres et des résurrections. Austerlitz est sa bataille préférée, mais les soleils politiques dont il se tanne le cuir ne sont pas tous glorieux. Prendre à l'abordage la mairie de Neuilly, en 1983, ou mener comme une frégate lance-missiles, dix ans plus tard, le ministère du Budget, lui ont moins enseigné que vivre le naufrage balladurien en 1995 ou traverser en Robinson les élections européennes de 1999. Sarkozy l'a lu : il faut souffrir pour grandir. De Gaulle obscur militaire des années 30, Mitterrand politicard honni au début de la Vᵉ République, Chirac abandonné des siens de 1993 à 1995 lui ont appris qu'aucun destin ne se forge à froid. Garçon organisé, Nicolas Sarkozy met donc en scène ses malheurs.

Il a de la chance : l'effondrement d'Edouard Balladur en 1995 est une catastrophe de première classe, un *Titanic* politique. S'être trompé à ce point sur la nature du peuple, être aussi peu en phase avec le pays réel devrait convaincre l'avocat Sarkozy de retourner dans les prétoires ou de marcher sur les traces du frère aîné, patron prospère. Mais le raisonnement est inverse : avoir tout faux fait office de diplôme pour les ambitieux, cela pose le zéro absolu et dégage l'horizon de la conquête. En 1995, méprisé par la France, haï par les gaullistes, Nicolas Sarkozy subit une cure d'opprobre. De la tentation de la purge aux simulacres de réconciliation, les chiraquiens invitent Sarkozy au festival des crachats. « Le plus humiliant, précise-t-il, c'était ma propre connerie. Je me disais : "Comment as-tu pu te tromper pareillement?" » La différence entre un être humain et l'homo politicus est ici : chez le premier, l'humiliation produit surtout de la honte ; chez le second, elle n'engendre que de la haine, ce carburant de la revanche. Donc, Sarkozy hait. Pas Chirac, dont il sait avoir besoin pour demain, à qui il ne doit rien pour hier et qu'il connaît désormais. Les fils indignes ne sont pas toujours fils prodigues, mais les fils prodigues commencent tous par une tentative de parricide. Sarkozy et Chirac sont sur le même chemin. En fait, Nicolas Sarkozy hait... Edouard Balladur. Pour avoir perdu, pour avoir manqué l'immanquable, pour avoir chuté sur un détail : le peuple. L'anémie démocratique d'Edouard Balladur coûte Matignon à Nicolas Sarkozy, Nicolas Sarkozy va organiser l'agonie politique d'Edouard Balladur. Association pour la réforme, rencontres incessantes, petits déjeuners de parlementaires sont, de 1995 à 1997, autant de parodies de continuité, autant de captation d'héritage. Trahir ne peut, servir ne veut, Sarkozy récupère. Gardien en chef des décombres balladuriens, il passe deux ans à rassembler des pierres pour les fondations de son propre édifice. Recevant un éditeur à la mairie de Neuilly, il s'interrompt pour prendre Edouard Balladur au téléphone ; en fait, il veut montrer à son visiteur quel cas il fait de l'ancien Premier ministre : il pose le combiné sur le bureau, laissant Balladur parler dans le vide, et se penche de temps à autre sur l'appareil pour glisser un onctueux : « Oui, monsieur le Premier ministre. » La mesquinerie est l'écume de la haine.

En juillet 1996, les balladuriens se retrouvent à Chamonix, où leur mentor déguste ses villégiatures. Nicolas Sarkozy arrive la veille de la rencontre, ainsi que François Léotard, et les deux hommes profitent de la fraîcheur de l'aube, le lendemain, pour marcher une heure quinze au long du Chemin des Bourses. L'après-midi, le gros de la troupe prend le télésiège des Posettes pour se rendre au Col de la Croix de Fer, où le regard plonge vers la Suisse. Simone Veil, empaquetée dans un épais tailleur, tient ferme son sac à main, tandis qu'une escouade de parlementaires s'égrène au long du câble. Nicolas Sarkozy s'abandonne à quelques confidences : « Nous venons pour rompre l'isolement d'Edouard. L'avenir du balladurisme, c'est exister après Balladur, c'est l'après-Balladur. » Tout est dit : Sarkozy travaille pour Sarkozy. « Les balladuriens forment une amicale, pas un courant, ajoute le député Georges Tron. Sarkozy veut qu'on monte en puissance, qu'on se démarque des chiraquiens. » Peu après, Sarkozy harangue ses troupes : « Il y a deux sortes de députés : ceux qui s'opposent et qui existent ; ceux qui votent tout, et on s'essuie les pieds sur leur tête. » Devant lui, une soixantaine de parlementaires, tous aspergés de doléances quand ils regagnent leur circonscription, n'en croient pas leurs oreilles.

Nicolas Sarkozy est donc contraint par le destin à une traversée du désert, mais le sable est climatisé. Honneurs, médias, voyages : de 1995 à 1997, il a tous les attributs du pouvoir, sauf le pouvoir. C'est pourquoi il décide de revenir au gouvernement, en novembre 1996, lors d'un remaniement que l'état du gouvernement Juppé rend indispensable. Balladur n'a pas su lui offrir Matignon, mais voilà Chirac obligé de lui proposer Bercy. Pasqua, Léotard et lui-même vont entrer en sauveurs dans une équipe à bout de souffle, effaçant 1995. Balladur aura perdu la présidentielle, pas lui. Mais Alain Juppé ne remanie pas son gouvernement et, quelques mois plus tard, plutôt que de changer de Premier ministre, Jacques Chirac préfère saborder sa majorité. Puisqu'il ne peut retrouver les palais de la République, Nicolas Sarkozy change de ruines, quittant celles du balladurisme pour investir celles du RPR tout entier.

L'a-gaulliste

L'immeuble était maudit. Après un restaurant rapidement en faillite et quelques boutiques éphémères, le bâtiment proche des Champs-Elysées accueille en mai 1997 le PC de campagne de la majorité sortante. Le dimanche 1er juin au soir, transis par la défaite, les hérauts de la droite désertent les lieux; Patrick Stefanini, battu lui aussi dans le XVIIIe arrondissement de Paris, s'apprête, peu après 20 heures, à rejoindre les journalistes qui ont investi le hall. Mais Nicolas Sarkozy, élu dès le premier tour à Neuilly, est déjà là, qui accapare micros et caméras : « Ce ne sont pas nos idées qui ont été battues, c'est la manière dont elles ont été défendues. » Quatre années tiennent en cette phrase. Les deux écoulées, puisqu'il s'agit là d'une épitaphe pour le tombeau d'Alain Juppé, et les deux à venir, puisque Nicolas Sarkozy a décidé de défendre désormais en première ligne les idées de son camp. Deux ans plus tard, au soir de son fiasco aux élections européennes, nul n'aura l'esprit de lui retourner cette sentence, pourtant aussi juste le 13 juin 1999 que le 1er juin 1997. A l'aube du gouvernement Jospin, Sarkozy se met au goût du jour : il veut bien cohabiter avec n'importe qui, pourvu qu'il soit dans l'équipe dirigeante. La cohérence idéologique d'un tandem avec Juppé lui convient aussi bien que l'addition des contraires d'un attelage avec Séguin, formule finalement issue de la journée des gaullistes dupes, le mardi 3 juin.

Le 6 juillet, venu chercher en des assises extraordinaires l'adoubement des militants, Nicolas Sarkozy est accueilli par des sifflets, comme si l'écho de 1995 n'était pas encore assoupi. « Je me lève, je suis sifflé, je m'assois, je suis sifflé : cette bronca est le résumé des erreurs commises de 1995 à 1997. » Il n'oubliera pas cet affront qui entache son retour comme il avait sali sa repentance, lors du meeting balladuro-chiraquien de Bagatelle, entre les deux tours de la présidentielle. Pour Sarkozy, la sortie du désert ressemble à son entrée : après comme avant le sable, il lui faut patauger dans la boue. Il gardera de cette journée les photos, publiées par la presse, des pancartes brandies à son intention : « Sarko salaud ! » Puisque les militants le détestent, Sarkozy décide de partir à la conquête des militants. Lors du déjeuner des assises, il quitte les officiels pour naviguer au milieu des tables organisées par fédérations. Au tour de salle à manger succède vite un tour de France, qui durera deux années. Le troisième étage de la rue de Lille, où il s'installe comme « coordonnateur », devient une agence de voyages. Dans le courant de l'automne, chaque circonscription est sommée d'organiser trois réunions : une sur le rôle du RPR, une sur le rôle de l'opposition, une sur la France. Et les *missi dominici* de Sarkozy en profitent pour « vendre » leur patron, qui investit le terrain sans relâche, plonge dans les entrailles du mouvement. La base reconnaît son talent, accepte son autorité, mais ne lui offre pas d'amour, aucune affection.

Jusqu'à 1993, les militants du RPR ont aimé Nicolas Sarkozy parce que Jacques Chirac l'aimait. Puis ils l'ont détesté parce que Brutus est détestable, même si César est un tyran et même si les conjurés ratent leur coup. Ils pourront craindre Sarkozy, lui obéir, l'admirer, mais jamais plus ils ne l'aimeront. Tous les Canossa du monde n'y feront rien. Tintin et Astérix sont ses héros, aime-t-il confier, mais, pour les membres du RPR, il est et demeure Iago. Rien n'y fait, il est marqué au fer rouge de la trahison. Installé en copilote du RPR avec Philippe Séguin, Nicolas Sarkozy se réconcilie ensuite avec Jacques Chirac, et croit ainsi effacer sa déloyauté de 1995. Il oublie qu'un traître repenti, cela ne fait pas un homme loyal, mais deux traîtres. Sarkozy lui-même s'en amuse : à des députés de l'UDF, brièvement conjurés au lendemain des régionales de 1998 pour former un grand parti de droite, il réplique : « J'ai déjà trahi une fois, je vais peut-être attendre un peu avant de recommencer. » Mais les militants ne s'amusent pas, ils détestent. Le fils du député séguiniste Jean de Boishue, animateur du Rassemblement pour une autre politique, compose peu après 1995 un poème contre Sarkozy : trois couplets sont censurés une heure avant que lecture publique ne soit faite du libelle.

Pour expliquer cette acrimonie, Sarkozy arrête après les Assises de juillet 1997 un postulat commode : « La salle m'a sifflé parce qu'elle me ressemble. Je suis le plus représentatif des membres de la famille. » C'est faux. Nicolas Sarkozy n'est pas aimé des gaullistes parce qu'il n'est pas gaulliste. Libéralisme proclamé, respect limité pour l'Etat, indifférence à l'Histoire de France : sa pensée mouvante et sans racines est un a-gaullisme. Homme de droite, il a choisi le parti de droite le plus puissant pour défendre ses convictions et assouvir ses ambitions. Pour lui, la Croix de Lorraine n'est qu'une échelle, fort pratique avec sa double traverse – il a d'ailleurs suggéré un jour d'abandonner ce symbole désuet. « La véritable dimension du général de Gaulle n'a pas été atteinte dans sa vie politique mais dans sa carrière militaire », n'hésite-t-il pas à dire. Les vrais gaullistes sont des compagnons, Sarkozy n'aime que les clans. Les chiraquiens traquent en meute, comme les loups, Sarkozy chasse seul, tel un renard. C'est donc en étant fidèle à lui-même qu'il trahit le gaullisme, se comportant lui aussi en fossoyeur zélé. De l'œuvre du Général, il glorifie surtout l'élection du Président de la République au suffrage universel, c'est-à-dire le moyen disponible pour son destin, et non la fin méditée par de Gaulle pour le pays. Et encore : « N'est-ce pas un archaïsme que cette élection ? interroge-t-il. Se donner à un homme plus qu'à un projet, est-ce moderne ? L'homme dit à chacun ce que chacun veut entendre, comme de Gaulle avec l'Algérie. Le gaullisme s'est nourri des archaïsmes de la société. » Ses interrogations s'arrêtent là, car il a besoin de cette élection imparfaite pour s'accomplir. Nicolas Sarkozy a une certaine idée de lui-même à la tête de la France. A partir de l'été 1997, il lui consacre son talent, protéiforme, et son énergie, inépuisable.

Dans le hall du troisième étage de la rue de Lille, fief de Nicolas Sarkozy, une grande affiche attire l'œil : il s'agit d'une composition de 168 photographies de feuilles mortes. Rouges, jaunes ou brunes, elles composent une mélancolique mosaïque. Baptisée, comme il se doit, *L'Automne*, l'œuvre évoque plutôt, de 1997 à aujourd'hui, un comité politique du RPR. Plus loin dans le couloir, l'affiche officielle de l'ère Séguin est en bonne place : « Pour écrire ensemble une nouvelle page de notre histoire. » « La porte du bureau de Séguin est toujours ouverte, et il n'y a jamais personne qui vient le voir, décrit un apparatchik de la rue de Lille. Celle du bureau de Sarkozy est toujours fermée, parce qu'il est toujours en train de recevoir quelqu'un. » Cette grande pièce carrée ressemble au corpus intellectuel de son occupant : un bric-à-brac sans passé, une sédimentation fraîche de bibelots. Dans sa bibliothèque, le secrétaire général aligne les beaux livres qu'on lui offre, aux jaquettes si brillantes qu'elles avouent d'emblée que l'ouvrage n'a pas été lu. *La Réunion* et *La Nouvelle-Calédonie* voisinent avec *Le Port de Bordeaux vu par les peintres*, un gros catalogue du Musée de Quimper, un livre sur la Villa Roma Médici et un ouvrage sur Vélasquez, alors que Sarkozy, aussi éclectique que peu épris de peinture, aime surtout Cézanne, Canaletto, Picasso, Chagall et Dufy. Le reste de la décoration du bureau est à l'avenant, cadeaux que le chalut de sa carrière a rapportés dans ses mailles. Sur les murs, des dessins d'architecte étalent leurs pastels un peu flous, et laissent deviner, entre deux nuages de verdure stylisée, l'opulence grise d'immeubles bâtis à Neuilly. Le fanion de la Meurthe-et-Moselle, département dont les militants lui donnent du fil à retordre, pendouille d'une étagère, comme la langue d'un animal à l'agonie. Sur une autre, Sarkozy a placé bien en vue le Trophée du Trombinoscope, qui le distingua en 1993 comme Révélation politique de l'année. Allongé sur une table dans son coffret ouvert, un sabre courbe accueille les visiteurs : « Centre de formation de l'ETRAT, Nicolas Sarkozy. » Et puis il y a, sur les murs, plusieurs idées d'affiches que le RPR n'a pas retenues pour sa communication, et qui sont toutes inspirées par *Les Aventures d'Astérix le Gaulois*. Une seule, montrant une rituelle bagarre générale dans l'irréductible village, est diffusée après les législatives, pour rassurer les électeurs de droite sur la capacité de leurs chefs à cesser leurs zizanies. Devant l'émoi d'Albert Uderzo et des héritiers de René Goscinny, les placards disparaissent sans tarder. Derrière le fauteuil du secrétaire général, une affiche de la même série est accrochée dès le début du printemps de 1998, à quelques semaines de la Coupe du Monde : « *Gauloises, Gaulois, voici un pense-bête pour aider les bleus à mettre le feu* » ; suivent le texte de *La Marseillaise* et un slogan : « *RPR, fournisseur officiel du douzième homme.* » En fait, c'est un vingt-troisième joueur que le RPR a procuré à l'équipe de France de football, dès 1995, en l'installant à l'Elysée... Les Gaulois cabochards et généreux sont aussi présents sur le petit meuble près de la porte du bureau, où un dessin montre, mensurations obligent, Philippe Séguin sous les traits d'Obélix et Nicolas Sarkozy en réincarnation d'Astérix. Sur le menhir d'Obélix est inscrit le « R » que suggère, entre autres, la nouvelle direction, pour remplacer le RPR, mais Astérix semble sceptique : « *C'est pas un peu court, comme logo ?* » « *Euh...* » se contente de répondre le porteur.

Le taciturne et le tacticien

Ce n'est qu'un dessin, mais dans ses traits et ses phylactères se résume la problématique de cet impossible duo : Astérix et Obélix sont complémentaires et complices ; Sarkozy et Séguin ne sont que complémentaires. Le 23 avril 1999, dans l'hommage semi-funèbre qu'il rend à son président démissionnaire, à travers un éditorial hors série de *La Lettre de la Nation*, Nicolas Sarkozy le reconnaît : « Cela faisait vingt et un mois qu'avec Philippe Séguin nous formions un tandem. Celui-ci était complémentaire, certainement au sens que nous étions différents. » Une tournure de phrase bien confuse, pour une vérité bien simple : Séguin et Sarkozy n'ont rien en commun. Ni l'idéologie, tant l'un trouve dans le gaullisme l'élixir de ses ablutions sacrées quand l'autre n'y puise qu'un carburant pour sa pétrolette de carrière. Ni la stratégie, le premier cherchant à subjuguer le peuple en se tenant loin du monde, goguenard et morose à la fois, artiste de l'atrabilaire, tandis que le second fourmille dans l'instant, vibrionne sans relâche pour devenir indispensable, stakhanoviste de l'inusable. Ni, enfin, le caractère, la navrante cyclothymie de Séguin étant l'exact inverse de la séduction vitaminée de Sarkozy, les deux styles ne se rejoignant qu'en un point : ils fatiguent l'interlocuteur aussi vite l'un que l'autre. En politique, Séguin soupire, Sarkozy halète. Et chacun croit avoir convaincu l'auditeur quand il ne l'a qu'épuisé.

« Philippe Séguin, vous le connaissez, poursuit Sarkozy, le 23 avril, à l'adresse des militants orphelins. J'ai appris à le connaître. » Durant la campagne présidentielle de 1995, un océan sépare le cachalot chiraquien du piranha balladurien. Deux ans plus tard, les voilà dans le même étroit bocal d'eau glacée. « Philippe et moi, c'est un couple improbable, confie Sarkozy à l'automne de 1998, mais ça marche. Ce qu'il n'aime pas faire, je le fais. C'est plus facile qu'avec Juppé, même si je partage plus les idées de Juppé que celles de Séguin. Et puis Séguin n'a pas d'entourage ; celui de Juppé me tapait tout le temps dessus. » En fait, si les deux hommes sont complémentaires, c'est qu'ils sont incompatibles. D'accord sur rien, ils ne sont en rivalité sur rien. « Ma façon de lui dire qu'il reste mon ami, qu'il est mon ami, que nous avons besoin de lui, qu'il a toute sa place dans la famille gaulliste, c'est de m'abstenir de commenter les raisons qui ont été les siennes », enchaîne Sarkozy dans sa lettre du 23 avril. Cette retenue n'est que le prolongement des vingt et un mois de cohabitation. En deux ans, Sarkozy ne commente jamais ce que fait Séguin, sans doute parce qu'il ne comprend pas toujours les décisions du président du RPR. De la tentative pour changer le nom du mouvement à la création surprise de l'Alliance, il ne déroge pas à sa tactique : quand il désapprouve, il se tait ; quand il approuve, il récupère. Aucune déloyauté publique ne vient enfoncer un coin entre les deux hommes. « Philippe Séguin a-t-il été piqué par une mouche tsé-tsé ? », lance une militante en plein meeting, à l'automne de 1998. Sarkozy bondit, tels ces avocats d'autant plus zélés qu'ils savent leur client coupable, noyant l'évidente apathie de Séguin dans sa propre agitation : « Pendant les régionales, on a été seuls, Philippe et moi, à faire campagne au niveau national. Et l'affaire Juppé ? Séguin a été courageux, il fallait se le faire, le 20 heures sur les affaires. Et puis, comme il me le dit lui-même : “On est complémentaires, donc c'est normal que tu en fasses plus que moi.” » Le secrétaire général use même de la mauvaise foi la plus éhontée pour défendre la candidature de son président à la tête d'une liste unique pour les élections européennes de juin 1999 : « Son engagement personnel fait de lui le seul à pouvoir rassembler au-delà du seul camp des européens convaincus de toujours », écrit-il le 29 janvier 1999, oubliant que Séguin est le seul à ne pouvoir rassembler aucun des européens convaincus !

L'improbable couple avance cahin-caha dans l'actualité. Ils ne sont pas Laurel et Hardy, plutôt le duo de *Des souris et des hommes* de Steinbeck, où George essaye d'apprendre au massif Lennie à contrôler sa force. Mais Séguin ne brise pas le cou des chiots ni celui des femmes, il s'en prend à Jacques Chirac. Ou bien c'est la paire touchante de *Solitude de la pitié*, de Jean Giono, avec le puissant aveugle guidé par son frêle et rusé ami. « Nicolas décontracte Séguin, témoigne un confident du secrétaire général. Il n'y avait pas de coups tordus. » Le 28 janvier 1999, Nicolas Sarkozy fête ses 44 ans. Dans son bureau, le large gâteau au chocolat a déjà, en fin d'après-midi, subi les assauts ravageurs d'Eric Raoult, d'Amaury de Saint-Quentin ou de Brice Hortefeux, les fidèles du secrétaire général. Soudain, flâneur, Philippe Séguin pousse la porte, esquissant déjà une moue d'excuse pour le dérangement. « Entre, Philippe », lance Sarkozy, qui lui tend une assiette généreusement garnie. Philippe parle alors de football, entre deux bouchées : « Le meilleur buteur, c'est Trézéguet, mais Tigana l'a gâché. » Sarkozy lui tend une serviette en papier. « De toute façon, il nous faudra une Coupe du Monde tous les deux ans, ou alors on aura la super Ligue pour les clubs. » Sarkozy lui sert encore un peu de chocolat. « Aux Etats-Unis, il y a tous les jours du basket, du foot ou du base-ball à la télé. » Le gâteau est englouti, Philippe Séguin repart avec, sous le bras, un panier d'osier offert par son secrétaire général. Il n'a pas dit un mot de politique, tout le monde a été prévenant. Séguin disparu, les affaires sérieuses reprennent. « Philippe vient me voir de temps en temps, au troisième étage, parce qu'ici il n'y a jamais d'éclats de voix, susurre Sarkozy. Ça le rassure. »

Sarkozy rassure Séguin, mais le surveille aussi. Quand le président du RPR se lance dans son hasardeux référendum sur le nom du mouvement, son secrétaire général le laisse s'enliser, tout juste solidaire, attentif aux couardises des entourages. Quand Séguin, déjà, veut démissionner, il hausse le ton : « Je ne serai pas le secrétaire général de quelqu'un d'autre. » Et Séguin, en ce printemps 1998, porte Maillot, se contente alors devant les cadres du RPR d'un conditionnel alambiqué. « Je ne me mets jamais en travers de ses volontés », explique Sarkozy. Mais il pose les rails, ou, au moins, garde une main sur l'aiguillage et une sur le signal d'alarme. Il s'immisce même de temps à autre dans la relation entre Séguin et Chirac. Quand le Président de la République décide de remettre la Légion d'honneur aux joueurs de l'équipe de France de football, champions du monde, Dominique de Villepin invite Nicolas Sarkozy : « Vous devriez aussi y aller », suggère-t-il à Séguin. Et quand Séguin décide enfin d'être candidat à la présidence du RPR, à la fin de 1998, c'est l'équipe Sarkozy qui recueille les signatures de parrainage nécessaires. Au mois de mars précédent, l'entente cordiale entre les deux hommes est presque devenue connivence. Par trois fois, le standard de la rue de Lille a explosé sous les appels des militants sommant leur mouvement de s'allier avec le Front national dans les conseils régionaux. Séguin et Sarkozy tiennent bon face aux sirènes, quand tant d'élus sombrent autour d'eux. Devant les jeunes gaullistes, Séguin déclare : « J'ai mesuré ce qu'était un secrétaire général de la trempe de Nicolas Sarkozy. » Mais la confiance jamais ne devient complicité. Sarkozy n'entre pas dans l'intimité de Séguin : « Il est habitué aux sectes, pas moi, résume le maire de Neuilly. Je n'ai jamais assisté à des épisodes relevant de la psychiatrie. »

Pour échapper aux cyclones des humeurs séguinistes, Sarkozy trouve dès le début de leur association la solution : il ne sort jamais de la froide raison, bannit l'affectif de ses rapports avec le président du RPR et subordonne tout à son intérêt, non à ses opinions ou ses sentiments. Ainsi, le tacticien échappe au taciturne. Ainsi, l'égoïste jugule le caractériel. En janvier 1998, Philippe Séguin a imposé l'un de ses fidèles, Nicolas Dupont-Aignan, pour contrôler les Fédérations. Désavoué, Nicolas Sarkozy sape le travail du jeune responsable. « Quand on envoyait Dupont-Aignan dans une fédé, se moque un proche du secrétaire général, ils croyaient qu'on leur expédiait deux personnes, Dupont et Gnan. S'ils avaient su qu'en plus, il avait été chef de cabinet de Bayrou, ils l'auraient chassé avec des fourches. » Un an plus tard, le responsable des Fédérations est remercié : officiellement parce qu'il a refusé de ratifier en Congrès le traité d'Amsterdam – mais d'autres en ont fait autant, dans l'impunité – en réalité parce que Nicolas Sarkozy a eu sa tête, le remplaçant par un de ses fidèles, le chiraquien Eric Raoult. En ce début de 1999, Nicolas Sarkozy se laisse convaincre des limites du tandem qu'il compose avec Philippe Séguin. Leurs deux métaux n'ont jamais fait un alliage, mais c'est la soudure même qui alors se corrode. Le 9 février à 15 heures, le secrétaire général du RPR reçoit l'un de ses collaborateurs, vassal avant 1993, ennemi avant 1995, allié depuis 1997, et surtout assez indépendant pour parler en toute franchise : « Ça va mal, entame le visiteur. Depuis son élection à la présidence du mouvement, le 13 décembre, Séguin verrouille tout. Tous les secrétaires nationaux à l'organisation nommés le mois dernier sont ses affidés, ses amis se distribuent les places pour les européennes. Même Hortefeux ne te dit plus tout ce qu'il sait, car il a peur que Séguin le retire de la liste. Séguin nous envoie dans le mur. Il faut attendre le 13 juin et, si le score de sa liste n'est pas bon, faire un putsch pour que tu prennes sa place. » Sarkozy hésite, renâcle, dédramatise, objecte : « On va encore dire que je suis un tueur. » « Ne me dis pas ça, poursuit son interlocuteur, ça n'est pas un argument. » Mêlée à d'autres, cette voix emporte le sentiment de Sarkozy, alors que Séguin s'enlise dans les querelles avec l'UDF, que l'Elysée perd patience face à ses foucades et que Pasqua a pris le large. C'est décidé, il ne défendra plus Séguin contre lui-même; ce qui suffit, il le sait, pour l'abattre. Car, après deux ans de couple improbable, il le connaît assez bien pour ne pas avoir à se comporter en tueur. Sarkozy se prépare donc à commettre le meurtre parfait : le suicide politique de Séguin.

Le prince des huées

La préméditation est une évidence. Depuis l'été 1997, Sarkozy s'est installé dans une monarchie constitutionnelle à la mode gaulliste : Philippe règne, Nicolas dirige. « Malgré les nervis du 6 juillet », précise Brice Hortefeux. Cette humiliation originelle, ce baptême de crachats fondent bel et bien l'énergie revancharde de Sarkozy. Jusqu'au bout, jusqu'à l'été 1999, le souvenir des lazzis le hantera. Aux Assises de janvier, son premier grand meeting après celui des huées, Nicolas Sarkozy arrive à 7 h 30 du matin devant les immenses hangars de la Porte de Versailles, et accueille les militants un par un. Puis il prend la parole tout de suite, bondissant à la tribune sans être annoncé, afin de désamorcer toute bronca éventuelle. Coordonnateur, puis secrétaire général du RPR, il se plonge dans le travail pour bâtir un appareil à sa botte. « Je veux construire et contrôler », lâche-t-il. Quand il part en voyage, les dossiers ne sont jamais assez complets, tant il veut connaître chaque querelle, chaque ambition, chaque viscère du mouvement. Tous les lundis, il confronte responsables des Fédérations et des élections, sergents recruteurs et gardes-chiourme du mouvement. Maîtriser les rouages humains du parti est son obsession : puisqu'on ne l'aime pas, il doit se rendre indispensable, tout savoir, tout connaître et impressionner ces militants qu'il ne séduit pas. Au-delà de ses affidés, il essaye de distinguer les compétences. Recevant le juppéiste Jean-François Copé, dans le courant de l'été 1997, il lui lance d'entrée : « On a des choses à se dire, or ça fait quatre ans qu'on ne s'est pas parlé, et ce n'est pas de ma faute. » Le jeune maire de Meaux bondit : « Si ça commence comme ça, je m'en vais. » « Ne sois pas si anguleux. Tu as quel âge ? 33 ans ? Dix ans de moins que moi... Personne ne bosse ici, si tu veux, tu es chargé de mission pour les questions budgétaires. » Un an plus tard, c'est à La Baule, sa villégiature d'été, que Sarkozy accueille Copé, pour une heure et demie de travail et un long dîner amical. Il s'agit de « passer à la vitesse supérieure sur le fond » : Copé propose la constitution d'un groupe restreint au sein du RPR, appelé à se réunir le jeudi matin autour d'un petit déjeuner, afin d'apporter des idées au secrétaire général. Sarkozy accepte et valide une autre proposition : attaquer un ministre par mois dans une conférence de presse pugnace. Cette tactique ne survivra pas au-delà de quelques mois. « Dès le début de sa campagne pour les européennes, l'entourage de Séguin voit du complot partout », explique Copé. Séguin n'a pas forcément tort...

Puisque les gaullistes ne vont pas à Sarkozy, Nicolas fait du terrain. Le 29 août 1997, il ouvre son carnet de route par un déplacement dans le Territoire de Belfort ; le 23 septembre 1998, s'envolant vers la Meurthe-et-Moselle, Fédération percluse de haines, il en est à son 72e département visité. Alors que l'avion s'incline pour aborder son atterrissage, Sarkozy se penche vers le hublot et aperçoit, près des hangars renflés, son comité d'accueil : une petite escouade de silhouettes qu'il identifie l'une après l'autre, à la grâce d'une panse généreuse ou d'un crâne dégarni. « Regardez-les, clame Sarkozy, il y a deux ans, ils me crachaient tous dessus. Ce sont tous des juppéistes, ils me haïssent mais ils me supplient de venir réparer les pots cassés, parce qu'entre eux, ils se haïssent encore plus. Ah ! c'est complexe, la haine, c'est complexe. » Dans une salle du château de la Meurthe, à Saint-Max, le comité départemental du RPR attend son juge de paix, entouré de fausses boiseries, en plâtre peint. Entre les deux leaders locaux, François Werner et Gérard Léonard, le différend est devenu querelle, la querelle a tourné à la guerre, avec en guise de tranchées l'entre-deux lignes de la presse locale. Usurpation, menaces, effraction ou vol sont les obus accusatoires de cette guerre fratricide, emplis du gaz de la détestation. Le gaullisme finissant est aussi cela : un combat de chiens enragés pour un morceau d'os. Les portes se ferment, Sarkozy s'installe et parle d'une voix douce : « On me demande ce que cela me fait de venir dans une fédération à problèmes. Mais je n'ai que des problèmes ! En quoi être tendu moi-même débloquerait-il la situation ? A la minute où il y aura des candidats pour me succéder, c'est que j'aurai fait du bon boulot. Mon tempérament, c'est la bagarre ; mon devoir, c'est de rassembler. Dans cette affaire, j'ai une chance non négligeable de me fâcher avec tout le monde. Ici, chacun est en train de creuser sa tombe avec un entrain qui m'étonne. 40 000 francs ont disparu ? Cette affaire des 40 000 francs est passionnante, surtout pour le PS et le PC. C'est au lance-flammes que j'enlèverai tous ceux qui empêchent le travail de reconstruction du parti. Et puis j'en ai assez de ces secrétaires généraux qui partent avec le fichier des militants. Si vous n'arrivez pas à vous mettre d'accord, c'est moi qui écrirai à tous les militants, car moi aussi j'ai le fichier. » La voix n'a cessé de s'élever, Sarkozy est trempé de sueur, les militants sont assommés : « C'est clair et net, dit l'un d'eux, vous avez remis l'église au milieu du village. » Alors Sarkozy reprend la parole : « Voilà, maintenant, ce que nous allons tous dire en sortant de cette salle : on a tenu un comité départemental sans se foutre sur la gueule, avant un mois il y aura une réunion rue de Lille et nous nommerons un chargé de mission départemental. »

Six mois plus tard, Sarkozy prend d'assaut une autre Fédération à problèmes : celle du Rhône. Entre les anciens noiristes, emmenés par Henry Chabert, et les gaullistes officiels réunis derrière le chirurgien Jean-Michel Dubernard, dit « Max », une guerre froide perdure. Dans l'avion, Nicolas Sarkozy est détendu : c'est la huitième fois qu'il se rend à Lyon depuis 1997, son offensive est prête, minutieusement réglée. Alors, il plaisante. Quelques jours plus tôt, les militants du Rhône ont fêté le 1er avril en envoyant à Henry Chabert une fausse lettre de la rue de Lille le parachutant à Vesoul pour les prochaines municipales, et en fabriquant pour « Max » une dépêche AFP annonçant que les Américains avaient réussi une greffe de deux mains à la fois – ce que le Lyonnais accomplira un an plus tard. Sarkozy parle aussi de Raymond Barre, le maire de Lyon : « Quand j'étais ministre du Budget, j'allais lui présenter mon travail avant de le publier. Et quatre fois par an, j'allais lui demander conseil pour bâtir le prochain budget. C'était une obligation, et à chaque fois il me gardait une heure et quart. C'était ainsi, il fallait baiser la babouche. » Mais l'avion se pose et la manœuvre de Sarkozy débute. Les élus RPR et apparentés du conseil municipal ont été conviés à déjeuner dans la circonscription de Dubernard, mais dans un restaurant évoquant Chabert via son prénom à l'inédite orthographe : *Elie et Henry.* Le « bouchon » aux murs de briques ornés par les peintres locaux est aussi chaleureux que le menu : quenelle et andouillette. Le chef s'est fait représenter au milieu d'une fresque gréco-romaine exaltant les plaisirs de la table, et Sarkozy a composé avec autant de soin la longue table des convives. Il a placé Dubernard à sa droite, Chabert à sa gauche et Marie-Thérèse Geffroy, elle aussi prétendante à la mairie, en face de lui. Entre deux plats, Sarkozy se lève, réclame des intergroupes d'élus qui ne se feront jamais, appelle à une réconciliation en laquelle il ne croit pas et saoule de toasts ses commensaux. « On ne va pas se plaindre d'avoir trop de candidats à Lyon alors qu'il y a tant de villes où l'on en manque. » Puis il abat son choix : à Chabert la mairie, à Dubernard le ministère de la Santé quand la droite reviendra au pouvoir, aux autres rien. Puis il s'assoit et achève sa quenelle refroidie. Dubernard, dupé, est écarlate ; Geffroy s'énerve, dressant un portrait-robot du candidat idéal, comme un miroir qu'elle tendrait devant elle ; Chabert, calme, entame son dessert. « La politique, c'est travailler sur de la pâte humaine », souffle Sarkozy en sortant, ravi. Ce Yalta rhodanien ne survivra pas aux élections européennes, encore moins à la mise en examen de Chabert, en février 2000. Mais Nicolas Sarkozy a fait manger les loups dans sa main ; Chirac est à l'Elysée, Séguin s'ennuie, Juppé se morfond : il est le patron. Puis il gagne le huitième étage du Sofitel, où l'attendent les responsables de chaque circonscription du département. De ce vaste salon, on voit les toits de la presqu'île briller au soleil printanier, et le Rhône s'alanguir comme un gros lézard en léchant la pierre des quais. Mais Sarkozy se moque du panorama. « Excusez-moi si je vous parle brutalement », s'avance un cadre RPR. « Ne te gêne pas, je vais te répondre sur le même ton », réplique Sarkozy. Un autre se risque : « Je roulais pour Séguin, mais puisque Pasqua est parti, je roule pour lui, on se retrouvera après les européennes. » « Tu veux le beurre, l'argent du beurre, le sourire de la crémière et mes félicitations : eh bien non ! »

Brutal, parfois humiliant, Sarkozy bouscule ses troupes. Aucun, à Nancy comme à Lyon ou ailleurs, n'oubliera sa franchise, ce courage du dialogue. Aucun, néanmoins, n'aura de gratitude à son égard. Il ne leur cède rien ; ils ne lui doivent rien. Sarkozy, ou l'art de se faire craindre sans se faire apprécier, Sarkozy, qui châtie bien mais qui n'aime pas. Or, c'est parce qu'il est aimé que Chirac tue sans peine : l'oiseau doit être en confiance quand on lui tord le cou. Personne n'est prêt à mourir pour Sarkozy, donc Sarkozy ne peut compter sur personne. Quand il reprend l'avion après cette journée des dupes à la lyonnaise, Sarkozy a accru son autorité sur le mouvement local, pas son ascendant. Et il n'a même pas pensé à reprendre de la quenelle.

Le cabotin heureux

Le samedi 13 mars 1999, Nicolas Sarkozy est à Perpignan. 670 personnes assistent au meeting. Ce soir-là, le secrétaire général est fatigué. Assis à la tribune d'honneur, il écoute d'une oreille distraite les premiers orateurs et laisse errer son regard parmi les spectateurs. « J'ai scruté ces gens. Ils s'étaient un peu habillés, ils étaient au spectacle. Leur femme les trompe, ils sont crevés, leurs enfants n'ont pas de boulot, ils ont renoncé à une soirée télé pour venir au meeting : ce n'est pas pour qu'on leur lise des discours. Philippe Séguin, lui, lit ses discours : ça ne marche plus. Aujourd'hui, il faut faire rire, l'humour est décisif. Il faut aussi rendre les gens intelligents, dire ce qu'ils pensent au fond d'eux, trouver la formulation pour ce qu'ils n'arrivent pas à exprimer. Cela demande beaucoup plus de travail qu'on ne croit. Il faut cesser de penser qu'il n'y a de profond que dans l'abscons. » Il y eut la politique-spectacle, triomphe de l'image, Nicolas Sarkozy a inventé le spectacle politique, un one man show logorrhique où il alterne figures imposées et improvisations. Et chaque soir, il teste de nouvelles idées, des bons mots inédits. Puis, quand un sketch a fait ses preuves, il l'inscrit au répertoire sarkozyen pour longtemps. A un an d'intervalle, il sert ainsi la même histoire drôle aux élèves de Sciences-Po et aux militants de Villeurbanne. Devant les potaches de la rue Saint-Guillaume, l'anecdote n'est pas politique : « Un bus est cassé comme une diligence; trois sociologues, deux philosophes, quatre journalistes se réunissent, ça réfléchit, ça fume, il en sort une question : pourquoi un autobus ? » L'amphithéâtre rit, l'artiste demande le calme : « Vous me cassez tous mes effets ! Attendez, c'est pas fini ! Moi, j'ai souvent croisé un bus, j'ai jamais eu envie de lui casser la figure. » Devant les gaullistes du Rhône, le spectacle est plus sobre : « Quand un autobus est attaqué comme une diligence dans le Far-West, la question que posent les socialistes est : pourquoi l'autobus ? »

La performance scénique de Nicolas Sarkozy relève du récital, avec ses morceaux choisis et ses inspirations imprévues. Au foyer familial de Saint-Max, le 23 septembre 1998, il s'avance dans une salle sinistre, avec de la moquette vert épinard collée sur les murs et de gros radiateurs vert pistache. Il traverse le public en souriant dans son costume Dior gris souris et sa chemise bleue à col et poignets blancs; il arbore ce soir-là une cravate avec des couples de hiboux. Peu lui importe d'être ainsi étranger à ses auditeurs, humbles Mosellans ignares en élégances. Il est la star, la vedette du show, l'attraction du Sarko Circus, il veut leur en donner pour leur argent, pas les convaincre. Alors qu'il parle depuis quelques minutes, un organisateur s'avance vers le pupitre, courbé comme si cela suffisait à le rendre invisible, pour déposer une bouteille d'eau à portée de main de l'orateur. Sarkozy s'arrête au milieu d'une phrase et le regarde : « Pas tout de suite. Qu'est-ce que tu veux que je fasse de ça ? Du coup, j'ai perdu le fil... Où en étais-je ? Ah oui ! je dois dire du mal de la gauche. » Puis il déroule le même discours que celui qu'il a prononcé quatre jours plus tôt à Paris, comme un artiste des tournées Sarkozy. A Villeurbanne, en revanche, le chansonnier a une idée nouvelle ; il commence sa diatribe par : « Je voudrais m'adresser à ceux d'entre vous qui ont les bras croisés. » La moitié de la tribune officielle, pour écouter avec plus de respect, s'est installée dans cette attitude, notamment Jean-Michel Dubernard et Henry Chabert. Rires.

A l'affiche de ce music-hall, Sarkozy convoque toujours Nicolas, pour s'en moquer habilement. « Certains doivent se dire, lance-t-il à Nancy : "C'est bien ce qu'il dit, Nicolas, mais il a une tête à faire le contraire quand nous serons au gouvernement." Nous avons un problème de crédibilité. » Devant les étudiants de Sciences-Po, il se livre à un vrai festival : « Je vous prie de me dispenser du propos liminaire, j'ai peur de ne pas avoir la force de dire tout le bien que je pense de mon action. Il faut un certain don pour se faire foutre de soi toute la journée, avec en plus une marionnette qui fait plus d'heures de télé que vous. Je fais comme les autres devant les Guignols : "Ils sont très bons, quel talent, très drôle." Et je pense le contraire : "Quels crétins ! Ils manipulent des marionnettes sans se montrer, quel courage ! Qu'est-ce qu'ils ont fait de plus que nous ?" Les six premiers mois, au gouvernement, j'étais très content, j'avais une tête comme ça, puis j'ai compris qu'au sommet il y avait trop de lumière, les gens ne vous écoutent plus, ils écoutent le pouvoir. Je vais chez Field à la télé – je n'ai rien contre lui, je trouve sympa que cet ancien gauchiste se reconvertisse sur une grande chaîne comme TF1, la réussite sociale peut concerner tout le monde. Je lui dis : "Une famille, c'est un homme, une femme, des enfants" et il me répond : "Radicalisation du discours." Je poursuis : "A chacun selon son mérite" et il réplique : "Lepénisation du discours." »

Les ficelles sont un peu grosses, le cabotinage ruisselle sur les planches, mais Sarkozy est heureux, il jubile. « Samson avait sa force dans les cheveux, compare Brice Hortefeux, Nicolas, c'est dans la parole. Je l'ai vu souvent, claqué, reprendre vigueur en parlant. » Mitterrand était ainsi, qui magnétisait la foule de ses phrases aux périodes subtiles, aux envolées ciselées, aux à-coups roboratifs. Sarkozy, lui, garde une main dans la poche et, de l'autre, les bouts des doigts rassemblés, bat la mesure incohérente de son propos. C'est l'éloquence du fouet, qui glisse une colère, une émotion ou du lyrisme au hasard, parce qu'il le faut et non quand il le faut. Lancinante demeure, même quand il triomphe sur les tréteaux, la même douleur : celle du gibet des quolibets, où il fut supplicié plus qu'à son tour, de la présidentielle manquée au putsch de 1997. « Les trahisons, c'est quand on n'ose pas dire, quand on fait dans le dos, lance-t-il aux gaullistes mosellans. Moi, je ne fais pas dans le dos, j'assume. Il m'est arrivé d'être sifflé, maintenant ça va mieux. Et pourtant, je n'ai pas changé de tête, mais les militants voient qui fait le travail. » A Villeurbanne, il ne peut s'empêcher de rappeler les cruels souvenirs : « Ça va beaucoup mieux que lors de mon dernier voyage : il y avait 120 types devant la tribune pour m'empêcher de parler. » Dans l'amphithéâtre Boutmy de Sciences-Po, il réveille aussi le passé : « En 1995, ici même, j'ai été à moitié insulté, car je n'étais pas assez chiraquien. Je suis revenu en 1997, c'était le même amphi, le même public, les pommes en moins, et j'ai dû défendre Jacques Chirac. Cela demande une grande plasticité intellectuelle. Et cette fois ? » Toujours, quand il est en scène, Nicolas le chansonnier cherche du regard un ami, un collaborateur ou sa femme au premier rang du public, quêtant une approbation. Son regard est alors sans rapport aucun avec son discours. Quand la verve traite des banlieues en feu ou des impôts, l'œil semble dire : « T'as vu ce numéro ? » Le vrai tribun parle pour les autres, Sarkozy parle pour lui-même, il se paye de mots. Répondant à un « questionnaire de Proust », Sarkozy déclare que son oiseau préféré est « celui qui chante le plus »... A Saint-Max, un militant quitte la salle, dubitatif : « Séguin n'essaye pas de vendre quelque chose, il veut convaincre. Sarkozy, lui, essaye de nous enfler. »

Le nomade amnésique

Que pense Nicolas Sarkozy ? S'il écrivait son *Ce que je crois*, arriverait-il à dépasser le premier chapitre ? « Lionel Jospin a choisi le socialisme comme référence, ce n'est pas plus moderne que le gaullisme. Il est fier d'avoir des communistes dans son gouvernement, moi je suis fier d'être dans la famille de celui qui a dit non, qui a dit que notre pays est un peu plus que ce qu'il est. » Pour l'a-gaulliste Sarkozy, le Général est donc une référence, un grand fournisseur de slogans. Le 18 Juin 1940 en tête, mai 1958 ensuite, sont les cocardes minimales. C'est le gaullisme réduit aux symboles. Puisque la politique, c'est du marketing, Sarkozy a acquis le droit d'usage de la marque. Mais il ne cite jamais de Gaulle dans ses discours, ne fait allusion à aucune décision du Général, à aucun grand texte. Peu importe : le gaullisme en l'an 2000 n'est que ce qui reste d'un chêne abattu et putréfié, un humus politique.

Mais encore faut-il y planter quelque chose. Or le sarkozysme n'existe pas. « Nicolas a une bonne dialectique dans l'instant, explique le député balladurien Jean-Pierre Delalande, mais où sont les idées neuves qu'il apporte au RPR? » Dans le « questionnaire de Proust », Sarkozy a répondu « agir » pour définir son occupation préférée; et non « penser ». Homme de solives mais non de charpente, c'est d'une pensée que manque le maire de Neuilly, et non d'idées. Il est même le plus grand consommateur d'idées du RPR, concepts qu'il décortique et suçote pour alimenter son discours. « En quinze ans, je n'ai jamais vu Nicolas se rendre à une émission de radio ou de télé sans une réunion de travail », témoigne le « communiquant » Thierry Saussez. Le 17 octobre 1997, Sarkozy appelle ses principaux collaborateurs : il a besoin d'argumentaires pour un débat contre François Hollande, le lundi suivant sur France 2. De même, quelques jours avant le dimanche 26 avril 1998, où il doit « faire » Public, l'émission de Michel Field sur TF1, Sarkozy demande à ses proches de lui signaler ses lacunes. « Tu es faible sur la sécurité », avance Jean-François Copé. Le maire de Meaux, qui ferraille pour étoffer et armer sa police municipale, sait de quoi il retourne : maire de Neuilly, Sarkozy n'est pas crédible dès qu'il aborde les maux urbains. Copé lui lance alors une formule : « Entre les sauvageons et la police, il y a les habitants. » Sarkozy « achète », comme dirait Claude Chirac. Il y ajoute une anecdote de son cru : « Le 31 décembre dernier, des voyous strasbourgeois ont pratiqué un nouveau jeu : mettre le feu à des voitures qui ne vous appartiennent pas. Le lendemain, une femme du quartier a dit à la télé : "Il faut que les Français sachent qu'il y a ici des gens qui aspirent à vivre normalement." » La démonstration lui plaît, elle servira dans de nombreux meetings, mais elle ne dit rien de ce que Nicolas Sarkozy pense de la sécurité. Parce qu'il n'en pense rien. Il s'efforce d'exploiter au mieux un sujet incontournable.

Le 16 novembre 1998, à Evreux, il teste deux thèmes en réunion publique : la suppression des allocations familiales aux parents d'enfants multi-récidivistes et le service minimum en cas de grève dans les transports publics. La première idée plaît tellement qu'il en fera une proposition de loi. La seconde sera reprise à son compte un mois plus tard par le Président de la République. Mais déjà Sarkozy décarcasse un nouveau thème : la rétroactivité fiscale. Trop complexe, celui-là restera en filigrane de son discours. Mais il n'est pas pour autant démagogue : rien ne lui plaît tant que l'idée impopulaire, qui va brusquer son auditoire. Car, plus encore que l'action, c'est la bagarre qu'il apprécie : la bagarre comme garantie d'action. Confronté aux élèves de l'Ecole nationale de la magistrature de Bordeaux, il leur lance : « Il y a deux infaillibilités : celle du Pape et la vôtre. Je réclame la même irresponsabilité pour les élus que pour vous. » « Philippe, sur ta liste aux européennes, je te demande d'établir la parité hommes/femmes », assène-t-il le 13 février 1999 à une assemblée fort masculine de cadres RPR, qui répond par un bruissement réprobateur. Mais jamais il ne coucha noir sur blanc la Justice selon Sarkozy, ou une analyse personnelle sur la place des femmes en politique.

« Sarkozy est le seul qui prenne les idées », plaide Copé. Mais ce n'est pas leur qualité qui lui importe, c'est leur efficacité. Sarkozy aime ce qui marche ; l'idée doit être combustible. C'est pourquoi il se fournit auprès des charbonniers les plus divers, en fonction de la mode ou de son propre parcours. « J'ai fait la connaissance de Sarkozy au début des années 90, se souvient François Cornut-Gentille, député séguiniste de Colombey-les-Deux-Eglises. Il découvrait les énarques et leurs notes de synthèse, il s'était offert Jean-Pierre Denis pour son cercle d'études chiraquiennes. Il croyait que Sarkozy + ENA = Elysée. Avec Edouard Balladur et Nicolas Bazire, son directeur de cabinet, cela a été à son comble. Puis Sarkozy a vu que Jacques Chirac avait gagné et il a voulu faire de l'humain, comme lui. Il voulait à tout prix une assemblée des élus locaux en février 1999, et il ne s'est résolu qu'à regret à la repousser. Aujourd'hui, il essaye autre chose. » « Je n'ai pas fait les grandes écoles, disserte aujourd'hui Sarkozy. Je ne crois pas que tout se joue dans des concours entre 18 et 20 ans. Et je préfère les agrégés, encyclopédistes sur une matière, aux énarques, superficiels sur tout. » En effet, il essaye autre chose...

Nul ne sait pour quoi Nicolas Sarkozy serait prêt à mourir, pour quel motif supérieur il pourrait démissionner d'un gouvernement, quelle valeur fondatrice a présidé à son entrée en politique. Il n'y a pas de 18 juin 1940 dans sa philosophie politique, il n'y a que des 18 Brumaire. Un coup de main en 1983 pour s'emparer de la mairie de Neuilly; un coup de Jarnac en 1993 pour passer de Chirac à Balladur; un coup de dés en 1997 pour prendre le RPR avec Philippe Séguin. L'action politique n'a pas tué chez lui la réflexion, mais elle l'a déracinée. Le sarkozysme est en fait une plante rampante, un lierre horizontal qui occupe les espaces tour à tour. Il ne travaille pas en profondeur, mais en surface; il n'est pas un politicien de l'Histoire, mais de la géographie. « Quand je suis avec Balladur, j'occupe l'espace de l'énergie, explique-t-il lui-même. Avec Séguin, j'ai celui de la droite, et avec Chirac celui de l'avenir. » Plus tard, il trace d'autres frontières : « Séguin, c'est la nation; Chirac, le pragmatisme; Juppé, la compétence; moi, c'est le travail. » Et juste avant les européennes, tête de liste de remplacement, Sarkozy saisit les limites de ce flottement permanent : « Je dois passer d'un discours de complément à un discours complet. » L'espace l'obsède : c'est pour cela qu'il se précipite dans le piège de l'Alliance, dont il craint d'être exclu. « Il a eu peur d'être l'animateur du Tour de France et non un des coureurs, explique un de ses proches. C'est pourquoi il s'est allié avec Madelin dès le 18 mai 1998 pour cadrer l'Alliance, alors qu'un mois plus tôt, il nous disait : "Madelin, surtout pas." » Un an après, à quelques jours des élections européennes, Nicolas Sarkozy l'affirme : « L'Alliance est morte. » Mais peu lui importe : il en était quand elle existait.

C'est par obsession de l'espace qu'il veut à tout prix dresser une cartographie claire du paysage politique. « Si on n'est ni de droite, ni de gauche, on est dans la stratosphère de l'intelligence : l'air y est pur, mais rare. » N'est-ce pas, pour un gaulliste, une insulte démocratique, une conception hémiplégique de la politique, de ce besoin de servir la France ? Selon le Général, « ce n'est pas la gauche, la France, ce n'est pas la droite, la France ». Pour Sarkozy, il faut être l'un ou l'autre, droite contre gauche, ou ne pas être. « Je dénonce ceux qui ne sont ni à gauche, ni à droite, sans être exactement au centre », clame-t-il, fiévreux, devant les responsables gaullistes réunis à Paris le 13 février 1999, alors que tout devrait être fait pour convaincre les centristes de s'allier au RPR. Et il enchaîne sur une ode à l'hégémonie gaulliste : « Je vous demande une minute de silence car je vais parler d'hégémonie. On dit "hégémonie" et il faut renoncer au Sénat, à l'Europe et demain à la France. Je préfère qu'on soit hégémoniques et vivants que morts et sympathiques. » Sarkozy, c'est le gaullisme phagocyte. De même, il abjure « le rêve de Colombani, July et Duhamel : que des hommes un peu de gauche et des hommes un peu de droite s'unissent dans le même gouvernement ». C'est pour cela qu'Austerlitz est sa bataille préférée : l'Empereur l'avait gagnée avant que la poudre ne parle, par la simple occupation du terrain. De même, Sarkozy rêve de vaincre sans bouger, en étant partout à la fois ; mais c'est impossible, alors il bouge sans cesse et ne gagne jamais. Quand *La Lettre de la Nation* l'interroge, lui demandant quel don de la nature il aimerait posséder, il répond – hors nature, d'ailleurs : l'ubiquité. Jamais il ne cite le passé pour expliquer son opinion, toujours il décrit l'objectif pour justifier son action. Jamais il ne s'interroge : « Qui suis-je? »; toujours il se demande : « Où suis-je? » Certes, la fable du chêne et du roseau pourrait justifier seule une telle tactique d'errance. Mais le roseau lui-même a quelques racines. Sarkozy est un nénuphar, flâneur des étangs idéologiques, radeau sur l'onde politique. On le voit toujours, il ne pousse jamais. Sarkozy, ou le nomade amnésique.

Le colibri

Ce comportement le définit désormais, car il lui impose un positionnement idéologique contradictoire : Nicolas Sarkozy est, de tous les gaullistes éminents, le seul véritable homme de droite. C'est-à-dire qu'il n'est pas gaulliste. « Le gaullisme a fait éclater les clivages en 1944, en 1958 et en 1962, explique-t-il aux étudiants de Sciences-Po assis sur les bancs en bois de l'amphithéâtre Boutmy, oubliant curieusement 1940. C'était lors de circonstances historiques spécifiques, avec des recompositions pour quelques mois seulement. Sinon, le gaullisme, c'est la droite contre la gauche. » De tels propos le posent en apostat du gaullisme, en renégat parfait. En niant au gaullisme sa vertu transcendantale – dépasser le clivage droite-gauche – Sarkozy le ravale au rang d'ectoplasme partisan, et rejoint les pires adversaires du gaullisme, des Etats-Unis aux communistes, pour lesquels de Gaulle n'était qu'un héritier des droites dures du XIXe siècle, césariennes et antirépublicaines, affichées démocrates et en réalité populistes. Considérer le gaullisme comme l'avatar de la droite, de la droite nationale, pour la seconde moitié du XXe siècle était la position de François Mitterrand, qui écrivit en 1964, dans *Le Coup d'Etat permanent* : « Mérite-t-il d'ailleurs son nom, ce gaullisme-là qui renifle dans la conjoncture algérienne l'occasion si longue à venir et, pour hâter la chance, conclut cette étonnante alliance qui, par-dessus le schisme de 1940, réconcilie les deux fractions du nationalisme français ? Enfin l'heure de la revanche, de toutes les revanches, allait sonner. Revanche de l'affaire Dreyfus, revanche du 1er février, revanche des ligues dissoutes, revanche des usines occupées, revanche des grandes peurs de 1936, revanche de la "divine surprise" différée, revanche de la Révolution nationale sombrée dans les folies sanglantes, revanche de la droite humiliée à la Libération, revanche du gaullisme en demi-solde. » « Le gaullisme n'est pas que la droite, mais il est toute la droite », poursuit Sarkozy. Pour lui aussi, réconciliation de toutes les droites, hors l'extrême. « On se dit de droite, mais de droite républicaine, ironise-t-il parfois. Moi, je suis de droite tout court. » Il est pourtant clair que, de plusieurs droites, le gaullisme n'a jamais voulu en ses rangs, du pétainisme rampant au libéralisme débridé. Et c'est pour cela que Sarkozy tente de dissoudre le gaullisme dans la droite : il est libéral. « J'emploie le mot "droite" car il est plus fédérateur que le mot "libéral" », explique-t-il. Le député souverainiste Nicolas Dupont-Aignan résume ainsi Sarkozy : « C'est un super-Madelin plus qu'un sous-Chirac ou un de Gaulle microscopique. » Sarkozy ne le nie pas : « Alain Madelin est complètement libéral et quand même de droite ; je suis totalement de droite et quand même libéral. »

Si Nicolas Sarkozy est libéral, c'est à cause de la pizza Rosebud de l'avenue de Wagram. La réussite, la conquête sont ses horizons. Il aime à citer Victor Hugo : « Egalité, vocabulaire politique de l'envie. » Et il ne peut s'empêcher d'ajouter que ces *Choses vues*, « c'est grand et inégal », comme si l'égalité lui était insupportable jusque dans la littérature. Le libéralisme, c'est le moyen de faire mieux que les autres. C'est aussi, peut-être, l'occasion de restaurer, en son siècle et en ce pays, la grandeur des Nagy-Bocsa. « En France, raconte-t-il, on n'écoute que ceux qui ont des cicatrices, il y a une détestation française du succès. Aux Etats-Unis, un de mes amis m'a emmené au théâtre dans une voiture si longue que je ne voyais même pas le chauffeur. Quand j'ai vu la file d'attente devant le théâtre, je lui ai dit : "On est ridicule, pas devant ces gens." Mais il m'a répondu : "On est aux States, les gens sont ravis de voir ces jeunes qui ont réussi." Eh bien, essayez donc d'en faire autant aux Champs-Elysées avec une Clio neuve ! » Pendant que les potaches de Sciences-Po riaient de cette anecdote, Sarkozy aurait dû regarder les murs autour de lui : dans ce creuset de l'élitisme français, la peinture est jaune et sale. « Je veux que la France soit ce pays où réussir est une ambition, pas une suspicion. » Mais la France ne s'est pas donné de gouvernement libéral depuis Guizot, préférant les plâtres jaunis de l'Etat aux vernis hypothétiques du libéralisme. A tort ou à raison, mais par atavisme national, par culture. Sarkozy est, en France, un politique anti-culture. Madelin, au moins, est un pur intellectuel, que son obstination à échouer, quand il veut mettre en pratique le libéralisme, inscrit dans l'Histoire du pays. Sarkozy, lui, voudrait que la France ne soit plus la France, mais des Etats-Unis miniatures, tout comme il souhaite que le gaullisme ne soit plus le gaullisme, mais une droite libérale pour l'économie et conservatrice pour la société. Même si Nicolas Sarkozy n'a pas jeté l'ancre, non plus, en ce qui concerne les thèmes de société, il n'a que rarement navigué sur les hauts-fonds du réformisme. « Ségolène Royal est choquée par les arrêtés sur le couvre-feu à minuit pour les mineurs ; moi aussi : je trouve que minuit, c'est un peu tard », affirme-t-il dans les meetings. Et devant les étudiants de Sciences-Po, il assène : « Je ne suis pas sûr qu'on choisisse sa sexualité. Je suis tolérant, mais je dis stop quand on me dit qu'il faut des avantages fiscaux pour les homosexuels l'année de la suppression de la politique familiale. »

Si le gaullisme, c'est « le métro à cinq heures », alors Nicolas Sarkozy roule en voiture. Homme de droite au service d'une pensée politique qui entend transcender les clivages, libéral en un pays qui glorifie l'Etat et l'égalité, Sarkozy ne saurait être lucide en idéologie. « On ne va pas diminuer en quatorze mois les quatorze ans de hausse du FN : il nous faut un débat idéologique lourd », prévient-il ainsi, six mois à peine avant l'implosion des lepénistes... Il n'a d'ailleurs pas compris l'ampleur de la crise intellectuelle de la droite, fâchée avec l'Eglise, dégoûtée de l'Etat, dont les officiers s'enivrent de plus-values mondialisées et les fantassins se désespèrent de n'être ni fonctionnaires protégés, ni boursicoteurs inspirés. « Depuis la fin des années 70, explique-t-il, nos électeurs pensent qu'au pouvoir nous appliquons la politique de nos adversaires : voilà d'où vient le divorce entre la droite et son électorat. » Et il propose d'appliquer donc une vraie politique de droite, alors qu'il devrait constater qu'il n'existe plus de politique de droite, que la droite ne pense plus de politique et que la gauche, dans bien des domaines, a rendu la droite idéologiquement inutile. Parfois, Nicolas Sarkozy s'arrête de bouger et découvre le vide sous ses pieds, ce gouffre qui s'appelle la droite en cette fin de siècle. Alors, il doute. « Toute ma vie, confesse-t-il, je me souviendrai de la semaine qui a suivi les régionales de mars 1998. Bien des gens que je croyais raisonnables ont perdu la raison, au sens propre du terme. » Sarkozy mène cette semaine-là son plus beau combat des deux années passées à la tête du RPR, car il se bat contre une grande partie de son mouvement et, sans doute, contre lui-même, tant la victoire à tout prix doit lui être un Satan au désert. Ensuite, il déprime. Michel Barnier et Jean-François Copé en témoignent, en des termes curieusement identiques : « Sarkozy avait une stratégie personnelle, prendre le RPR; aujourd'hui, il se demande si c'est le RPR qu'il lui faut », dit l'un. « Sarko avait un plan, prendre le RPR; depuis mars, il se demande si c'est ce qu'il faut faire », dit l'autre. Mais le vertige du vide ne dure que le temps d'un soupir, et Sarkozy reprend son vol de colibri politique. « Puisque le succès n'a pas été définitif, pourquoi voudriez-vous que l'échec le soit? » lance-t-il le 10 juillet 1998 devant le comité politique du RPR. Ce jour-là, il improvise un discours brillant, ludion pétillant suivi à la tribune par un Séguin funèbre. Dans les larges fauteuils de faux cuir qui meublent ce sous-sol de l'Assemblée nationale, les caciques gaullistes somnolent. La réunion se tient salle Victor-Hugo. Énergie, vocabulaire politique de l'ambition...

Le hussard sur le Moi

La presbytie stratégique de Sarkozy ne l'empêche pas de combattre, et de déployer sa fougue sabre au clair. Il n'est pas bon tacticien non plus : il est un excellent sabreur, fort d'une éloquence de chevau-léger et d'une dialectique de hussard. Si elle ne lui est pas indifférente, la cause n'est pas sa priorité : il lui préfère l'intérêt, l'enjeu du combat, ce qu'il y a à gagner dans la lutte l'emportant toujours sur ce qu'il faut défendre. Son avantage personnel n'est pas, bien sûr, la moindre de ses motivations. A un de ses collaborateurs qui s'est risqué dans une périlleuse élection interne au RPR, pour en revenir défait et humilié, il glisse ce conseil en forme d'aphorisme : « Ne livre jamais une bataille où tu as plus à perdre en perdant qu'à gagner en gagnant. » Sarkozy a une philosophie de mercenaire. Sarkozy, c'est le hussard sur le Moi.

Dans la salle à manger des appartements qui occupent le premier étage d'un immeuble discret, en face de la mairie de Neuilly, un délicat tableau orne l'un des murs. Nicolas Sarkozy lui tourne systématiquement le dos quand il reçoit, mais il sait qu'il est là : il représente le château de Madrid, sis dans le parc de Bagatelle, dont la roseraie lui est si chère. Combien en a-t-il lui-même construit, de châteaux en Espagne ? Le 5 mai 1999, du sable médiatique dont on fait les fortins politiques, donjons de poudre aux yeux, il en érige un dans l'après-midi. Sarkozy a appris que François Bayrou, tête de liste UDF aux européennes, allait se rendre le dimanche suivant auprès de Jose-Maria Aznar, chef du gouvernement espagnol et preuve vivante que la droite peut encore gagner des élections. Or Sarkozy hait le président de l'UDF. « Il tape tout le temps sur Bayrou, confie l'ancien député Alain Marsaud. Un jour, lors d'une réunion au RPR, tenue entre 8 h 30 et 9 h 30, chacun s'étonne : il est 9 h 20 et Sarkozy n'a pas encore parlé de Bayrou. Mais au moment de se lever, ça y est, il lui en aligne une. » Pour humilier Bayrou, et non pour gagner des voix, Sarkozy s'octroie donc un mercredi buissonnier et s'envole vers Madrid. « El bigote » – « le moustachu » – l'attend dans son bureau de la Mancloa, protégé par une allée de platanes et plusieurs haies de gardes armés. Dans le bureau du rez-de-chaussée, qui ne sert que pour les rencontres officielles, les héros des tapisseries XVIIIe – un carton est signé Goya – interrompent leur partie de chasse, de pêche ou de jeux galants pour observer les invités assis sur le canapé cerise. Nicolas Sarkozy est venu accompagné de sa femme Cécilia, dont les cheveux bruns ont des racines espagnoles : elle est la descendante du compositeur Isaac Albeniz. Pendant plus d'une heure, Aznar écoute Sarkozy négocier l'entrée des futurs députés européens gaullistes au sein du groupe PPE. La fumée de son cigare s'envole vers les tentures bleues, les pendulettes dorées et les énormes lustres de cristal. Puis le Français prend congé et traverse les conifères et les bonsaïs qui ornent le parc, à côté du terrain de paddle qu'Aznar s'est fait installer, puis regagne l'aéroport. Sur le tarmac, il se retourne soudain vers son épouse : « L'an dernier, Elisabeth Hubert avait dit qu'il n'y avait pas de numéro deux au RPR. Maintenant, c'est vrai. » Et il monte dans l'avion. En effet, depuis près de trois semaines, Nicolas Sarkozy a remplacé Philippe Séguin à la présidence du RPR, comme le prévoient les statuts, poste qu'il cumule avec le secrétariat général. Il est donc le numéro un et le numéro deux du parti gaulliste. D'ailleurs, il est seul.

Le 16 avril, c'est alors qu'il assiste à des obsèques que Nicolas Sarkozy apprend le sabordage du vaisseau amiral Séguin. Selon les statuts, le voilà président par intérim du RPR, ce que le bureau politique du mouvement, réuni à la hâte, avalise à l'unanimité. Il téléphone à Jacques Chirac pour lui dévoiler ses intentions : l'élection d'un nouveau président par les militants à l'automne, une direction collégiale intérimaire composée par ses soins. Et il précise qu'il faut envisager un autre candidat que lui-même pour mener la liste aux européennes. « Jacques Chirac m'a répondu que ce devait être moi, que ça fonctionnerait dans la tenaille Pasqua-Bayrou », raconte Sarkozy dès le lendemain matin. Ce samedi 17 avril, il est en chemise bleue, sans cravate, décontracté dans son bureau de secrétaire général. Sur ses épaules est jeté, un peu brouillon, un pull-over marine. A ses pieds, Indy, indolent labrador beige, déroule sa silhouette opulente, tandis que son maître réfléchit à voix haute. La veille, il a appelé également François Bayrou, Alain Madelin et Jacques Barrot, pour leur confier sa stratégie. « Philippe Séguin était une force contre Charles Pasqua, une faiblesse contre François Bayrou, analyse-t-il. Avec moi, est-ce l'inverse ? Pas sûr. Mais je ne me laisserai pas frapper des deux côtés. François Bayrou ne partage pas ma volonté d'union, mais il est embêté. Il a un peu la grosse tête, Bayrou, mais il rétrécira à son tour. Tout le monde finit par passer à la machine à laver. Moi, c'était en 1995. L'essentiel, c'est de ne pas rétrécir au deuxième passage. » Il ne se doute pas encore que les européennes vont lui être une terrible lessiveuse. Sarkozy poursuit son plan de bataille : « J'ai deux mois d'enfer devant moi, après on préparera l'élection du président du RPR. Dans les quinze jours, je nomme les secrétaires départementaux qui manquent. Je dois changer de positionnement : secrétaire général de Séguin, j'occupais un espace qu'il laissait libre ; président, je dois faire attention à ceux qui ne pensent pas comme moi, et faire un geste envers les souverainistes du mouvement. La politique moderne ne permet plus d'évincer personne, il faut faire avec tout le monde. » Puis il caresse Indy et continue : « Cette après-midi à 16 heures, je vais à l'Elysée. Tout cela est un peu baroque, tout de même : juin 1997, avril 1999. » En deux dates, comme s'il gravait une pierre tombale, Sarkozy enterre l'ère Séguin. Et il s'avance, béat, vers le piège, béant.

Après avoir travaillé une bonne partie de la nuit du 16 au 17, il a reçu, à 9 h 45, un appel de Fabrice Santoro, voisin et ami : « Tu as besoin de jouer au tennis avec ce qui t'arrive. » Le dimanche 18, les deux hommes se retrouvent donc pour échanger des balles à Roland-Garros. D'autres vont bientôt siffler autour de lui, moins sympathiques. Alain Juppé a accepté le principe de la direction collégiale, à condition qu'elle ne soit pas pléthorique. « Je suis sous la surveillance des chiraquiens », confie alors Sarkozy. Puis, en guise d'explication et d'exorcisme, il se met à chanter : « Plus près de toi, seigneur... » Le 20 avril se réunit à nouveau le bureau politique. Nicolas Sarkozy interroge les prétendants possibles à la tête de liste pour les européennes : Alain Juppé, Jean-

Louis Debré et Michel Barnier se désistent. « C'est toi le candidat », lancent-ils en chœur. Nicolas Sarkozy accepte. C'est une surprise pour tout le monde, sauf pour lui. Depuis plus de sept mois, Sarkozy se tient prêt à mener la campagne du RPR pour les élections européennes. Lors de son voyage en Meurthe-et-Moselle, le 23 septembre 1998, il est déjà capable de décrire son projet de campagne : « Pour les européennes, Séguin est prioritaire. S'il n'y va pas, il n'est pas sûr que j'y aille, mais si je ne fais pas la guerre, ce sera parce que je l'aurai décidé, pas parce que je n'aurai pas de plan. » Le plan pour sa campagne aux européennes, Nicolas Sarkozy peut déjà le détailler : « Je pose quatre conditions : tous les élus vont siéger; ils siègent tous dans le même groupe; il n'y a qu'un éligible par région sur la liste, plus trois ou quatre pour l'Île-de-France; on démarre de zéro, aucun sortant n'est sûr d'être reconduit. » Bien sûr, neuf mois plus tard, ces conditions seront piétinées par la maigre escouade des députés européens gaullistes, à commencer par celui qui les édictait bien avant d'être tête de liste : Nicolas Sarkozy, étrillé par le suffrage universel, n'ira pas siéger à Strasbourg. Mais l'important n'est pas qu'il respecte ou non le dogme qu'il érige, l'important est son mobile. « La liste doit être la vitrine de l'opposition, explique-t-il à Nancy. Au RPR, je veux construire et contrôler, mon ambition est de faire un parti de droite avec un cœur gaulliste. » Les quatre commandements des députés de Strasbourg trouvent ici leur motivation : choisis par Sarkozy, ils sont confinés au Parlement européen, et gardés en réserve pour, chacun dans sa région, prendre d'assaut en 2001 une grande ville tenue par la gauche ou le centre. Ainsi escompte-t-il bâtir l'édifice féodal qui lui est nécessaire. L'heure venue, ce machiavélisme médiéval s'effondrera comme un château fort bancal.

Le bal des aigris

Le mardi 6 avril, Philippe Séguin revient d'un week-end de Pâques solitaire. Il tend un document à Nicolas Sarkozy : « C'est ma liste pour les européennes. » Il y a glissé quelques noms imprévus, tels ceux de Roselyne Bachelot ou de Guy Cabanel, un sénateur de l'Isère ; il en a rayé d'autres, comme la chiraquienne Margie Sudre ou le premier adjoint d'Alain Juppé à Bordeaux, Hugues Martin. Le secrétaire général a une journée pour l'annoter, elle doit être avalisée le lendemain par le reste des hiérarques. Or elle comporte deux ou trois dispositions inacceptables pour Démocratie libérale, traitée en adjuvant. Le dimanche 18 avril, Philippe Séguin, Nicolas Sarkozy et Alain Madelin doivent se retrouver à Redon, la ville que dirige le troisième, pour se mettre d'accord sur les derniers ajustements. La liste ainsi arrêtée sera présentée aux cadres du mouvement gaulliste le 24 avril et, après les congés du début de mai, votée en comité politique. La démission de Philippe Séguin est un gravier jeté dans cette minutieuse horlogerie. Après le bureau politique du RPR qui l'investit tête de liste, le 20 avril, Nicolas Sarkozy ne doute pas de lui-même : « Juppé n'est que logique, il n'a pas de souffle ni de force de proposition, ce n'est que du raisonnement ; Balladur est programmatique : des propositions et du raisonnement, mais pas de souffle ; Séguin est lyrique : du souffle, que du souffle, mais pas de raisonnement ni de propositions. » Bateleur inépuisable, boulimique d'idées et mécanicien en démonstrations huilées, Nicolas Sarkozy se pense la synthèse idéale, une sorte de « Juballaguin », un centaure politique. « Séguin-Sarkozy, c'était la tête et les jambes, tempère, aussi cruel que sage, le maire de Versailles, le séguiniste Etienne Pinte. Là, nous n'avons plus que les jambes, ça pose un problème pour la réflexion politique. »

Tout composite qu'il soit, Sarkozy doit rassembler 86 colistiers, en commençant par le numéro deux. Or, le 20 avril, Alain Madelin, assis derrière Séguin sur le tandem versé au fossé le jeudi précédent, n'est plus candidat. Prévenu à 9 h 45 du matin par Séguin, le matin de son sabordage, il considère qu'on l'a traité avec un peu de légèreté; et il doute de la capacité de Nicolas Sarkozy à s'imposer au suffrage universel. Sarkozy ne l'estime pas plus : « Il est travailleur, intelligent, sympa, mais pas fait pour diriger à long terme un parti politique. » Démocratie libérale suggère de substituer à Madelin, aux côtés de Sarkozy, Philippe Vasseur, ancien ministre de l'Agriculture. « Inacceptable », juge Sarkozy, qui téléphone à Madelin : « Tu fais comme tu veux, je peux comprendre tes raisons, mais moi j'y vais. Plus tard, il y aura ceux qui ont plongé et ceux qui se seront couchés. » Jean-Claude Gaudin, le maire DL de Marseille, appelle lui aussi son chef de parti pour le sommer de s'engager derrière Sarkozy. Alors Madelin décide de plonger : le duo va se noyer. Le 15 mai, au musée de l'automobile de Lohéac, en Ille-et-Vilaine, gaullistes et libéraux se retrouvent pour réfléchir. De ce séminaire, Alain Madelin sort les bras encombrés de lourds rapports couverts d'annotations; Sarkozy, lui, a gardé une feuille sur laquelle il a noté quelques idées simples et quelques formules chocs.

Dans l'avion qui l'enlève au sol espagnol, le 5 mai au soir, Nicolas Sarkozy se délecte : à la même heure à Paris, son lieutenant Brice Hortefeux prévient ceux qui n'ont pas été retenus pour figurer sur la liste des européennes. « Ce soir, je ne veux avoir personne au téléphone. Demain, au bureau politique, je balance la liste après avoir demandé l'approbation des principes qui ont présidé à sa constitution. S'ils votent les principes, ils doivent les appliquer sur les noms ; s'ils refusent quelqu'un, il faut le remplacer par un profil équivalent. Après, je la rends publique avec Madelin. » Ainsi, la liste rêvée dans l'avion Paris-Nancy prend forme dans le jet Madrid-Paris. Néanmoins, Sarkozy a jeté par le hublot l'un de ses « principes » : aucun sortant. En effet, dix députés européens rempilent sur sa liste... L'intégrisme est difficile, mais l'intrigue politique est simple : « Pour Marie-Josée Roig, explique-t-il au hasard, j'ai raisonné ainsi : elle est maire d'Avignon et c'est une femme, donc elle fera des voix, partout en France sauf à Avignon où les gens ne sont pas contents. Je la prends donc sur la liste. Mais les trois parlementaires RPR de son département sont venus me demander de ne pas la retenir ; or, un élu est responsable de l'état des troupes, donc je la mets en position non éligible. Elle est 22e, c'est la 1re place non éligible. A elle de nous rapporter des voix supplémentaires si elle veut passer la barre. » Il ignore alors que la liste n'aura que 12 élus. Il a réfléchi aussi à des stratagèmes plus gratifiants : ainsi, il a envisagé de recruter sur sa liste Michel Sardou, connu pour ses opinions de droite, Marie-Anne Chazel – Christian Clavier est un ami de Sarkozy – et Geneviève Anthonioz-de Gaulle, nièce du Général, qui décline l'offre en invoquant son âge.

Sarkozy n'a parlé à personne au téléphone, mais il n'a pas évité les rancœurs des évincés. « Je vais continuer sans jamais rien lui devoir, grince l'un d'entre eux. C'est le drame de sa liste : il avait l'occasion de se faire une bande de vingt personnes qui lui doivent tout, mais son seul souci, c'est que personne ne lui fasse d'ombre. Il ne sait pas gérer les carrières des autres. Suivre les chefs gratos, c'est fini ; même la compétence, ça se paye. » Sarkozy ne danse pas au bal des aigris. Il ne reçoit qu'une seule des victimes, par ricochet, de la composition de sa liste : Jean-François Copé. Le jeune maire de Meaux espérait que Guy Drut, député de Seine-et-Marne, serait retenu pour aller siéger au Parlement de Strasbourg. Il aurait ainsi été obligé de libérer son siège à l'Assemblée nationale, provoquant une partielle que Copé, battu en juin 1997 dans une circonscription voisine mais bien plus ardue, aurait emportée sans grande difficulté. La manœuvre a échoué, Jean-Louis Debré ayant mis son veto à toute candidature européenne de député national, « pour ne pas ouvrir de ligne de fracture » dans le groupe qu'il préside. « Je suis resté une heure et demie avec Sarko, raconte Copé, et pendant une heure et quart, je lui ai envoyé tous les Scud que je pouvais : "Tu es comme le disent les journaux, tu ne tiens pas tes engagements, tu n'as aucune parole, tu es le même qu'en 1995 ; à quoi ça sert que je te fasse des notes si c'est pour être trahi ainsi ?" Il m'a écouté, puis il m'a répondu : "N'en jette plus. Tu es le seul que je reçoive. Si tu veux, tu peux arrêter de me rédiger des argumentaires, quitter mon équipe, je ne t'en voudrai pas." Puis il a ajouté : "Tu sais, moi, j'ai trente propositions dans le privé." Il y a eu un instant de silence, et il a continué à faire de la politique. » Le samedi 27 mai, le nouveau président du RPR en campagne européenne rend visite au maire de Meaux, qui a organisé une rencontre avec les habitants de l'une des cités difficiles de sa ville, « Cornouailles ». Le gardien est présent, ainsi que les agents de médiation et un champion de boxe thaï, qui se livre à une exhibition acrobatique devant les élus. Sarkozy n'est pas à l'aise : le social, c'était l'affaire de Séguin. Le maire de Neuilly déroule son discours, mais ce n'est pas celui qu'il faut. « Il ne sait pas parler d'eux-mêmes aux gens, explique un témoin. Il doit apprendre à parler aux gens qui souffrent. »

Le tzarinet Nicolas

La campagne électorale n'est pas chaleureuse. Nicolas Sarkozy, admirateur des policiers du Raid, la conçoit comme un assaut : il ne s'agit pas de convaincre, mais de vaincre. Avec un seul ordre de bataille possible : lui devant et tous derrière. Seule la première partie de cette consigne sera réalisée. Nicolas Sarkozy est une escadrille à lui tout seul, un mono-commando. « Pendant la campagne, se souvient Hervé Gaymard, Sarkozy fait régner une atmosphère schlague : il insulte les députés, il les accuse de tiédeur, il est aussi nerveux qu'en janvier 1995, quand il demandait à Jacques Chirac, à la télé, de retirer sa candidature. » « Le 15 avril, la veille de la démission de Séguin, Sarkozy est venu dans mon département, ajoute Nicolas Dupont-Aignan, député pasquaïen de l'Essonne. Je ne vais pas au meeting, mais j'assiste au comité départemental. Sarkozy me regarde et dit : "Les députés qui ne soutiendront pas Philippe seront sanctionnés." Quelques semaines plus tard, je reçois Pasqua. En groupe parlementaire à l'Assemblée, alors que je ne suis pas là, Sarkozy dénonce mon attitude devant les autres députés, choqués : "Ils ne seront pas réinvestis", dit-il des députés qui soutiennent Pasqua. Il ne connaît que la menace. Et il nous incite à la surenchère : à huit parlementaires, on a immédiatement signé un communiqué de soutien à Pasqua. » « Le jour où Séguin a rendu son tablier, poursuit Dominique Perben, député et maire de Chalon-sur-Saône, Sarkozy m'a dit : "Tu dois être mon adjoint." Le lendemain, il me glisse : "Tu dois être porte-parole de la campagne." Je lui réponds que je ne suis pas candidat pour un tel poste. "Tu as raison, enchaîne-t-il, tu dois être porte-parole du RPR." Puis plus rien, il ne m'en a jamais reparlé, et ne m'a rien donné. Il s'aliène beaucoup de gens en pratiquant ainsi. Ça va bien avec des gars de trente ans qu'on fait saliver, pas avec moi. »

Même Philippe Séguin s'éloigne de Sarkozy : il le voit trois fois entre le 16 et le 30 avril et lui promet de « faire un geste » pendant la campagne, mais il est choqué que son successeur se rende à la soirée des Amis de Jacques Chirac, qui fêtent le 7 mai le quatrième anniversaire de la victoire élyséenne, autour de Bernard Pons, leur président, dont une petite phrase provoqua son ire et son hara-kiri. Séguin se contentera d'un message de soutien alambiqué, gonflé de venin antichiraquien et diffusé trop tard dans la campagne. Sarkozy est tout seul devant, et tous les autres sont derrière, le dos tourné. Pourtant, il a bien veillé à se faire décerner les brevets de gaullisme nécessaires pour rassembler : il s'est entretenu dès la fin d'avril avec Maurice Couve de Murville, Pierre Messmer, Jacques Chaban-Delmas et Olivier Guichard. Même les électeurs se désintéressent de sa campagne. « Avec son côté canines qui rayent le parquet et son dynamisme de mitraillette prévisible, il ne passe pas dans l'opinion, explique Perben. Une militante m'a dit : "Méfiez-vous de Bayrou, sa douceur plaît." » « Le côté "wonderboy" de Nicolas a fait des ravages dans l'opinion, reconnaît Brice Hortefeux. Je me souviens d'un article comparant Sarkozy dégustant des toasts au saumon dans un jet et Bayrou avalant un sandwich au camembert dans un avion à hélices. Ça m'a rappelé 1995, quand nous, les balladuriens, on s'était moqués de Chirac en visite dans une usine d'andouilles à Vire. » « Chez moi, les affiches Sarkozy n'étaient même pas collées sur les panneaux officiels », conclut Dupont-Aignan. Sarkozy est tout seul devant, et il n'y a plus personne derrière. C'est une catastrophe pour le candidat, mais un bonheur pour l'égotiste.

Il le reconnaît lui-même : « Personne ne m'aide, je dois m'inviter si je veux aller quelque part. Pour ma venue aux Amis de Jacques Chirac, Pons m'a demandé une heure et demie de réflexion avant de me dire oui : c'est révélateur. » Certes, mais lui-même, deux jours plus tôt, excluait de se rendre à ces agapes organisées au Sénat : « Ça ferait un peu trop. » Mais « un peu trop », c'est juste assez pour lui. Et c'est Roger Karoutchi, un séguiniste, qui l'a convaincu : « On ne doit pas perdre une occasion de faire campagne. » Le lendemain, Philippe Séguin appelle Sarkozy, furieux : il ne viendra même pas à un meeting, il se contentera d'envoyer un message. Il le fait le 8 juin, *in extremis*, et s'attire alors la fureur d'Alain Madelin : « Tu aurais pu parler de moi dans ton message, pas seulement de Sarkozy. » « Sûrement pas, réplique Séguin, ça voudrait dire que je soutiens la liste. » Car Philippe Séguin est reconnaissant envers Sarkozy, mais d'accord avec Pasqua. « Le 24 avril, quand je suis officiellement avalisé comme tête de liste, mon TGV démarre, et les autres comprennent qu'ils ont fait une erreur de me laisser partir; alors, ils essayent de m'arrêter : pendant une journée, Juppé et l'Elysée essayent de me faire la peau. Mais le mardi suivant, les députés du groupe m'applaudissent au début et à la fin. Juppé est écœuré. » Pour Nicolas Sarkozy, la campagne électorale est la continuation de la guerre civile, par d'autres moyens. « Les Français et moi? Pour Mitterrand et pour Chirac aussi, on a dit que c'était un problème, alors... Que voulez-vous : j'ai une tête d'énarque et de premier de la classe alors que je ne suis ni l'un, ni l'autre. » Même Eric Raoult, un fidèle, se met à douter : « Nicolas est bon en meeting, mais seuls les convaincus y viennent; il est bon aussi à la télé, mais les débats sont le 30 mai et le 6 juin, beaucoup trop tard. » Pourtant, Sarkozy n'épargne pas la gauche. A Jacques Séguéla qui lui recommande de ne pas être trop dur avec François Hollande, il réplique : « Qu'il cesse de dire que j'étais balladurien, ou alors je rappelle qu'à la même époque, il était dans le cabinet noir de Mitterrand. » A la télévision, il traite Daniel Cohn-Bendit et Dominique Voynet de « soixante-huitards attardés »; le cabinet de la seconde lui envoie un petit mot : « Madame la ministre de l'Environnement tient à vous faire savoir qu'elle avait neuf ans en 1968. » Sarkozy prend la plume : « Madame la ministre, ne croyez pas qu'il s'agissait là d'une allusion déplacée à votre âge... »

Le 20 mai, conscient que le TGV roule vers l'abîme, Sarkozy provoque une réunion de crise et prend quatre mesures d'urgence : « Il faut RPRiser la campagne, tant pis pour Madelin; il faut taper plus sur la gauche; tout le monde doit se mobiliser; il vaut mieux faire connaître Nicolas Sarkozy, son parcours, son charisme. » Le culte de la personnalité s'intensifie donc, la gloire du tzarinet Nicolas est le seul objectif de cette ombre d'armée en non-campagne. Le 3 juin, *La Lettre de la Nation* publie un album de photos souvenirs de « Notre campagne pour la France et l'Europe », comme s'il s'agissait déjà de la classer dans les archives. Sur 22 clichés, 18 mettent la tête de liste à l'honneur : Sarkozy aux Antilles, Sarkozy en Corse, Sarkozy en Espagne; Sarkozy sur un marché, Sarkozy en meeting, Sarkozy à la télé; Nicolas boit du café, Nicolas boit de l'eau, Nicolas boit du cidre; Nicolas avec Edouard, Nicolas avec Alain, Nicolas avec Valéry. Une légende présente « Le lancement de la campagne avec Philippe Séguin et Nicolas Sarkozy, le 18 mars », alors que le cliché montre Séguin et... Madelin. Telle est la vérité de la campagne européenne de Nicolas Sarkozy : il empile de la notoriété dans un vaste jeu de l'ego. D'ailleurs, il l'assume : « Aux européennes, j'ai fait une campagne présidentielle : le matin, je vendais du Nicolas, l'après-midi du Sarkozy et le soir du Nicolas Sarkozy. A deux ou trois ans d'échéance, c'est bon pour mon image. Et en me dévouant dans une situation délicate, j'ai mis le courage dans mon image politique : ça me manquait. » Le RPR demandait à Sarkozy de sauver les meubles : il les a vendus à son profit personnel. Alors qu'il croit encore en un éventuel exploit, il anticipe : « Après le 13 juin, j'aurai besoin d'un repos médiatique : j'ai été surexposé. » Le désastre du scrutin va lui offrir de longues vacances.

Le calice jusqu'à l'hallali

Le dimanche 13 juin 1999, Nicolas Sarkozy se rend au quartier général de sa liste en compagnie de son fils aîné, âgé de 15 ans. Il sait déjà que la bataille est perdue, mais n'imagine pas le pire. Or le pire va arriver. Au démarrage du TGV, les objectifs sont ambitieux : « Avec 6 mois de campagne, prédit un de ses amis, Nicolas ferait 20 % sans problème, 25 % si Bayrou le rejoignait. Là, ça va être un peu plus dur. » « Il faut franchir les 19 % », prévient Pons le 29 avril. « 18 %, ce serait bien », tempère un proche de Sarkozy au début de mai. Puis les pronostics se raréfient au fur et à mesure que les sondages s'anémient. La dernière semaine de campagne, aux meetings très réussis, réconforte les colistiers, mais, au même moment, les sondages s'effondrent. Le 12 juin, Laurence Parisot, présidente de l'Ifop, annonce au camp Sarkozy que Charles Pasqua sera sans doute devant eux, même si cela n'apparaît pas encore dans les mesures. Le 13 à midi, Nicolas Sarkozy annonce à Brice Hortefeux qu'il va démissionner après la soirée électorale. A 17 heures, Hortefeux consulte les résultats de la liste Baudis en 1994 : elle réalisa deux points de moins que ce que les derniers sondages lui attribuaient. Hortefeux conclut : « On est à 14 points, on finira en dessous de 13. » Un peu avant 22 heures, la meute des caméras s'agglutine devant la porte du bureau de Sarkozy : elle bave de la lumière, elle veut sa ration de défaite et d'humiliation. C'est l'hallali. Quand il sent que l'instant « où il faut y aller » arrive, Sarkozy se penche vers son fils : « Regarde, ouvre les yeux. Ce n'est pas parce qu'on travaille qu'on réussit, pourtant, il faut travailler. » Puis il s'avance, hussard désarçonné, vaincu d'avoir trop combattu, vaincu de n'avoir pas convaincu. « L'enthousiasme est frère de la souffrance », est-il écrit dans *Lorenzaccio.* Ce soir-là, Nicolas Sarkozy est orphelin de lui-même.

Sarkozy avale l'échec. Il gagne sa tribune et déclare : « Le résultat n'est pas à la hauteur de notre engagement. C'est ainsi. Il faut l'accepter et en tirer les conséquences. Je savais que l'élection serait très difficile. Je n'ai pas pu inverser la tendance. J'assume bien entendu la responsabilité de ce résultat. » Mais déjà, en privé, il déroule les explications, si ce n'est les excuses, toutes les analyses qui transforment son désastre en défaite héroïque, sa Berezina en Diên Biên Phu. « Quel score aurait obtenu François Hollande si Martine Aubry avait été à la tête d'une autre liste ? Et Bayrou si Douste-Blazy avait fait dissidence ? Il y avait deux listes RPR dans cette élection : une pour l'Europe et une contre. En réalité, j'ai disputé une présidentielle contre la montagne Pasqua. En 1992, 75 % du RPR a voté contre Maastricht, or la moitié des gaullistes m'a choisi cette fois-ci : faire jeu égal avec Pasqua, ce n'est pas rien. De toute façon, six semaines, c'était trop peu pour gagner, juste assez pour m'essouffler. Le cycle d'une campagne, c'est haut, puis bas, puis haut : moi, il m'a manqué du temps pour le redressement final. » Sarkozy n'a pas tort, comme le reconnaît, perfide, le séguiniste Roger Karoutchi : « Pour le RPR, les européennes sont mortes le 16 avril. Séguin, sur son nom, aurait fait quatre points de plus. » C'est essentiel car, dans la nuit, arrive le pire : comme prévu par l'Ifop, la liste menée par Charles Pasqua passe devant celle de Nicolas Sarkozy. Pour lui, c'est le clou supplémentaire de la crucifixion, le coup de lance au côté, le raffinement dans la cruauté, l'humiliation ajoutée à la défaite. Seize ans plus tôt, il a floué Pasqua de la mairie de Neuilly : voilà l'heure de la revanche pour le pachyderme corse. Le lendemain matin, Alain Juppé appelle Brice Hortefeux et le félicite pour son élection au Parlement de Strasbourg : Hortefeux le remercie pour cette attention, mais lui précise que, en treizième position sur la liste Sarkozy, il n'est pas élu...

Les européennes peuvent sonner le glas d'une carrière politique nationale. En 1994, Dominique Baudis, malgré un score honorable, et surtout Michel Rocard, ont enterré leurs ambitions sur la route de Strasbourg. Nicolas Sarkozy ne méconnaît pas ce risque, même s'il pense que, pour lui, cet échec est moins un glas que des mâtines : un mouvement de cloches un peu trop précoce. Le 14 juin, c'est pourtant la curée qui continue. Dès la première réunion des hiérarques du RPR, sa tête est demandée : Jérôme Monod est à la manœuvre, indiquant aux participants que le choix de l'Elysée est clair. En sacrifiant Nicolas Sarkozy, il s'agit d'apurer la défaite de la veille. Le matin même, les parlementaires gaullistes se sont retrouvés à l'Assemblée nationale, en conjurés impitoyables. Il est décidé que, si Sarkozy ne se démet pas de la présidence du RPR, une pétition signée par une trentaine de parlementaires sera rendue publique, exigeant son départ. Au Palais-Bourbon, c'est Bernard Pons qui contrôle la tournure des événements, et le député Henri Cuq qui en rapporte les détails au Château. Non seulement l'Elysée a décidé de lâcher Sarkozy, mais c'est un changement de stratégie qu'annonce ce sacrifice expiatoire. Jusqu'alors chantre de son union, Jacques Chirac plaidera quelques jours plus tard pour la diversité de l'opposition : si la droite monolithique est impossible, autant assumer les miettes, en espérant bâtir en 2002 un second Elysée de ce sable épars. Dès le lundi soir, Nicolas Sarkozy a compris, et démissionne. Il a été président du RPR soixante jours, pas un de plus ; pas même de quoi faire un retour de l'île d'Elbe.

La flamme sans la mèche

Nicolas Sarkozy a déjà connu la défaite, son amertume grisante et ses vertiges insondables. Sur la roche Tarpéienne souffle l'air du large, glacé. Mais c'est la première fois qu'il vit un échec personnel : aucun Balladur pour amortir le choc, aucun paratonnerre. Lui et lui seul a perdu, le peuple a désavoué Nicolas Sarkozy. Il en faut plus pour le décourager, mais c'est une situation nouvelle dont il doit improviser l'utilisation. Le 14 juin, en se démettant de la présidence, il a annoncé qu'« en toute hypothèse », il ne sera pas candidat à l'élection qui, à l'automne, dotera d'un président ce parti doublement orphelin. Le 26 juin, les cadres du RPR sont convoqués à Paris. La veille au soir, Brice Hortefeux rend visite à son mentor. « J'envisage d'arrêter la politique, confie Sarkozy. Avec une seule motivation valable : changer de vie. J'ai vu Jean-Pierre Thomas, il gagne mieux sa vie depuis qu'il a tout arrêté. Et en plus il a ses week-ends. C'est un choix personnel, pas politique. » Thomas, ancien député et trésorier du Parti républicain, a quitté la politique en 1997, pour prospérer depuis. En réalité, deux propositions d'activités privées, liées à son métier d'avocat, ont été transmises à Sarkozy par des amis, dont une qualifiée de « très alléchante ». Le dimanche 27, Hortefeux revient lui rendre compte de l'impact de la réunion des responsables gaullistes, qui est plutôt bon pour lui, mais l'état d'esprit du battu, feint ou sincère, est le même. Sarkozy rentre dans l'été en préretraité de la politique, comme un jockey accidenté fuit les chevaux. « Je n'ai plus envie. L'envie reviendra de moi, ou elle ne reviendra pas. Passer dix ans dans le privé peut être habile, mais c'est anecdotique : si la passion est conceptualisée, elle est fausse ; on ne l'explique pas, on la vit. Et il faut la dépasser par l'action, ou bien elle vous dévore. En 1970, je tournais en rond dans ma chambre de bonne en me demandant comment faire de la politique. De 1983 à 1987, je me suis enivré d'en faire tous les jours. Avec 1995, j'ai appris que l'épaisseur, c'était de dominer ses sentiments. Aujourd'hui, je pense qu'il est plus facile d'apprendre à moins donner que d'apprendre à donner. » Nicolas Sarkozy grignote sa mélancolie comme un casse-croûte sur la route des vacances. La « tentation de Venise », qui attire Alain Juppé aux marches de l'abandon, n'est pas pour lui : « Venise ? C'est trop beau pour être tentant. » Alors il se rend à La Baule, comme tous les ans. « Réfléchir seul, c'est démodé. Moi, le sport me suffit : je mets ma casquette, des lunettes de soleil et je fais une heure de jogging, ou du vélo. J'aime transpirer. » Tel un philosophe de l'école péripatéticienne, Sarkozy va donc suer une stratégie.

Il ne quittera pas la politique. Il n'y reste pas tant par amour du pouvoir ou des honneurs que parce que la notoriété est son oxygène et l'agora son jardin. S'il a hésité, le temps d'un soupir, c'est moins par découragement que pour reprendre son souffle. Quand il rentre de vacances, il est déterminé à se présenter à l'élection présidentielle interne. « Au suffrage universel, je ne crains personne dans le mouvement, sauf Alain Juppé. Mais il croit qu'il est plombé, à cause des affaires. Moi, je pense que c'est plutôt pour des raisons politiques. » Le 2 août, une équipe est constituée autour de Sarkozy, pour expédier les affaires courantes en attendant l'arrivée d'une nouvelle équipe. Elle est un bel exercice de collégialité : tous les éventuels prétendants à la présidence, et leurs principaux soutiens, y sont présents. Trente et une personnes qui ne forment pas une équipe, mais une association d'écuries. Pendant quatre mois, le RPR va piaffer et hennir, et ne plus penser ni parler. Le samedi 28 août, Nicolas s'adresse aux jeunes gaullistes réunis en université d'été à Lyon : « J'ai passé, comme d'autres ici, plus de temps à être un militant qu'un dirigeant. Et je veux vous le dire parce que c'est le devoir de chacun d'entre nous : cela ne me gênerait nullement de revenir à la base et de laisser à d'autres le soin d'assumer les charges et les responsabilités qui sont aujourd'hui les miennes. (...) Je ne sais pas ce que l'avenir nous réserve, vous réserve, me réserve. Le passé ayant été pour moi si riche en rebondissements inattendus... Je vous prie de croire que tout ne fut pas une partie de plaisir, loin de là. Je me suis battu, il le fallait bien. Je n'ai pas observé que les volontaires étaient innombrables. (...) J'ai lu beaucoup de choses ces derniers temps sur mes intentions supposées. C'est curieux : moins je voyais ceux qui écrivaient sur mes intentions, plus ils en écrivaient. » L'ovation qui paraphe sa prestation ressuscite son ambition. « Tu as été applaudi par principe, pas par adhésion idéologique à tes propos », lui fait remarquer, quelques jours plus tard, l'un de ses collaborateurs : Sarkozy explose de colère et l'expulse de son bureau. Il ne supporte pas cette réserve, car il vient d'engager le scénario du retour : dix sénateurs, vingt-cinq députés, trente et un délégués départementaux à la jeunesse et près de cent maires réclament sa candidature à la présidence du RPR. Un prompt renfort qui n'a rien de spontané, moisson de deux années d'activisme et de noyautage au sein de l'appareil gaulliste. Deux mois plus tôt, après la réunion du 26 juin, Sarkozy rabrouait ceux qui lui témoignaient du soutien d'une partie des militants et des cadres : « Je ne suis pas Séguin, je n'ai pas besoin d'un appel pour rester. » A la rentrée s'organise un appel pour revenir. Le 7 septembre, Sarkozy refuse que le RPR attribue des moyens financiers aux différents prétendants à la présidence du mouvement, tandis que François Fillon, déjà lancé dans la compétition, réclame une égalité de moyens avec le secrétaire général, qu'il soupçonne de profiter, en candidat virtuel, des avantages logistiques de sa fonction : « Toi, tais-toi, lance Sarkozy au président de la Région Pays-de-la-Loire. Tu as eu ton chèque. J'ai payé pour les séguinistes, j'ai payé pour Balladur. Et Séguin n'est pas celui qui a eu la moins grosse part. » Un silence s'installe. Le 10 septembre, le secrétaire général confie au *Monde* qu'il a « besoin d'être libre », tout en détaillant ce que serait une présidence Sarkozy. Mais c'est peine perdue. Sarkozy n'arrivera pas au port.

Le 14 septembre, il publie le communiqué de l'échouage : « Je ne serai pas candidat à la prochaine élection à la présidence du RPR, conformément à ce que j'avais indiqué le 15 juin 1999. » Préciser qu'il a tenu parole est une mince consolation. Sa frustration baigne chaque ligne du discours qu'il prononce devant les parlementaires gaullistes rassemblés à Marseille, le 24 septembre. La première moitié de son propos, le dernier qu'il édicte en tant que secrétaire général du RPR, est consacrée à lui-même : son parcours, ses doutes, ses luttes depuis 1997 ; la seconde moitié livre en vrac ce qu'aurait été son discours de candidat à la présidence du RPR, ce qu'il aurait fait de ce mouvement, une fois réélu. Sarkozy a déjà connu l'échec, mais pas le renoncement ; il préfère perdre que ne pas participer, ne s'est jamais abstenu dans le doute car n'a jamais douté, risque les quitte ou double mais jamais ne passe. Il s'en étonne et s'en inquiète : « Construire en renonçant, voici sans doute le pari le plus étrange qu'il m'ait été donné de faire ces dernières années. » Serait-il élu président du RPR six mois après le fiasco électoral qu'il a connu en juin ? Sans doute non, tant l'écart de température est vaste entre la sage tiédeur de la base et ses fièvres droitières. Lui, bien sûr, est persuadé du contraire. Jamais il ne le saura, jamais il ne le prouvera au monde. Parce que le sang bout en lui sans trouver cette fois le volcan de l'action, mais également parce qu'au fond de lui-même il se sent un peu lâche de ne pas se battre, Sarkozy souffre : « Ce fut pour moi un sacrifice, ou une douleur. J'aime le combat, sans doute trop. J'aime le RPR, depuis longtemps. J'aime la vie politique. » L'envie est revenue, du fond de lui-même, où il l'avait mise à l'abri du souffle de l'échec. Mais l'envie sans l'occasion, c'est la flamme sans la mèche.

Si Nicolas Sarkozy est empêché, c'est parce que Jacques Chirac l'a décidé. Car, pendant que le premier réfléchissait en transpirant à La Baule, le second méditait en bronzant à l'île Maurice. Le Président considère qu'il faut une posture gaullo-sociale au RPR, et a déjà lancé « l'opération Delevoye », pour imposer le sénateur et maire de Bapaume à la tête du mouvement. Sarkozy a commis quelques erreurs en plaidant sa cause. Pendant sa campagne européenne, il insiste, en vain, pour accompagner le Chef de l'Etat dans l'un de ses déplacements à l'étranger : il n'obtient que le droit d'être dans la voiture présidentielle entre l'Elysée et le Stade de France, le 29 mai, au soir de la finale du Championnat de France de rugby. Sur la route, Sarkozy, qui pressent la défaite, tente de « vendre » à Chirac son schéma pour le RPR d'après l'été : plus de président, mais un secrétaire général élu par les militants. L'idée est maladroite : elle reprend le dispositif proposé par Philippe Séguin et Charles Pasqua au printemps de 1995, pour limiter l'omnipotence d'Alain Juppé. Indifférent puis sceptique, le Président devient hostile à une candidature Sarkozy. A la fin du mois de juin, il lui a dit : « J'ai quelques réserves » ; à la fin de juillet : « Attendons la rentrée » ; à la fin d'août, il tranche : « Je suis contre, ce n'est pas une bonne idée. » L'Elysée a envisagé toutes les possibilités : un duo Sarkozy-Fillon serait une solution viable pour le RPR, mais risquerait par trop de promouvoir une candidature Séguin en 2002. Un couple Juppé-Sarkozy garantirait la présence de la machine gaulliste en ordre au service de Chirac, mais le Président ne veut plus entendre parler des partis. Patrick Devedjian a relayé ces analyses jusqu'à La Baule, où il a retrouvé un Sarkozy détendu, parlant peu politique, mais sourd à ces réserves.

De même, le « niet » présidentiel ne décourage pas le maire de Neuilly, persuadé qu'à force de rassembler les soutiens les plus divers, il deviendra pour l'Elysée un candidat acceptable, voire souhaitable. C'est un échec. Le 8 septembre, Jacques Chirac le reçoit et lui dit : « Il n'est pas raisonnable d'être président du RPR. J'ai d'autres projets pour toi. » Sarkozy répète cette pensée aux parlementaires le 24 septembre, comme pour les prendre à témoin : « J'ai parlé avec lui de l'avenir de notre mouvement et lui ai exprimé ma volonté indéfectible de continuer à servir ma famille politique. Il avait son idée sur la place et le rôle dans lesquels je serais le plus utile. J'ai choisi de lui faire confiance. » Car, en jouant à pile ou face son avenir sur la pièce présidentielle, Sarkozy considère qu'il y a un envers et un endroit. L'envers, c'est l'obligation de renoncer à la présidence du RPR ; l'endroit, ce sont ces « autres projets », qui ne peuvent qu'être une place de Premier ministre en 2002. A l'automne de 1999 débute donc l'histoire d'un nouveau couple qui n'est pas un couple neuf : Chirac-Sarkozy.

Vassal

Alors qu'il est au plus profond des oubliettes des sondages, Jacques Chirac, candidat à l'élection présidentielle de 1995, offre à deux journalistes le spectacle de sa détermination; les raccompagnant, il ajoute : « En tout cas, il y en a un à qui je ne pardonnerai jamais, c'est Sarkozy. Il avait pénétré mon intimité. » Les greniers de leur passé, cette indivision de l'existence, sont un peu trop encombrés. Il est inutile de se demander si ce qu'ils ont partagé est plus important que ce qui les sépare, car ce qu'ils ont partagé est ce qui les sépare. En janvier 1995, quand il demande à Chirac de se retirer de la compétition présidentielle pour que Balladur puisse être élu au premier tour, Sarkozy ajoute l'insulte démocratique à la félonie privée. Tout sentiment est désormais frelaté, l'affection leur est interdite; entre eux, il ne peut plus y avoir que de la politique. « Quand on verra Claude Chirac sur la même photo que Nicolas, c'est que la réconciliation avec le Président sera parfaite », prédisait au début de 1999 un des proches de Sarkozy. Elle viendra assister au dernier meeting de la campagne des européennes, en une démonstration d'ennui ostentatoire, ce qui achèvera la liste Sarkozy. Après l'avoir si longtemps traîné dans la boue, l'Elysée traite Sarkozy par la moue... Sarkozy n'est pas en reste : il s'est depuis longtemps dépouillé de toute émotion à l'égard de Chirac. En pleine campagne présidentielle, à l'automne de 1994, il invite à Bercy, où il est ministre du Budget, Pierre Lellouche, vif partisan du maire de Paris : « Rejoins Edouard Balladur. Chirac ne te donnera rien, tu n'es pas de son clan. C'est comme moi. » Trois ans plus tard, alors que Sarkozy est secrétaire général du RPR, il rappelle à Lellouche cette vieille conversation : « Tu as eu raison de ne pas m'écouter et de rester avec Chirac; tu avais choisi le bon cheval. » « Oui, lui répond Lellouche, mais tu n'avais pas tort : je n'ai rien eu. » Sarkozy tient tant à demeurer étranger à l'emprise affective de Chirac qu'il ne définit jamais directement leur relation, préférant la mesurer à celles que le Président a nouées avec d'autres barons gaullistes. « Pour Séguin, Chirac, c'est mister No; pour Juppé, c'est mister Yes ; avec moi, il y a du débat. » « Philippe Séguin est une énigme, Chirac ne le comprend pas, il en a peur. Jean-Louis Debré est un paillasson. Moi, je le rassure parce qu'il me comprend et je l'inquiète parce qu'il me connaît. »

De novembre 1993 à octobre 1997, Nicolas Sarkozy n'a pas vu Jacques Chirac et ne lui a pas parlé. Cinq émissaires faisaient passer des messages par des canaux détournés, dans une sorte de diplomatie à plusieurs bandes, où chaque rebond érode la haine et accroît l'intérêt : Jean-Louis Debré, Dominique de Villepin, Bertrand Landrieu, Patrick Stefanini et Claude Chirac. Un jour, Villepin appelle Sarkozy : « Le Président veut vous voir tel jour. » « D'accord », répond le maire de Neuilly. « Vous ne regardez pas votre agenda ? » « Non, le Président m'appelle, je viens. Mais moi, je ne l'aurais pas appelé pour demander audience. » Villepin et Sarkozy, intelligences fuligineuses et ambitions fulminantes, bâtissent un rapport complexe mais solide « Villepin m'a dit, au début : "Si tu me fais confiance, tout se passera bien." J'ai trouvé ça correct. D'autant que l'Elysée tremblait de haut en bas quand je suis revenu. » « Il est beaucoup reçu à l'Elysée, mais peu par Chirac », tempère alors une conseillère du Président. Secrétaire général du RPR, Nicolas Sarkozy adopte une tactique simple : la théorie du cheval. « Si vous êtes à un mètre du cheval, explique-t-il, il peut ruer. Si vous collez au cheval, il ne peut vous atteindre. » Il a donc flatté l'encolure de Chirac pendant deux ans. « Je l'ai dit d'emblée : pas une feuille de papier à cigarette entre lui et moi. Du coup, j'ai retrouvé une marge de manœuvre. L'erreur de Séguin, ou de son entourage, a été de vouloir déchiraquiser le mouvement. Moi, je n'ai pas besoin de dire tous les matins que je ne serai pas candidat à l'élection présidentielle de 2002 pour rassurer l'Elysée. » Après les européennes, Villepin aide Sarkozy à préserver cette marge de manœuvre. Le 4 décembre 1999, les deux hommes sont à Nice, pour assister à la finale de la Coupe Davis. Par téléphone portable, ils informent le chef de l'Etat des résultats de la présidentielle gaulliste : Maurice Ulrich et Roger Romani, partisans de Jean-Paul Delevoye, ont disparu... « Depuis le printemps 1998, nos montres sont à la même heure, explique Sarkozy. Villepin m'aide à garder de la distance avec Chirac. » Car l'ex-président du RPR ne veut plus tisser avec son ancien mentor des liens trop étroits. « Je ne suis pas là pour que Chirac s'essuie les chaussures sur moi, 1999 n'est pas 1993, assène-t-il. Je ne serai plus jamais son collaborateur. » « Sarkozy est un oublieux rationnel », résume son lieutenant Brice Hortefeux. C'est-à-dire un rancunier pragmatique. Au début de leurs retrouvailles, les deux hommes s'électrisent : « Moi, je faisais le pit-bull, avoue Sarkozy, et lui m'accusait presque d'avoir provoqué l'échec des législatives. Il n'y a pas d'affectif entre lui et moi. Je n'ai pas besoin d'un père. Nous sommes dans un rapport utilitaire. »

Le jeudi 16 septembre 1999, Jacques Chirac se rend aux Championnats de France de labour, dans l'est de la France. Mais ce n'est pas en Cincinnatus qu'il retourne à la charrue. Le Président aux champs ne fait pas de poésie, mais de la politique : la campagne est toujours électorale pour cet ancien ministre de l'Agriculture. Après un bel exercice de démagogie rurale, doublé d'un match de communication avec Lionel Jospin, il téléphone à Nicolas Sarkozy : « Je rentre à Paris, je veux te voir à 19 heures. » « Je ne peux pas », s'excuse Sarkozy. « Si », tranche le Président. A 19 heures, les deux hommes sont au premier étage du Château, dans le vaste bureau présidentiel. Sarkozy remarque que les chaussures de Chirac sont encore couvertes de la poussière de son escapade campagnarde. « Il faut un témoin à notre entretien, dit le Président. Acceptes-tu que Dominique assiste à notre entretien, sans y participer ? » Sarkozy donne son accord et le Secrétaire général de l'Elysée rejoint les deux hommes. De retour des labours, Chirac trace un sillon : il se livre à une étrange revue d'effectifs. Il dresse la liste des « premier-ministrables » de 2002. Les « autres projets » qu'évoquait le chef de l'Etat se précisent : c'est donc bien Matignon, après deux années de loyal combat à ses côtés. La discussion se prolonge plus d'une heure, qui s'ajoute aux cinq entrevues de l'été. Renoncer au RPR aura rapproché Sarkozy du Président... « Vous me demandez de vous faire confiance, répond le maire de Neuilly. Je ne crois pas aux promesses, encore moins aux vôtres. » Jacques Chirac se redresse sur son siège : « Il a toujours aimé mon insolence », raconte Sarkozy, qui accepte tacitement l'offre du Président. Il n'a pas le choix, mais au moins il le sait : « A moi de faire en sorte que, le jour venu, je sois le choisi. » C'est une vassalisation que décide Nicolas Sarkozy, grand féodal rangé par raison et non par amour derrière son suzerain. Il n'a pu l'abattre en 1995, il ne peut le défier en 1999, il le servira donc jusqu'à 2002, en guerrier professionnel qu'il ne cesse d'être. Mais plus tard, s'il est un jour à Matignon et que Jacques Chirac, réélu, lui demande : « Qui t'a fait Premier ministre ? », il pourra répondre : « Qui t'a fait Président ? »

Apothéose ou apocalypse

Sarkozy a donc lâché la proie RPR pour l'ombre de Matignon. Pour qu'il devienne Premier ministre, il faut que Jacques Chirac soit réélu Président et qu'il le choisisse pour diriger le gouvernement. Sur cette équation à multiples inconnues, Sarkozy décide de parier deux ans d'action et, sans doute, dix ans d'existence politique. « Le seul dont Chirac puisse être totalement sûr, explique Charles Pasqua dans *Le*

Monde du 11 septembre 1999, paradoxalement, c'est Nicolas Sarkozy : celui-ci n'a pas d'assise politique personnelle, il est simplement persuadé que Chirac lui permettra de faire carrière. Sarkozy est un ambitieux, il sera entièrement entre les mains de Chirac. » Comme toujours, Pasqua se trompe dans son pronostic – il estime que Sarkozy sera adoubé comme patron du RPR – mais l'analyse des rapports entre le Président et le maire de Neuilly est juste. « Aujourd'hui, je suis libre », écrit Sarkozy, huit jours après l'étrange rencontre à la sortie des labours, dans *La Lettre de la Nation*, comme un écho à l'interview du *Monde*. Puis il enchaîne avec un mensonge : « Soyez assurés que cette liberté sera au service, demain comme aujourd'hui, de notre Mouvement et de notre idéal. » C'est faux : il va investir toute sa liberté à son profit personnel, détourner ce ruisseau de temps, qui s'écoule désormais à ses pieds, vers le moulin de son ambition. Le RPR n'est qu'un moyen, et Sarkozy, s'il a sans conteste des convictions, n'a pas d'idéal, du moins pas d'idéal gaulliste. D'ailleurs, il refuse de rendre service au RPR. Il accepte de prendre au téléphone Michèle Alliot-Marie, la présidente du RPR, qui demande conseil en d'interminables conversations : par deux fois, il a pris la communication dans son bain, et s'est enrhumé tant l'eau avait refroidi ! Quand Lionel Jospin commet son voyage catastrophique au Moyen-Orient, Dominique de Villepin demande à Nicolas Sarkozy de se rendre sur les plateaux de télévision pour exploiter la faiblesse du Premier ministre. Mais Sarkozy refuse. De même, les maires gaullistes des Hauts-de-Seine, réunis par ses soins, lui demandent de prendre en 2001 la tête du conseil général : « Je n'ai pas refusé le chaudron du national pour plonger dans celui du 92. » Mais il ajoute en aparté : « Ce manque d'ambition me renforce : ils pensent que je suis le meilleur et que, le moment venu, si je n'y vais pas, je choisirai celui qui ira. » Un an plus tard, son avis a quelque peu changé : « La question est de savoir si je dois prendre le conseil général en 2001 ou si je peux attendre 2004. » Toujours ambitieux, Sarkozy n'est plus candidat à rien, seul Matignon l'intéresse. Pour la première fois de sa vie, il attend et il se tait. Il doit parfois avoir l'impression qu'il est mort...

Pour ne pas s'ennuyer, Sarkozy voyage. Il passe deux jours dans l'Indre, à rencontrer les élus, deux dans l'Orne, il rend visite à Guy Gilbert, « le prêtre des loubards », dans le Verdon. Il se rend à Berlin, visiter la CDU de fond en comble. Pour mieux voyager, il apprend l'anglais – une heure par jour – avec une professeur qui l'a prévenu : « Je n'aime pas les mauvais élèves. » Pendant l'hiver 2000, il s'offre une évasion en Syrie – même s'il ne s'agit en rien pour lui de prendre le chemin de Damas. « Venez faire un cycle de conférences chez nous, dans la grande faculté », lui propose la ministre de l'Université. « Philippe Séguin va déjà donner des cours au Québec, pense Sarkozy. Ça ferait peut-être beaucoup. » Lors d'un déplacement, le chauffeur, pour gagner du temps, prend l'autoroute à contresens, la bonne voie étant encombrée par les chars d'assaut. Le grand mufti lui offre un poignard et, quand Nicolas Sarkozy demande au n°2 du régime si le fils d'Hafez El Assad, alors encore vivant, a le même charisme que son père, il s'entend répondre : « Le fils est le secret du père. » En voyant sur les murs de Damas les portraits géants des deux fils d'Assad, l'aîné, décédé, sous l'écriteau « L'exemple » et le cadet sous l'inscription « L'espoir », imagine-t-il que Jacques Chirac considère ainsi Juppé et Sarkozy? Telles sont les tribulations de Nicolas en Syrie. Pour voyager jusqu'à Matignon, périple plus hasardeux qui s'effectue toujours à contresens, il lui faut abandonner le jogging pour s'entraîner au marathon. Et moins réfléchir par la sueur, pensée de surface, que par l'introspection, pensée en profondeur. « J'ai 800 pages de notes sur la période 1993-1995, explique-t-il. Je voudrais en tirer 200 pages, pour dire ce que je crois et ce que je suis. » Mais le temps passe, et Nicolas Sarkozy n'arrive pas à écrire ce qu'il croit ni qui il est. En fait, ce qu'il sera demain l'intéresse plus que ce qu'il est. Nicolas Sarkozy ne pense qu'à 2002.

Il considère que les deux années à venir appartiennent à Jacques Chirac. « Il est troublé que j'aie obtempéré pour la présidence du RPR, s'amuse-t-il. Il me dit : "C'est rare que tu m'obéisses, tu m'as épaté." Et chaque fois qu'il me voit, il commence par un hommage à mes qualités d'homme d'Etat. » Sarkozy pense tellement à l'échéance de 2002 qu'il se demande si elle va bel et bien advenir : le calendrier électoral ne va-t-il pas être bouleversé par quelque surprise? C'est pourquoi il passe beaucoup de temps à annoncer des catastrophes qui n'arrivent pas. Ou bien, quand elles adviennent, elles lui tombent dessus, comme en 1995 ou en 1999. « D'ici au printemps 2001, il se passera quelque chose, affirme-t-il en octobre 1999. La cohabitation est une pièce où deux tuyaux de gaz fuient. Même si le briquet est cassé, il y aura tôt ou tard une étincelle. Pour Jospin, cinq ans de Matignon, c'est trop long, et pour Chirac, la question "A quoi sert-il?" progresse tous les jours. Ils me font penser à ces vieux couples où les aigreurs s'accumulent, et un jour, le dessert n'est pas assez cuit. » Sarkozy aime les scenarii. D'une main, au printemps 2000, il en achève un sur le maréchal Leclerc et l'Indochine, tandis que de l'autre, il décrit les guerres politiques de 2002. Selon lui, Jacques Chirac sera obligé de s'engager « jusqu'aux oreilles » dans la campagne des législatives. « Si la droite les gagne, il a 9,8 chances sur 10 d'être réélu Président; si elle les perd, il ne pourra même pas être candidat . Comment pourrait-il dire aux Français : "Réélisez-moi, soit je dissoudrai, soit je serai René Coty, le roi des chrysanthèmes"? Il joue sa vie en 2002, donc il se battra dans les législatives. S'il les perd, la

Nuit de cristal entre les SA et les SS apparaîtra comme une partie de boy-scouts à côté de ce qui lui arrivera. Et c'est vrai pour Lionel Jospin. Malheur au général vaincu qui n'a que trois semaines avant la bataille suivante. J'ai connu l'échec : six mois après, il vous grandit; mais six heures après, il vous tue. »

On peut imaginer au contraire que Jacques Chirac se tiendra à l'écart des législatives, prêt à profiter d'une victoire de la droite ou à développer, si la gauche l'emporte, le discours du bon sens : « Ne mettez pas tous vos œufs dans le même panier, poursuivez cette cohabitation qui vous plaît tant. » Nicolas Sarkozy a tout prévu. Il sait comment se rendre indispensable. « L'élection présidentielle ne se gagne pas au centre comme on le croit, explique-t-il à Chirac, mais dans l'espace politique qui n'est pas celui, naturel, du candidat. Pour Jospin qui est de gauche, elle se gagne au centre; mais pour vous qui êtes au centre de l'échiquier politique, elle se gagnera à droite, chez les électeurs qui ont voté pour vous en 1995 et qui disent : "Chirac ? Plus jamais !" » Le Président se penche vers Sarkozy : « C'est-à-dire les électeurs qui t'aiment et qui ne m'aiment pas ? » « On peut le dire comme ça », conclut le maire de Neuilly. Sarkozy a tout prévu : si la droite perd les législatives, l'heure du putsch sonnera, et les trois partis de droite fusionneront en une formation unique, en deux jours. « Mais il ne faudra surtout pas apparaître comme celui qui a fait perdre Chirac. » Il n'est même pas sûr que Sarkozy attende 2002, printemps d'apothéose ou d'apocalypse, pour reprendre du service : si le RPR perdait Paris en mars 2001... Sarkozy a tout prévu. Sauf l'imprévisible, c'est-à-dire ce qui se passera d'ici à mai 2002. Un an après les européennes, Jacques Chirac a réuni autour de lui Alain Juppé et Nicolas Sarkozy. Le trio ne s'était jamais retrouvé ainsi depuis les législatives de 1993. Le trio est d'ailleurs un quatuor : Jacques Chirac a convié à la rencontre l'UDF Philippe Douste-Blazy, Juppé, le fils légitime que Chirac a eu avec le RPR; Sarkozy, le bâtard du gaullisme. En 2002, si Jacques Chirac est réélu, il le devra sans doute à Nicolas Sarkozy et à son travail dans la campagne à venir; mais il y a fort à parier qu'il nommera, s'il le peut, Alain Juppé à Matignon. Sarkozy, ou l'impossible fils prodigue. Douste-Blazy, le fils adoptif du Président?

Une histoire d'amour

Sur le site Internet du RPR, au temps où il en était le secrétaire général, la biographie en trois pages de Nicolas Sarkozy commençait ainsi : « Frère de Guillaume Sarkozy... » Et si le « petit Nicolas » cherchait toujours à égaler cet aîné, inconnu mais riche, président d'une société de tissage et membre influent du patronat? « Je n'ai jamais été le plumitif d'un ministre, j'ai commencé en distribuant des tracts et j'ai mis vingt-cinq ans à monter toutes les marches de la hiérarchie du mouvement. Je ne suis pas rentré au RPR par le haut, comme Juppé ou Séguin. Je n'ai pas fait l'ENA, j'ai eu à me battre. » Et si « l'ambitieux Sarko » cherchait toujours sa revanche contre les hiérarques du gaullisme, ces héritiers qui n'ont pas su être des conquérants? Jeune, il fumait la pipe : « Je n'aimais pas le goût du tabac, mais j'adorais la forme de la pipe, et surtout tenir le fourneau brûlant dans le creux de ma main. » Et si l'ancien ministre cherchait dans le pouvoir le retour de cette sensation, telle une chaleur proustienne : brûler son ambition entre ses doigts, étreindre le brasero de la puissance? Ministre du Budget, Nicolas Sarkozy se rendit un jour à la foire de Joigny. Son avion fut pris dans la tempête, un de ses assistants se blessa lors du passage dans un trou d'air, lui-même était broyé par les nausées. Il inaugura néanmoins la foire, sans mot dire, puis revint à Paris dans le même avion et à travers la même tempête. Sur le tarmac du Bourget, il vomit tripes et boyaux, satisfait d'avoir été plus fort que lui-même. Et si le politicien Sarkozy en avait assez de se surpasser en de stupides exploits ? Un soir, le comédien Jean Reno, ami et voisin des Sarkozy, fait irruption chez eux, les enlève et les emmène passer une soirée de rêve chez Guy Savoy, où le chef en personne leur a composé un menu en douze plats. Et si l'homme Nicolas cherchait désormais à aimer et se faire aimer, et non plus seulement craindre et admirer ?

Longtemps, l'humanité s'est divisée en trois pour lui : son clan ; les gens qu'il n'aime pas ; les gens qu'il hait. « Je dois limer les angles et les ongles, reconnaît-il. Si je ne change pas, c'est de l'arrogance. Je ne dois plus avoir l'obsession d'être le meilleur. Je dois développer des aspects plus humains. » Souvent, comme en un tic, la bouche de Nicolas Sarkozy s'élargit vers le bas, dévoilant ses canines, les muscles du cou se tendent et un étrange rictus, comme une lame de ressort, lui barre le visage. Il procède ainsi avant de bondir sur une phrase, comme s'il prévenait qu'il va mordre. « Ceux qui veulent bander une heure et demie viennent le voir en meeting, assène un de ses proches. Mais quand les lumières sont éteintes, c'est fini, plus rien ne se passe. Il n'y a pas d'amour. Il n'aime pas les gens. Parce qu'il ne connaît rien à la désespérance. » Nicolas Sarkozy ne sait toujours rien du désespoir, mais il a envie d'aimer les gens, et d'en être aimé. Selon son expression favorite, « il est venu, le temps... » « Dans un bus, on n'a pas besoin d'être amoureux du conducteur, tempère le sénateur Josselin de Rohan. L'essentiel est qu'il conduise bien. » C'est faux. Les électeurs qui n'aiment pas le conducteur du bus prennent le train. Or Sarkozy est le meilleur conducteur de bus, et c'est pour cela que les gens ne l'aiment pas. Même ses collaborateurs s'en plaignent : « Ce n'est pas un chef d'équipe, il ne sait pas distribuer l'amour. Il ne s'agit pas d'être dégoulinant, mais au moins être sensible. » Sarkozy rêvait de composer une carrière politique toute de faits d'armes, il comprend aujourd'hui qu'il doit écrire une histoire d'amour.

De même, tant qu'il concevra la politique comme un simple rapport de forces, il n'aura jamais d'alliés autres que de circonstance, seulement des sbires sans identité personnelle et des ennemis jurés. Beaucoup d'apparatchiks gaullistes aiment travailler avec Sarkozy ; aucun élu important n'accepte de travailler pour Sarkozy. Il est vrai qu'il n'évoque ses collègues gaullistes qu'en termes d'épicerie, selon une curieuse formulation : « Celui-ci, il pèse *de* rien ; celui-là, il pèse *de* beaucoup. » Sarkozy a l'estime pondéreuse. En conséquence, au RPR, il y a des séguinistes, des juppéistes, des pasquaïens : il n'y a pas de sarkozistes. Peut-on arriver à la tête d'un pays en dirigeant l'armée de Soubise ? Il en est conscient : « C'est pourquoi je continue ma tournée des Fédérations : on ne gagne pas toujours avec un parti, on perd toujours sans. » De dix ans moins âgé que Juppé ou Séguin, mais tout aussi brûlé par l'exposition médiatique, il doit être le premier des jeunes, et non le dernier des vieux. D'ici au printemps de 2002, Sarkozy doit se faire aimer d'une génération d'élus ; ensuite, il lui faudra séduire la France. De septembre 1999 à septembre 2000, il s'est ennuyé dans sa chrysalide. Pour lui, l'heure est encore au défi de la mue. « Il en est capable, entre 1997 et 1999 il a changé, assure Amaury de Saint-Quentin, l'un de ses proches. Il est passé de l'activisme au vrai travail de terrain. Et désormais, il se soigne par le doute. » C'est là le mot clef : Nicolas Sarkozy va-t-il réussir le tour de force d'apprendre à douter, à n'être plus, à chaque instant, sûr de lui et de l'avenir ? « Il est dense de ses certitudes, alors qu'il faut être dense de ses doutes », philosophe le centriste Jean-Pierre Raffarin, toujours sage. Où est la fêlure qui transformera ce politicien en homme politique? « Il a l'appétit, la puissance », ajoute Raffarin. Cet atout-là demeure. « Il est l'homme de droite le plus professionnel, il travaille énormément », ajoute Patrick Devedjian. « Il est prêt à tout pour réussir mais il est le seul à bosser comme ça », complète Brice Hortefeux. Les compliments se sédimentent, jusqu'à l'hommage de Jacques Chirac : « Nicolas est le plus travailleur et le plus cynique : il les bouffera tous. »

Nicolas Sarkozy est le meilleur. Cela n'a jamais suffi pour avoir un destin. « Le destin, c'est la rencontre d'un caractère et de circonstances », rappelle-t-il en fataliste. L'Histoire enfante des circonstances si l'on sait la séduire : Sarkozy saura-t-il? Pour durcir son caractère à une flamme assez chaude, il faut brûler sa vie dans la forge : Sarkozy voudra-t-il? Cette féconde combustion demande plus que du courage : elle exige un fol abandon de soi-même. Mais c'est en Phénix, ou jamais, que Nicolas Sarkozy pourra se réconcilier un jour avec le goût de la pizza Rosebud.

Charles Pasqua

Tragi-comédie

« Et le désir s'accroît quand l'effet se recule. » Charles Pasqua s'amuse. Il regroupe ses lèvres en une moue proéminente et tressaute sur sa chaise. En citant ce vers de *Polyeucte* qui trompa la censure et amusa des générations de potaches, il rajeunit soudain : son cou se tend, ses joues se rétractent, son visage s'auréole de deux parenthèses et d'un sourire, son œil pétille. Ce samedi 13 mai 2000, les zélotes du gaullisme sont réunis autour de leurs chefs, Charles Pasqua et Philippe de Villiers. Il s'agit, pour les instances du Rassemblement pour la France, de ratifier les élections départementales, remportées par le second, et de préparer la candidature à la présidentielle de 2002, incarnée par le premier. S'il en maîtrisait les lettres, de Villiers pourrait répondre *dixit* Corneille : « Apportez-vous ici la haine ou l'amitié/Comme mon ennemie, ou ma chère moitié ? » Mais il préfère donner dans la comédie et se prêter au simulacre d'union que Pasqua résume en son alexandrin coquin Quelques heures plus tôt, en fait, les deux hommes se sont livrés à une rude bataille dont le RPF, moins d'un an après son succès aux européennes de juin 1999, ne sortira pas vivant. Le matin même, Pasqua et de Villiers devaient se rejoindre à Bruxelles, aux obsèques d'un collaborateur de leur groupe politique au Parlement européen. Mais le député vendéen se retrouve seul derrière le cercueil : le président du conseil général des Hauts-de-Seine, lui, a préféré se rendre dès son début à la réunion des cadres du RPF. Pressentant le traquenard, Philippe de Villiers fonce vers Paris : Pasqua est en train de faire adopter le principe et le texte d'un référendum à organiser dans les semaines à venir. Pour le chef de file du RPF, il s'agit de se faire adouber officiellement comme candidat à la présidentielle, ce que personne dans l'appareil ne conteste, tout en obtenant la modification d'un article des statuts du parti, ce qui lui octroierait les pleins pouvoirs, notamment celui de nomination, jusqu'à 2002.

Au nom du gaullisme, Pasqua justifie cette démarche : du Président de la République procède toute autorité dans le pays; du candidat à la Présidence de la République doit procéder toute autorité dans le parti. Pour Villiers, il s'agit seulement d'un putsch interne visant à rendre caduques les élections internes, qui ont vu la victoire des siens dans la majorité des départements : pendant deux ans, tout poste clef au sein du RPF serait pourvu par la seule volonté de Pasqua. Les élections internes ont « villiérisé » le mouvement, le référendum le rendrait, pieds et poings liés, à Charles Pasqua. « Nous sommes le 13 mai, pas le 18 Brumaire », résume Villiers. Et, dans la foulée du point de presse de ce couple uni, chacun des deux hommes et leurs affidés distillent dans les couloirs leur version des faits. Villiers montre sous le manteau un exemplaire du texte du référendum mort-né; Pasqua répète que ce plébiscite est toujours à l'ordre du jour. Le premier repart en Vendée, à peine rassuré d'avoir arrêté la manœuvre *in extremis*; le second retourne dans son palais des Hauts-de-Seine, déterminé à passer outre au veto de son allié. Un gaulliste sait transformer un 13 mai en journée des dupes... Et de fait, le lundi, Pasqua rédige la lettre-consultation destinée à tous les militants; il n'a pas retiré un mot à son texte du samedi précédent. Alerté, Philippe de Villiers contacte l'entourage de son co-président, qui nie formellement tout envoi. Mais le mercredi 17, les militants du RPF reçoivent au courrier la missive de Pasqua. La guerre est déclarée...

En quelques semaines, la gangrène gagne tout le Rassemblement pour la France, dont Villiers finit par claquer la porte. « Les villiéristes forment une secte, explique William Abitbol, un proche de Pasqua. Je n'imaginais pas à quel point les gens du Mouvement pour la France faisaient tout ensemble. Pas seulement de la politique : ils sont dans les mêmes groupes de "défense de la vie", les mêmes associations de parents d'élèves. C'est un milieu très imperméable. Et même... imperméable Burberry's : ils en portent tous ! » Aux calembours pasquaïens, Villiers répond par des menaces. Le financement du RPF lui semble opaque et douteux, il demande des pièces comptables qu'il n'obtient pas et porte les différends domestiques devant les tribunaux. Le cynique Vendéen et le Corse populiste divorcent, de leur combat commun d'un an et trois mois ne demeurent que quelques litiges confiés aux avocats. Les militants souverainistes ne peuvent, face au gâchis, que réciter la plainte de Pauline à son père et à Polyeucte : « Qui de vous deux aujourd'hui m'assassine ?/Sont-ce tous deux ensemble ou chacun à son tour ? » Entre Charles Pasqua et Philippe de Villiers, le dilemme de ces « nationaux-républicains » était bel et bien cornélien. L'aventure du RPF s'égare en une tragi-comédie où les actes n'ont pas su être fondateurs et où les scènes n'étaient que de ménage.

« Je ne regrette pas d'avoir créé le RPF, je regrette de l'avoir créé avec de Villiers », assène Pasqua en pleine guerre civile. Mais sans son acolyte, qui lui apporta quelques wagons de militants et la manne du financement public, il ne l'aurait pas créé. Jusqu'à l'an 2000, on pouvait croire que Pasqua ne se trompait que quand il perdait; on sait désormais qu'il se trompe aussi lorsqu'il gagne. En moins d'un an, il a dilapidé un exceptionnel capital électoral : être la première liste de droite aux élections européennes. Il pouvait incarner le recours, il a sombré sur la mer des sarcasmes. « Père dénaturé, malheureux politique,/Esclave ambitieux d'une peur chimérique » : ainsi s'exprime, dans *Polyeucte*, un personnage bien nommé, Sévère. Tel est désormais Charles Pasqua, père du RPF, politique abonné aux erreurs, ambitieux jusqu'à dévoiler deux ans avant terme son ambition présidentielle, enchaîné par des peurs qui n'ont rien de chimérique : peur de l'Europe, peur de Jacques Chirac, peur de la disparition du gaullisme, peur de sa propre mort politique. « Le gaullisme n'appartient à aucune génération, a-t-il clamé un jour. Il appartient à la génération qui reprend le flambeau. » Pasqua a tenu le feu sacré entre ses doigts ; l'apostasie de Jacques Chirac, l'idolâtrie de Philippe Séguin et l'hérésie de Nicolas Sarkozy lui ont permis d'incarner, quelques mois durant, la vraie foi gaulliste. Mais il n'a pas été à la hauteur. Avec le flambeau du gaullisme authentique, il a embrasé la droite, l'a réduite en cendres, avant de se consumer lui-même. Le 13 juin 1999, au soir, enlaçant leurs coupes, Pasqua et Villiers fêtent devant les caméras leur victoire dans les urnes ; mais déjà, chacun songe au poison à mêler aux bulles de l'autre. On les a dits carpe et lapin, ils étaient loup et requin.

L'infra-gaulliste

Charles Pasqua se trompe toujours. Il s'est trompé lors de la conquête de la mairie de Neuilly, en 1983, qui échut à Nicolas Sarkozy ; il s'est trompé lors de son assaut contre la présidence du Sénat, en 1992, qui tomba entre les mains de René Monory ; il s'est trompé lors de l'élection présidentielle de 1988, en conseillant une ligne de droite dure à Jacques Chirac, dont il dirigeait la campagne ; il s'est trompé lors de l'élection présidentielle de 1995, en rejoignant Edouard Balladur ; il s'est trompé en pensant que l'attelage qu'il formait avec de Villiers pouvait aller ailleurs qu'à hue et à dia. C'est le 18 février 1997, dans les salons illuminés d'un grand hôtel parisien, qu'est né, sans que Pasqua lui-même s'en doute, le Rassemblement pour la France. Ce soir-là, après dix-huit mois de silence quasi parfait, l'ancien ministre de l'Intérieur donne une conférence pour le dîner de la *Revue des Deux Mondes*. Et il se trompe encore, tout au long de son discours, soigné, riche de références et construit comme un réquisitoire contre l'Europe. Respect des critères de Maastricht impossible, adhésion de l'Italie à l'euro improbable, contrôle politique de la monnaie unique impensable, défense européenne inaccessible : toutes les prédictions énoncées ce soir-là par Pasqua ont été démenties par la réalité. Les économies ont convergé, l'Italie a pris le train de l'euro, un germe de contrôle gouvernemental croît au pourtour de la Banque centrale européenne et un embryon de défense continentale s'est niché dans l'atlantisme ; l'Europe n'a encore rien réussi, elle a beaucoup essayé. A la Cassandre truculente du 18 février 1997, elle a répondu par une audace récurrente. Car c'est bien en Cassandre que Pasqua vitupère, prophète de catastrophes continentales. Un membre du comité de rédaction de *La Lettre* de Demain La France, le club fondé par Charles Pasqua, s'est même caché sous le pseudonyme de Cassandre ! Si les Troyens eurent mieux fait d'écouter les avertissements de leur princesse, les Français ont eu raison de ne pas prendre en compte les prophéties de leur barde anti-européen. Et le chantier constitutionnel continental, dont les ouvriers se rassemblent aujourd'hui, commencera par creuser une tombe pour les funestes prédictions de Pasqua.

S'il se leurre en affirmant que l'Europe ne saurait advenir, Charles Pasqua n'a pas forcément tort quand il affirme que l'Europe qui advient est mauvaise. Chacun, ici, juge en conscience. Il y a l'Europe que Pasqua ne voit pas – c'est sa faiblesse; il y a celle qu'il ne veut pas voir – c'est, peut-être, son mérite. On peut moquer Cassandre, on doit respecter Caton. Faisant honneur ainsi à la publication qui l'invite, c'est bien « deux mondes » que décrit Pasqua à travers ses deux Europe : « Le modèle européen qui se dessine sous nos yeux forme un tout, monétariste, fédéral, atlantiste et il apparaît impossible d'en accepter une partie sans être contraint d'en accepter les autres, ni d'en refuser une sans renoncer à toutes. » Il a souligné ce passage à la main dans son texte, pour mieux faire son credo de ce « tout ou rien ». Il se veut l'autre homme qui dit « non », le de Gaulle résistant à la sourde invasion anglo-saxonne, oubliant que le gaullisme fut un pragmatisme et non un intégrisme. Mais Charles Pasqua n'a jamais retenu du gaullisme qu'une version binaire, en noir et blanc, pour le meilleur – son engagement dans la Résistance – ou pour le pire – sa répression de la « chienlit » étudiante en 1986. Idéologue des grandes lignes, penseur à la hache, Charles Pasqua est un infra-gaulliste. Le gaullisme est une posture et une vision : Pasqua, qui n'a du Général que le prénom, n'a du gaullisme que la posture. Il refuse ce qui se fait mais ne propose rien à faire : voici le caporal de Gaulle. Le 23 avril 1998, s'exprimant au Sénat contre la « proposition de résolution sur l'euro » présentée par le gouvernement, il résume son combat : « La souveraineté, c'est le pouvoir de dire non. » Et montre ainsi les limites de sa pensée politique, tout étayée de refus, qui lui fait confondre les défis avec des dangers, le monde tel qu'il est avec un monstre tel qu'il l'imagine; ou plutôt tel qu'il en trouve modèle dans le passé. C'est pourquoi il prédit pour l'euro le sort du système de Law, qui ruina les finances françaises au XVIIIe siècle. C'est pourquoi il établit, dans un article publié le 28 octobre 1999 dans *Le Monde*, un abominable parallèle entre la domination américaine, portée par les négociations du Millenium Round de l'Organisation mondiale du Commerce, et l'invasion nazie. « Nous pouvons donc dire "non" à ce cycle du Millénaire », écrit-il, comme le général de Gaulle sut dire « non » au « Reich Millénaire ». » Entend-il par là qu'il n'y a qu'une différence tactique entre Oradour et Disneyland ? Dans la misère de ces excès, Charles Pasqua montre sa réelle dimension politique – de Gaulle s'inspirait de l'Histoire, Pasqua plagie le passé – et sa vraie qualité esthétique – le Général était lyrique, Pasqua est truculent. Ancien représentant en boissons alcoolisées, Pasqua continue le même métier en politique : en bon camelot, il vend de l'ivresse idéologique et des gueules de bois politiques. Au retour de ses tournées, il s'endormait parfois dans l'escalier de son domicile, épuisé, et son épouse devait l'aider à gravir les dernières marches ; de même, aujourd'hui, il s'assoupit à l'étage.

Au nom des funestes souvenirs, Pasqua refuse donc, chaque fois qu'il prend la parole, les esquisses d'avenir offertes par l'Europe, sans pour autant proposer une autre voie. Pasqua n'a pas hérité de l'imagination du gaullisme. Il s'arc-boute sur le 18 juin 1940, mais ne saurait prononcer le discours de Bayeux. « On ne connaît pas de démocratie, poursuit-il au Sénat, dont le périmètre franchisse les limites d'une nation ou dépasse le sentiment d'un peuple. "Qu'on l'invente !" nous dit M. Jospin. Certes. En attendant cet heureux événement, ce que nous sommes en train de faire, c'est sauter d'un avion avant l'invention du parachute. » Or l'Histoire humaine est la perpétuelle chute libre, qui oblige les peuples à sans cesse inventer. Pasqua, lui, préfère rester dans l'avion des Etats-Nations, ne réalisant pas que deux siècles de guerre ont mis en piqué cet appareil. En ferrailleur de la politique, en brocanteur du gaullisme, cet éternel VRP puise dans le bric-à-brac du Général des concepts rouillés qu'il ne songe pas à rafraîchir avant de les soumettre à l'opinion. « On peut ergoter et gloser sur la pensée du général de Gaulle, on peut mettre l'art interprétatif au service d'intérêts médiocres, mais il y a un point sur lequel on ne peut pas mentir. Toute l'œuvre du Général, toute son énergie, toute sa philosophie convergent vers un seul objectif : l'indépendance d'une France souveraine. » République, nation, démocratie, Etat, indépendance, souveraineté semblent en sa bouche des idées intangibles, telles qu'elles furent forgées par Jean Bodin ou par la Constituante révolutionnaire. C'est pourquoi le gaullisme selon Pasqua tend si vite à devenir réactionnaire : incapable d'inventer l'avenir, il semble prôner comme seul progrès possible le retour aux temps révolus. Charles Pasqua veut que la France revienne sous de Gaulle, il est le prédicateur de la marche arrière. Il rassemble ainsi ceux qui sont contre, sans jamais fédérer les partisans d'un quelconque projet : il nous dit qu'il faut détruire Carthage mais n'a aucune vision de Rome. Car, dès que l'on devine le régime qu'il adouberait, il y a tant d'archaïsme dans son dessein que la France moderne lui tourne le dos. Parce que le gaullisme non interprété, cette Torah sans Talmud, n'apporte aucune solution aux problèmes contemporains, Pasqua est un penseur stérile, qui voudrait nous convaincre qu'un cimetière est un laboratoire. Philippe Séguin est le gardien d'un temple ; Charles Pasqua est le gardien d'un musée.

La brèche

Si le RPF est né lors du dîner de la *Revue des Deux Mondes*, c'est que Pasqua a fixé ce soir-là un inéluctable rendez-vous. Quelques mois avant le sommet européen d'Amsterdam, il prévient que, si la monnaie unique doit advenir, « il conviendrait de revenir devant le peuple français, seul détenteur de cette souveraineté et, partant, seul habilité à s'en défaire par la voie du référendum ». Un an plus tard, le 4 février 1998, alors que le traité a été adopté, il récidive, lors d'un colloque à l'Assemblée nationale : « Qu'on consulte les Français et qu'on leur demande franchement, directement, de choisir leur destin. » En avril, devant le Sénat, il réitère son avertissement au gouvernement et au Président de la République : « Ne pas consulter directement les Français est sans doute la meilleure des façons d'éveiller leur méfiance. Réfléchissez-y avant de faire ratifier à la sauvette le traité d'Amsterdam. » Pasqua, ici, a juridiquement et politiquement raison. Juridiquement, puisque Amsterdam remplit tous les critères justifiant la consultation du peuple. Politiquement, puisqu'à tenir le peuple écarté des décisions, on le dresse contre leurs conséquences, on discrédite la politique et l'on dessert la cause originelle : unifier l'Europe. Ratifier Amsterdam « en tapinois », comme le dénonce Pasqua, c'est faciliter lâchement l'actualité de l'Europe en hypothéquant son avenir. Maastricht a montré qu'un vif débat, qu'une vraie campagne renforçaient le sentiment européen du peuple, en le confrontant au devenir du continent, en l'obligeant à choisir un destin collectif. Un référendum sacralise le choix européen, donc renforce l'Europe. Les traités ne sont que des chiffons de papier (expression, tout un symbole, forgée en 1914 par un Allemand à propos d'un traité belge !) tant qu'ils ne sont pas passés sous la presse des peuples, seul *imprimatur* valable aux yeux de l'Histoire. Bien sûr, Pasqua espère l'inverse : renverser l'édifice européen en convainquant le peuple de rejeter Amsterdam, fût-ce au moyen d'un cartel des non hétéroclite, d'une conjuration aux intérêts divergents – hors la mort de l'Europe. Mais d'une telle crise, l'Europe pourrait aussi sortir renforcée, obligée de quitter la stricte voie économique pour revoir son organisation politique.

La légitimité de sa position n'enlève rien au mobile de Charles Pasqua : c'est contre l'Europe qu'il veut un référendum. Mais l'inverse est tout aussi vrai : sa volonté destructrice n'enlève rien à la légitimité du référendum. Sur cette ambivalence, Pasqua va bâtir deux ans d'aventure politique. A l'automne de 1998, il lance le Comité national pour le référendum et une pétition pour exiger la consultation du peuple : ce sera un double échec. Puis il enfonce le clou référendaire le 5 octobre 1998, lors de la Convention gaulliste sur l'Europe. Très en verve, et d'ailleurs vivement applaudi, il menace : « Il faudra beaucoup d'imagination au gouvernement, ou, je le dis sans détour, au Président de la République, pour expliquer aux Français que "la révision constitutionnelle nécessaire à la ratification du traité d'Amsterdam puis cette ratification elle-même" pourraient doublement échapper à la procédure du référendum. » Abrité derrière les articles 11 et 89 de la Constitution, Charles Pasqua vient de délimiter le champ de bataille qui va être le sien. Car la Constitution de la Ve République est modifiée, le 18 janvier 1999, et le traité d'Amsterdam ratifié dans la foulée, sans que le peuple soit convoqué dans les isoloirs. Dans cette dérobade démocratique du Président de la République, Charles Pasqua trouve la légitimité de son combat. Soudain, il n'est plus l'archéo-gaulliste à tendance autoritaire, mais le tribun de la plèbe. Il abandonne la tradition absolutiste du gaullisme, cet étouffoir de société, pour retrouver sa filiation bonapartiste, c'est-à-dire activiste au service des droits du peuple. Certes, il patauge dans le populisme, cet humus de la démocratie, mais, à défaut d'y puiser le droit, il y trouve la légitimité; à défaut d'en extraire la raison, il en distille la force. Parce qu'il n'y a pas de référendum sur Amsterdam, Charles Pasqua est candidat aux élections européennes.

Parce que Jacques Chirac a refusé ce référendum, il part en guerre contre le Président de la République, traître à la nation, traître au gaullisme. Dans l'un de ces raccourcis qu'il affectionne pour étoffer sa pensée rudimentaire, Pasqua aime à citer Maurice Schumann, qui lui glissa un jour : « On ne crie pas "Vive de Gaulle" quand on n'est pas avec la Nation. » Le 31 décembre 1998, Jacques Chirac fait savoir que c'est un Congrès et non un référendum qui avalisera Amsterdam. Le 1er janvier 1999, Pasqua annonce sa candidature aux élections européennes. Le 13 juin remplacera le plébiscite volé au peuple. Il n'y a rien de commun entre l'élection des députés au Parlement de Strasbourg et la ratification d'un traité ; mais la confusion, élément naturel de Pasqua, va se prêter admirablement à la manœuvre. « Le pire des Etats, c'est l'Etat populaire » : par la voix de Cinna, Corneille parle cette fois dans le vide. Pasqua en sera glorifié, puis puni : l'opinion n'est pas comme l'Empereur, elle pardonne rarement à qui la trahit.

L'embuscade pasquaïenne dans laquelle tombe le RPR le 13 juin 1999 a donc été amorcée par Chirac lui-même, et par le mouvement gaulliste. Si le Président a choisi de ne pas convoquer de référendum, le RPR, en effet, n'a pas été capable d'assumer sa contradiction européenne, ou de terroriser assez les opposants à l'Union pour les dissuader de faire sécession. Un Président pas assez sûr de lui pour consulter le peuple et un Philippe Séguin trop sûr de lui pour prendre en considération le risque pasquaïen forment les deux mâchoires de ce piège politique. C'est à cause de Séguin et contre Chirac que Pasqua lance sa liste. Il le revendique dès les premières pages de *Tous pour la France*, son livre de campagne électorale : « J'ai plaidé auprès de Jacques Chirac, à qui la décision appartenait. Puis j'ai plaidé auprès de Philippe Séguin, président du RPR, pour que le mouvement gaulliste demande lui aussi au Président de la République de consulter les Français.

Le RPR que j'ai fondé avec Jacques Chirac en 1976, que j'ai aidé Philippe Séguin à redresser en 1997, bradait la souveraineté de la France comme on jette un vieux jouet qu'on a beaucoup aimé mais qui n'est plus, croit-on, au goût du jour (...) J'ai choisi de ne pas accepter ce qui me semble inacceptable. J'ai choisi de les affronter. »

La syntaxe est confuse, mais le sens est limpide : affronter Chirac et Séguin aux européennes. Leur responsabilité est immense, car ils offrent au patron des anti-européens de droite ce qu'il ne pouvait obtenir par lui-même : la modernité. Parce qu'Amsterdam n'a pas donné lieu à un grand débat national, la dissidence de Pasqua est justifiée, et ses thèses, frappées d'interdit, gagnent en intérêt. Soudain, ses idées se conjuguent au futur. Dans sa cave aux souvenirs gaullistes, un soupirail s'ouvre sur demain. Pasqua saisit l'opportunité en brandissant un thème inédit : le souverainisme. Grâce à ce concept réinventé par ses proches, l'éternel ministre de l'Intérieur semble se mettre à penser. Le souverainisme, c'est une barricade pour sa révolte, une charpente pour sa chapelle, un squelette pour les muscles de son discours. En quelques mois, Charles Pasqua a gagné le droit de parler grâce à un référendum volé, et paraît avoir quelque chose à dire grâce au souverainisme. En même temps, le RPR est frappé d'aphasie, à l'image de Philippe Séguin abjurant ses idéaux d'hier, et de dyslexie, mélangeant en ses discours des voyelles libérales et des consonnes étatistes. S'il s'engouffre dans la brèche en janvier 1999, Pasqua n'improvise pas pour autant : voilà deux ans qu'il s'affranchit du mouvement gaulliste – qui n'est plus ni en mouvement, ni en résonance avec les idées du Général – pour mieux revendiquer être à lui seul le gaullisme. De « Carthago delenda », Pasqua passe à « Rome n'est plus dans Rome, elle est toute où je suis ». Si l'aventure du RPF s'achèvera dix-huit mois plus tard avec *Polyeucte*, elle débute avec *Sertorius*, bel et bien inscrite sous les auspices de Corneille...

Un tunnel sous le Rubicon

Charles Pasqua a cru qu'il serait Président de la République. C'était à la fin de l'année 1994, quand il régnait sur la police depuis la Place Beauvau. Ministre de l'Intérieur, mais également de l'Aménagement du territoire, il lui semble alors détenir les clefs du pouvoir. Etre La Reynie et Vauban, c'est être Colbert, ou presque. Et Colbert, en démocratie, peut rêver de la couronne. Il croit Chirac trop distancé pour revenir dans la course, il sait Balladur trop hautain pour être populaire : son heure sonne. « Vous valez onze points minimum, lui démontre, sondages à l'appui, l'un de ses conseillers. Vous pouvez monter jusqu'à 15 points tout seul. Pour aller au-delà, il faut que quelque chose se passe. Mais au 15 mars, l'un des trois prétendants de droite devra renoncer : si vous êtes à 15, ce ne sera pas vous, et alors vous l'emportez. Et même si vous deviez vous retirer, vous êtes alors le faiseur de roi en choisissant l'un des deux candidats. C'est par le poids électoral que vous décidez alors de l'élection, pas par les simples commentaires. » Pasqua écoute en s'enrubannant de la fumée de son cigare ; à ces volutes se mêlent celles, délicieuses, de l'encens de la flatterie. Et pourtant, il n'ira pas. Se ralliant à Balladur, après avoir tant réfléchi qu'il semble voler au secours du triomphe, il ne déplace pas une voix. Même le très droitier syndicat étudiant UNI reste fidèle à Jacques Chirac. Du soutien sans surprise de Pasqua date même pour Balladur le début du reflux des intentions de vote. Le ministre de l'Intérieur est un renfort de poids qui fait couler le bateau. Du naufrage présidentiel de Balladur, Pasqua n'arrive à sauver que sa réputation : en effet, il se trompe toujours. Quelques mois plus tard, son fidèle conseiller William Abitbol rumine encore en sa noire moustache l'amertume de l'occasion manquée. Il a cru au destin élyséen de son protégé, il l'a vu se gâcher par pusillanimité. « Pasqua veut bien franchir le Rubicon, à condition que le Rubicon fasse le premier pas. Un jour, j'écrirai un livre sur Pasqua, je l'intitulerai *Un tunnel sous le Rubicon.* » Certes, Pasqua n'est pas encore dans Rome, et il n'a pas de légion. Mais le Rubicon est sinueux, qui offre bien des méandres aux hésitants. Le Rubicon est même en crue quand un Président de la République y noie sa majorité par l'incroyable sabordage d'une dissolution.

Les proches du président du conseil général des Hauts-de-Seine prédisent la défaite de la droite, et leur patron se tient d'ailleurs en réserve de la campagne. Le 1er juin au soir, quand la victoire de la gauche est consacrée, Charles Pasqua appelle Philippe Séguin avant de prononcer une déclaration convenue. Mais cette discrétion est un leurre : pour lui, la politique recommence. Comme il se doit, il signe son retour par un meurtre, en allant achever Alain Juppé à la télévision. Les tentatives désespérées du Varus gaulliste n'avaient pas besoin de cela pour échouer, mais Pasqua venge par ce coup de grâce l'échec de son putsch de janvier 1990 : sans Juppé, il aurait été maître du RPR en 1990, et alors... Un déjeuner s'improvise au conseil général des Hauts-de-Seine, dans le somptueux bunker d'où rayonne Pasqua, fort en son mini-Etat de cette *plenitudo potestatis* qu'il révère comme l'attribut de la souveraineté. Comment, à la tête d'un département si riche, ne pas rêver d'être roi ? Outre La Reynie et Vauban, Pasqua est aussi Fouquet, avec la Défense en Vaux-le-Vicomte du XXe siècle. Autour de la table se tiennent Charles Pasqua, Philippe Séguin et leurs conseillers respectifs : William Abitbol, Roger Karoutchi, Jean-Jacques Guillet et Manuela Isnard. Pour les pasquaïens, la solution à la crise du RPR est simple : un duo Pasqua-Séguin réconcilie balladuriens et chiraquiens en associant deux figures très populaires. Mais Philippe Séguin est déjà en commerce avec Nicolas Sarkozy. « Pas question, souffle Abitbol à Pasqua. Vous n'allez pas vous faire secrétaire-généraliser par Sarkozy. » Les deux pachydermes du gaullisme trouvent un accord : Nicolas Sarkozy ne sera pas nommé officiellement secrétaire général, mais animera simplement une équipe d'une dizaine de personnes, en attendant les Assises ordinaires de janvier 1998. Pasqua n'a rien concédé, mais il n'a rien gagné. L'heure qui sonne est celle de Philippe Séguin, et de lui seul. En six mois, Pasqua va comprendre que cet angélus est un glas.

Philippe Séguin l'a promis à Charles Pasqua : il entend redonner au RPR son identité. Cette jouvence du gaullisme par un bain de séguinisme est un échec, parce que le séguinisme n'est pas au rendez-vous, qui se délite dans les exigences de la vie d'un parti, et parce que le gaullisme est trop obsolète pour se dérouiller ainsi, en quelques tours de manivelle et en quelques coups de gueule. Mais aussi parce que les libéraux, ces surgeons du pompidolisme, sont au pouvoir à tous les échelons du mouvement. Six mois de culte nostalgique ne sauraient effacer trente ans de dé-gaullisation du gaullisme. Lors des Assises de la fin du mois de janvier 1998, Charles Pasqua comprend bien que la messe est dite, et l'échec de Séguin consommé. Devant la foule des militants, il s'est clairement exprimé pour l'abandon du sigle RPR et l'adoption de cette nouvelle appellation, le Rassemblement pour la France, qui ressuscite le gaullisme conquérant, éteint un demi-siècle plus tôt. Quelques sifflets accueillent ce choix net. William Abitbol continue son action de pousse-au-crime : « Quittez le RPR, glisse-t-il à Pasqua. Ou, du moins, mettez-vous en réserve du mouvement : n'acceptez aucun titre. » Pasqua ne souffle mot. Le 17 janvier, dans le débat sur le fonds idéologique du gaullisme, Philippe Séguin a clairement arbitré en sa faveur, contre les thèses de Michel Barnier, l'esquisse de débat européen. Est-ce par espoir ou parce qu'il est toujours en proie à ses démons velléitaires que Pasqua poursuit l'aventure aux côtés de Séguin ? Il s'agit plutôt de sa part d'une tactique réfléchie. Le RPR est plus que jamais, les Assises l'ont montré, un parti chiraquien, et de moins en moins un mouvement gaulliste. En demeurant associé à sa direction, Pasqua se prépare à cueillir un fruit que la situation aide à mûrir de jour en jour : la légitimité gaulliste. Il prend donc à l'issue des Assises le titre de « conseiller politique » de Philippe Séguin, président de ce qui est toujours le RPR. Nicolas Sarkozy est confirmé officiellement comme secrétaire général du mouvement. A son poste, Pasqua est numéro deux du RPR, mais l'intitulé de sa fonction est une ironie du destin : il va, dans les mois à venir, ne donner à Séguin aucun conseil suivi d'effet. Il en donnera d'ailleurs fort peu. En 1997, il lui a recommandé de changer tous les secrétaires départementaux, ces préfets du RPR, nommés par Juppé : Séguin n'en a rien fait, avant de céder à la même requête un an plus tard, formulée par Nicolas Sarkozy. Il essaye aussi de doper Séguin chaque mardi matin, avant son rituel déjeuner à l'Elysée : « N'oublie pas de dire ça à Chirac ; et ça ; et ça. » Et quand il sort de table, il l'apostrophe : « Alors, tu lui as dit ? » Mais Séguin, invariablement, lui rétorque : « Non, il a parlé tout le temps, j'ai pas pu en placer une. » Pasqua dispose d'un bureau rue de Lille, où il vient une heure par semaine, au plus. Comme tout prisonnier qui prépare une évasion, il est un détenu discret.

De temps en temps, Charles Pasqua va boire un café avec le secrétaire national aux Fédérations, Nicolas Dupont-Aignan, un député de l'Essonne qui partage ses vues. « Je m'ennuie », glisse-t-il à son jeune compagnon de zinc. Le spectacle de la Berezina séguiniste est pourtant distrayant : Pasqua laisse passer les élections régionales de mars 1998, puis le vote de la résolution sur l'euro, sans rompre les amarres. Lors du premier épisode, il se contente de souffler à Séguin, qui la met en pratique, l'idée d'un tour de France des régions. C'est l'un des deux conseils concrets que formulera, en un an, Charles Pasqua, l'autre étant d'organiser un pot, ou un vaste petit déjeuner, avec l'ensemble des collaborateurs de la rue de Lille : Machiavel est dépassé... Lors du feuilleton de la résolution sur l'euro, Pasqua marque néanmoins sa différence : « Le RPR ne peut pas voter avec Lionel Jospin », explique-t-il dans une interview, feignant d'oublier que le Président de la République commande lui aussi d'avaliser la marche vers la monnaie unique. Il espère que Séguin ira jusqu'au bout de son mouvement initial : voter contre ce texte, nonobstant les consignes élyséennes. Et Séguin est d'ailleurs près de s'entêter : « Ne te laisse pas terroriser par Pasqua, le tance un député. Il ne représente plus rien. Les médias aiment répercuter ses rots bruyants, mais mon voisin sur les bancs de l'Assemblée, un pasquaïen, m'a dit l'autre jour : "Il y en a marre de ce type qui nous fait toujours perdre." » Séguin se range, et Pasqua n'en rajoute pas, désespéré de Séguin ou déjà conscient que cette reculade supplémentaire du héraut antimaastrichtien sert ses propres ambitions. De fait, Philippe Séguin est le grand vaincu de « l'affaire de la résolution »; Pasqua, lui, néglige cet incident de parcours pour mieux attendre le rendez-vous majeur, celui de la ratification d'Amsterdam. S'il prend la parole contre la résolution du gouvernement, c'est pour réclamer un référendum terminal sur Amsterdam. Puis viennent l'été et cette douce folie nationale qui saisit le pays, dans sa diversité, avec la victoire de l'équipe de France de football en Coupe du Monde. Ce patriotisme des stades, rudimentaire et festif, a de quoi perturber les nationaux-républicains regroupés autour de Pasqua : une telle fièvre tricolore est bien loin de Valmy, de Joseph Bara ou du serment de Kouffra. Ils s'en réjouissent pourtant, en des termes maurrassiens : « C'est une divine surprise : le peuple aime encore la France ! » s'emballe Paul-Marie Coûteaux, le plus intellectuel des souverainistes. Sur cet impromptu démocratique, Charles Pasqua crée la plus grande surprise de sa carrière : le 17 juillet, il déclare au *Monde* qu'il faut régulariser tous les sans-papiers. Ainsi, le loup se fait agneau. « Le Mondial a montré aux yeux de tous que l'intégration est réussie à 90 % dans ce pays. Il a aussi renforcé les Français dans le sentiment que la France existe par elle-même. Dans ces moments-là, quand la France est forte, elle peut être généreuse, elle doit faire un geste. De Gaulle l'aurait probablement fait. » La droite s'étouffe à la lecture de tels propos : « Pasqua a pété les plombs », dit l'un. « Il est en totale perte de vitesse, donc il tente tout », explique Patrick Devedjian.

Au contraire, il s'agit ici du véritable démarrage de l'aventure Pasqua, en un contre-pied fondateur, tels ceux qui offrent, en football, les plus jolis buts. L'emballage nationaliste de l'argumentaire pasquaïen est le point faible, ou plutôt le leurre de sa manœuvre. Bien sûr, nul ne peut dire ce que de Gaulle aurait fait si Kopa, l'immigré polonais, avait rapporté la coupe Jules Rimet de Suède, en 1958 : sans doute aurait-il laissé le sport à sa place, sans modifier pour autant les règles de police. Bien sûr, la victoire en Coupe du Monde ne change en rien la problématique de l'immigration clandestine. Qui plus est, la glorieuse incertitude du sport ne convertit pas Charles Pasqua, qui persiste à tenir en peu d'estime les immigrés clandestins. Mais, une fois de plus, il se montre très à son aise dans la confusion, et tire quelque chose du n'importe quoi. Pasqua, ou le roi de l'embrouille. En suggérant pour les sans-papiers une sorte de « promotion Zidane », comme il y a un vin de la Comète, Pasqua est au degré zéro de la politique, où le symbole est le seul argument. Pourtant, il a raison de procéder ainsi : en une phrase, démultipliée par l'effet de surprise, il enterre son personnage de premier flic de France. Celui qui voulait terroriser les terroristes et, de fait, expulser les clandestins, change d'avis, donc s'épaissit, donc devient plus intéressant. Jack Lang est ministre de la Culture à vie, Charles Pasqua n'est plus un éternel ministre de l'Intérieur depuis ce jour de juillet 1998. « Pasqua voulait réformer son image, confirme Paul-Marie Coûteaux, solder l'affaire Malik Oussekine. » Il acquiert, par conséquent, le droit de parler d'autre chose, d'être un homme politique intégral ; il acquiert le droit d'être candidat à une élection majeure. Tandis que 50 % des Français, interrogés par l'Ifop, approuvent sa proposition, le *Corriere della Sera* lui consacre un long article, comme s'il était le nouveau savant des flux migratoires. De plus, il rompt ici avec le RPR, où il ne trouve que réprobation : en prenant sans en référer une telle position publique, le conseiller politique du président des gaullistes a outrepassé ses fonctions. En effet, le conseiller propose, le conseillé dispose. Pasqua est dès lors en dissidence intellectuelle et fonctionnelle ; s'il brûle ainsi ses vaisseaux, c'est parce qu'il a déjà décidé d'entrer en dissidence politique : la liste Pasqua des européennes a germé à la saison des moissons.

La serpillière et le pyromane

Durant cet été fécond, Charles Pasqua s'épanche auprès de son fidèle conseiller politique William Abitbol. Il est fort amer du désastre séguiniste, dont il détaille les trois étapes : les Assises du RPR, le vote de la résolution sur l'euro et la réforme, lancée, du Conseil supérieur de la magistrature. « Vous voyez comme c'est dur d'être conseiller politique », lance Abitbol en un sourire, par allusion au titre officiel de Pasqua chez les gaullistes. « De nous deux, réplique Pasqua, vous n'êtes pas le plus mal loti. » Abitbol comprend alors que son message a été entendu. Quelques semaines plus tôt, après le congrès de Demain la France, tenu à Rueil-Malmaison, chez le vieux gaulliste Jacques Baumel, Abitbol a averti Pasqua, qui évoque les journées d'automne du club, prévues à Arles : « Si cette fois, on ne va pas jusqu'au bout, ce n'est pas la peine de faire quoi que ce soit à la rentrée. » S'il n'est pas « le plus mal loti », c'est que ses conseils seront suivis, contrairement à ceux que Pasqua a formulés auprès de Philippe Séguin. Si son ancien compagnon de lutte antichiraquienne, puis antimaastrichtienne, avait été à la hauteur de sa tâche, sans doute Pasqua aurait-il trouvé trop froide l'eau du Rubicon. Mais Séguin a failli. L'ultime désenchantement de Pasqua intervient le 10 juillet 1998, lors d'un comité politique du mouvement. « Il est plus que temps d'avoir une vision globale mais précise de l'entreprise européenne, énonce alors Philippe Séguin. (...) Il est temps, grand temps, de trancher enfin sur la vraie nature de l'Europe. » Pasqua tranche : il se fend d'une violente sortie contre Amsterdam, immédiatement contrée par une riposte de Nicolas Sarkozy, qui invoque la fidélité à la ligne arrêtée par Jacques Chirac et somme Séguin de respecter la volonté élyséenne. « Ce duo Pasqua-Sarkozy au-dessus de la tête de Séguin était éloquent, se souvient Dupont-Aignan. Il résumait la contradiction européenne du RPR. » A François Fillon et Nicolas Dupont-Aignan, Pasqua glisse au début de l'été : « C'est fini. Séguin sera écrasé par les gens de l'Elysée. Ils ne respectent que la force, or il a déjà trop cédé. » Quelque temps plus tard, avec d'autres interlocuteurs, il approfondit son analyse : « Philippe Séguin n'a pas su détacher le RPR de Jacques Chirac, à qui le mouvement est dévoué ; or le Président est astreint aux règles du jeu de la cohabitation, où il avance surtout ses atouts d'image : " Je suis plus sympathique que Lionel Jospin, j'ai plus de surface médiatique que lui. " Donc Séguin devrait lâcher le RPR. » Cette ultime recommandation de son conseiller politique, Séguin la suivra le 16 avril 1999 : trop tard...

C'est ainsi contre Séguin qu'est lancée la première charge de l'offensive Pasqua. La vingtaine de cadres qui dirigent Demain la France s'est réunie au retour des vacances, puis Pasqua a organisé un dîner stratégique, plus discret. « Je me suis dit : "Cette fois, c'est parti !" » se souvient Coûteaux, avec dans l'œil la joie nostalgique du conjuré. Dès la rentrée, un oukase est transmis au président du RPR, avec, notamment, l'ordre que le RPR fasse sienne l'exigence d'un référendum sur Amsterdam. Conciliant, et parce qu'au fond de lui il partage le combat anti-européen de Pasqua, Philippe Séguin accepte de déposer un amendement : le passage de l'unanimité à la majorité qualifiée, qui interviendra cinq ans après l'adoption du traité d'Amsterdam, devra faire l'objet d'un nouveau vote parlementaire. Le président du RPR précise que cette réserve est cruciale, mais l'amendement est rejeté, et le RPR appelle quand même à ratifier le traité d'Amsterdam. Quelques semaines plus tard, le 5 octobre 1998, le RPR réunit sa Convention sur l'Europe. « Philippe a un peu tordu le nez, explique Pasqua en septembre, mais la Convention sera entièrement ouverte à la presse. » En revanche, la Convention ne se tient pas, comme il l'avait réclamé, un week-end. « Certains ignorent ce qu'est le militantisme, grogne-t-il. A moins qu'ils ne le sachent que trop bien, et qu'ils ne souhaitent pas voir trop de militants ce jour-là. » Le 5 octobre, dès les premiers mots de son discours, Pasqua met en cause Philippe Séguin, lui rappelant ses propos du 10 juillet, puis il l'accuse tout bonnement, en extrapolant sur une clause du traité d'Amsterdam, de saborder le gaullisme en acceptant de soumettre la Constitution française à la loi européenne : « Si nous en sommes là, si les gaullistes mettent genou à terre devant des robins, je ne vois plus à quoi sert le Rassemblement. » Puis il conclut en défiant le président du RPR : « Mais ce dont il va nous falloir trancher, mon cher Philippe, ce n'est pas tant de l'Europe que nous voulons que de la France que nous voulons. De la France et de sa République. » Bref, Séguin pose une mauvaise question et apporte une mauvaise réponse. L'accusé, assis à la tribune, encaisse les coups de son conseiller politique, jetant quelques regards, effarés et furieux, vers Abitbol : « Séguin était persuadé que Pasqua composerait », explique ce dernier.

La rupture n'est pas tout à fait consommée entre les deux hommes. « J'ai 72 ans, répète Pasqua, ce n'est pas moi qui vais incarner l'avenir. Je l'ai dit à Philippe, tant de fois, que tout cela, ce n'était pas contre lui. Je lui ai dit que l'on pouvait s'arrêter avant Amsterdam, garder une monnaie européenne commune et sauver le franc, sans passer à la monnaie unique. C'était une position qu'il pouvait défendre. » En un an de polémiques, le RPR n'a éclairci en rien sa position européenne, il a tout juste avancé une lanterne dans les crevasses béantes de ses contradictions. Du Plan Fouchet à l'appel de Cochin, de Michel Barnier à Charles Pasqua, le grand écart continue, noyé dans l'hypocrisie. L'ère logomachique ouverte par Philippe Séguin aggrave ce défaut. Comme l'a rappelé Pasqua lors de la Convention : « Nul ne disserte mieux de l'Europe que les gaullistes. Le problème, c'est que ce sont les autres qui la font. » En novembre 1998, l'on ne parle même plus d'Europe au sein des gaullistes : le RPR s'enlise dans la comédie de son élection présidentielle interne, où il y a trop peu de candidats et un peu trop de votants... Reconduit à la tête du mouvement, Philippe Séguin rend visite à Charles Pasqua : « Bayrou va être candidat aux européennes, lui explique-t-il. Faisons une liste Séguin/Madelin/Pasqua. » « Il n'en est pas question, abrège le sénateur des Hauts-de-Seine. Je n'ai pas les mêmes idées que Madelin. » Deux années de politique se résument en ce bref dialogue : depuis qu'il est à la tête du RPR, Séguin compose et dilue donc son identité ; depuis qu'il est un marginal en son mouvement, Pasqua se recompose et durcit son identité. Qui plus est, en fin connaisseur des rapports de force politiques, Pasqua sait qu'il n'a pas intérêt à nuire à François Bayrou : « Ils sont tous deux d'accord pour faire de la politique à l'ancienne, explique Abitbol, avec des idées que l'on défend. » Il sait aussi qu'un centre fort, très europhile, rejettera vers lui les euro-sceptiques de droite. Prenant un petit déjeuner avec Charles Pasqua dans un hôtel proche de la place Beauvau, Nicolas Dupont-Aignan l'encourage : « Je ne voterai pas Amsterdam en Congrès, lui certifie le député de l'Essonne. Je n'accepte pas cette trahison. Tu peux compter sur moi. » Pasqua lui répond d'une phrase : « Je serai candidat. » Il ne mettra plus jamais les pieds rue de Lille. Quelques jours plus tard, à des journalistes qui lui demandent quel lien unit Jacques Chirac et Philippe Séguin, le sénateur gaulliste répond : « Le lien qui unit le balai et la serpillière. »

Dès le début de sa campagne pour les élections européennes, Pasqua attaque de front Philippe Séguin, pour dénoncer le paradoxe honteux de sa position : contre Maastricht en 1992, dans une campagne référendaire ; pour Amsterdam en 1999, dans une campagne européenne. Ainsi, au fil de son livre électoral, il ne fait presque aucune allusion au président du RPR, mais glisse des extraits du discours-fleuve prononcé par Séguin à l'Assemblée nationale, le 5 mai 1992, contre le traité de Maastricht. C'est omettre les contingences du rôle partisan de Séguin – ce qui est défendable. C'est aussi oublier la réflexion menée par l'ancien président de l'Assemblée nationale, de l'adoption de Maastricht à l'entrée en vigueur de l'euro sur les marchés, en passant par son discours à Aix-la-Chapelle – ce qui l'est moins. Le 13 février 1999, lors d'un conseil national du RPR tenu dans l'hôtel Méridien de Montparnasse – à l'endroit même où Edouard Balladur présenta son programme en 1995 – Philippe Séguin doit annoncer les sanctions prises contre le félon. Un quart de son discours est consacré à Charles Pasqua, pour aboutir à la décision d'attendre les élections européennes pour arrêter une éventuelle sanction! Les phrases sont mesurées, le propos indulgent et Séguin se contente de mettre en garde Pasqua contre l'affaiblissement de Jacques Chirac que cause une telle dissidence. Or cet affaiblissement est la motivation de la liste Pasqua : c'est alerter un pyromane contre les risques d'incendie que comporte sa démarche. « Cette indulgence n'est pas une surprise, commente Brice Hortefeux. Séguin ne va jamais au bout. » Il ne sait à quel point son propos est prophétique... « Séguin a voulu consacrer un grand passage de son discours à Pasqua pour ne plus avoir à en parler pendant la campagne, explique le séguiniste François Cornut-Gentille. Il reste quatre mois, il peut se passer beaucoup de choses. » Pour tenter d'arrêter le franc-tireur, le RPR ne sait plus que faire : *La Lettre de la Nation* publie même une « lettre ouverte à notre compagnon Charles Pasqua, par les militants du canton de Saint-Raphaël », pathétique articulet redondant dans sa formulation et indigent dans son argumentation, qui n'empêchera pas la liste dissidente d'arriver le 13 juin, sur la Côte d'Azur, loin devant celle du RPR.

L'inquiétude croît rue de Lille. « Si Philippe est perçu comme l'adversaire de François Hollande, cela ira, raisonne Nicolas Sarkozy. Mais s'il y a une lutte fratricide contre Pasqua, notre liste baissera. » Le 18 janvier à Versailles, 43 parlementaires gaullistes sur 210, soit 20 % d'entre eux, ont violé la discipline de vote et refusé de modifier la Constitution pour ratifier Amsterdam. « Compte tenu des pressions que nous avons subies, témoigne Dupont-Aignan, l'un des réfractaires, c'est très bien. » Pour avoir voté non, Dupont-Aignan est débarqué de son poste de secrétaire national aux Fédérations, et crée Debout la République, un club souverainiste. Au sein même du siège national du RPR, les permanents sont déchirés : Corneille sévit aussi rue de Lille... Ce que vit le gaullisme, c'est une guerre des deux roses, ou plutôt des deux Croix de Lorraine. « Le départ de Charles Pasqua ouvre une logique infernale, prévient le séguiniste François Fillon. A terme, cela veut dire des primaires aux législatives de 2002, qui nous seront fatales dans les circonscriptions sociologiquement de gauche, où nous gagnons grâce à une personnalité locale. » Dès le début du mois de janvier, constatant que les juppéistes se réjouissent de cette rupture, Fillon fait le tour des parlementaires avec un manifeste à signer, sur le thème « Nous ne pouvons nous résoudre au départ de Charles Pasqua », une pétition qu'il n'utilisera pas : Séguin ne veut pas rallumer la guerre des clans, ni en rejoignant Pasqua, ni en l'excommuniant. Soutien impossible, anathème insupportable : Séguin attend, dans la position de la proie. Une seule fois, il tente une véritable attaque contre Charles Pasqua, en le traitant, au début de février, d'« euro-allergique ». Dans un petit traité d'allergologie, William Abitbol lui rappelle, une fois de plus, ses propos de mai 1992 : « Que Philippe Séguin se souvienne au moins, à défaut du fond de son *Discours sur la France*, de la prière que Séguin Philippe faisait à ses détracteurs : "Que l'on m'entende bien, je ne viens ici donner de leçon à personne; mais que l'on veuille bien, en retour, respecter ma propre démarche !" » Dans *Tous pour la France*, Pasqua réplique en personne : « Quand j'entends Philippe Séguin me qualifier d'"euro-allergique", les bras m'en tombent ! L'ardeur des néophytes ne saurait tout effacer. » Bref, c'est Séguin qui a changé, et Pasqua envoie le Séguin de 1992 combattre le Séguin de 1999, le pourfendeur de Maastricht contredire le défenseur d'Amsterdam.

Pendant que le président du RPR larmoie sur le compagnon égaré, le renégat raconte à qui veut l'entendre son histoire préférée : « Les européennes, c'est Séguin et Sarkozy dans un tunnel ; Nicolas dit à Philippe : "Passe devant avec la lampe, je te suis avec le revolver." » Sarkozy ne tirera pas dans le dos de Séguin : celui-ci se suicidera avec le revolver le 16 avril, et Sarkozy se retrouvera seul dans le tunnel, avec une lampe grillée... Près de dix années de complicité Pasqua-Séguin se brisent en ce début de 1999. « Leurs choix divergents dans la querelle Balladur/Chirac avaient été une première rupture, témoigne un proche de Pasqua, mais elle n'était pas grave : il ne s'agissait que d'une question d'hommes, donc sans réelle importance pour ces hommes de conviction. En 1999, c'est beaucoup plus grave, il s'agit des idées : la cassure est politiquement inquiétante, idéologiquement profonde et humainement pénible. » Le 11 janvier 1990, le mariage surprise du gaulliste de gauche, le croisé du social, et du gaulliste de droite, l'obsédé de l'ordre, est rendu public par un ban insolite : un simple fax sur un papier à double en-tête, au titre limpide de *Pour un nouveau Rassemblement*. Si la cible avouée est Alain Juppé, la victime réelle de ce putsch est Jacques Chirac. L'alliance d'un velléitaire et d'un pusillanime ne pouvait réussir un tel coup de main et bute sur la fermeté du duo mis en cause. Mais le lien est noué, dès les premières lignes de leur texte, sur un bien commun : la France. Sur cet acquêt, les deux hommes vont poursuivre leur association politique : « Non à Maastricht : une chance pour la France, un espoir pour l'Europe », texte qu'ils cosignent le 8 juillet 1992, ne parle que de cela. Dupont et Dupond du combat contre l'Europe des technocrates, ils ne parviennent jamais à incarner une alternative, à être majoritaires, tout en devenant indispensables à celui qui veut rassembler la droite. Le mobile profond de leur association est le même en 1992 qu'en 1990 : la haine de Jacques Chirac. C'est lui, et sa désertion, que Philippe Séguin dénonce, le 5 mai 1992, à la tribune de l'Assemblée nationale, quand il déclame : « Il eût mieux valu, à l'évidence, que des voix plus fortes que la mienne engagent le combat. » « Pasqua et Séguin se sont rapprochés sur cette haine de Chirac, témoigne Paul-Marie Coûteaux, qui connaît bien l'un et l'autre. Et sur le mépris aussi. C'est simplement plus fort chez Pasqua, et c'est pour cela qu'il a choisi Balladur en 1995. »

L'ombre de son ennemi

« L'aile libérale du RPR a le droit de s'exprimer, pourquoi l'aile souverainiste doit-elle se taire ? proteste Dupont-Aignan après son éviction des instances dirigeantes du mouvement gaulliste, à la fin de janvier 1999, pour cause de vote politiquement incorrect au Congrès de Versailles. Si cette tendance ne s'exprime pas dans le RPR, elle s'exprimera ailleurs, dans un parti qui, le jour venu, fera tomber Jacques Chirac. » En cela, il rejoint parfaitement le projet politicien de Pasqua : provoquer la chute de Jacques Chirac en 2002. Toute sa candidature est organisée dans ce but, toute sa stratégie de campagne s'arrête en fonction de Chirac. « Cela commence dès la déclaration de candidature, explique William Abitbol. En la rendant publique le 1er janvier, on passe dans le sillage des vœux présidentiels de la veille, et en plus on s'inscrit dans le calendrier arrêté par Chirac pour Amsterdam : décret signé le 27 décembre et publié le 31, pour un Congrès le 18 janvier.

Donc, Pasqua, d'emblée, attaque dur le Président, dans un communiqué à l'AFP puis à la télévision : il l'accuse de déroger à sa fonction ! » Cette agressivité, que Pasqua dupliquera un an plus tard en se portant officiellement candidat à l'Elysée pour 2002, est loquace : le combat contre Amsterdam est un tégument, la lutte contre Chirac est le squelette ; le filigrane antichiraquien du libelle anti-européen est l'essentiel du message. Cela conduit même Pasqua à se retrouver allié objectif de Lionel Jospin : évoquant le franc, qui disparaît des marchés en ce jour de l'an, il le glorifie comme l'un des attributs de la « personnalité de la France », une expression que le Premier ministre reprend à son compte dans ses vœux à la presse, quelques jours plus tard. Abitbol, qui a rédigé la déclaration de Pasqua, téléphone à Aquilino Morelle, la « plume » de Jospin, pour s'amuser avec lui de cette coïncidence lexicale... Ce pas de deux textuel n'est pas si anodin : dans l'entreprise élyséenne de Pasqua, la cohabitation est un paramètre majeur. Pour les stratèges qui l'entourent, deux scenarii sont possibles : soit l'élection présidentielle de 2002 est un duel d'image entre Jospin et Chirac, qui ne font de la politique qu'à la marge, liés par un partage quinquennal du pouvoir ; soit il s'agit d'un choix décisif pour le pays, et Pasqua se retrouve seul contre tous – position idéale.

« J'aime bien Jacques Chirac, mais je préfère quand même la France » : ainsi débute le livre de campagne de Charles Pasqua. Chirac n'est donc plus la France, le Président de la République est illégitime. Le titre même de l'ouvrage, *Tous pour la France*, reprend en le retournant celui choisi par Jacques Chirac pour porter son message de campagne présidentielle, dès juin 1994 : *La France pour tous*. Dans le chapitre intitulé « Ils vous trompent ou ils se trompent », Pasqua se comporte avec Chirac comme avec Séguin, le confrontant à son reflet passé, à ce Chirac de 1995 : « N'a-t-il pas commencé sa campagne en réclamant un référendum avant le passage à l'euro? Le référendum étant désormais l'apanage des partisans du non (...) il est permis de penser que le Président de la République ne se rangeait pas, ce jour-là, dans les rangs des europhiles les plus convaincus. » Chirac partout et toujours, pour être son contraire, ou plutôt devenir celui que fut Chirac avant de s'euro-convertir. Pasqua est l'ombre de son ennemi. Jacques Chirac, « unique objet de mon ressentiment » : Corneille toujours... « J'ai parlé avec Charles avant qu'il ne lance sa liste, témoigne Séguin : il n'avait pas de problème avec le RPR, il voulait y aller contre Chirac. » Le Président, lui, n'arrive pas à détester Pasqua; peut-être parce qu'il ne le craint pas, sans doute parce qu'il n'oubliera jamais que Pasqua s'occupa de Laurence, sa fille malade. A l'Elysée, en revanche, les avis divergent, au début de 1999, sur le danger qu'incarne Pasqua : « Attention, prévient Eric Raoult, Pasqua, on vote pour lui, pas pour ses idées, c'est pour cela qu'il est dangereux. Il bénéficie d'un élément d'attachement, comme Jacques Chirac en 1995. » Le nouveau responsable des Fédérations, qui a remplacé Dupont-Aignan, sait de quoi il parle : il voit l'hémorragie militante qui s'écoule de la plaie creusée par le départ de Pasqua. « Hier, poursuit-il, 112 militants de l'Ain l'ont rejoint; 112, c'est énorme pour l'Ain. » « S'il attaque trop le Président, tempère Sarkozy, il perdra les votes que ses positions identitaires lui rapportent au nom du gaullisme. » Avec le fiasco grotesque de la stratégie du RPR en Rhône-Alpes, où les centristes, aidés par la gauche, ont repris la présidence de région à Millon, l'inquiétude croît : la tenaille Bayrou-Pasqua ne va-t-elle pas écraser comme une noix le parti chiraquien? Dans le courant du mois de janvier, le Président de la République se fait donner un cours de marketing politique par son conseiller aux études, Frédéric de Saint-Sernin. Sondages en main, ce dernier explique que Pasqua est perçu comme un personnage truculent, tout en excès, mais pas fourbe : contrairement à Sarkozy, il n'est absolument pas considéré comme un traître à Chirac.

La haine envers Chirac n'aveugle pas Charles Pasqua, au contraire : elle est le cordial qui l'a décidé à se lancer dans la bataille, elle lui permet de voir plus loin que l'immédiat électoral, elle lui donne cette assurance de vaincre dont Chirac s'est tant fortifié, contre Balladur, en 1995. « Chez Pasqua, la haine de Chirac est née entre 1986 et 1988, affirme Paul-Marie Coûteaux. A ce moment-là, il a compris que cet homme était vide. » Engagé derrière Balladur, il retrouve sa haine dédoublée contre Juppé et Chirac : « Il assurait qu'il allait faire passer Juppé en Cour de justice, pour une sombre affaire d'espion noyé à Hong Kong », confie un témoin. Après 1995, il attend néanmoins un signe. « Il est persuadé que Chirac fera appel à lui, raconte un connaisseur des Hauts-de-Seine. Un jour, il sort deux fois d'une messe d'enterrement pour téléphoner. Mais il a été mené en bateau par Juppé et Chirac, comme les autres balladuriens. Il était complètement hors-jeu : pour réunir ses partisans, il organisait des pots avec du saucisson corse ! » Peu importent les racines de cette haine, l'essentiel est de savoir où elle portera ses rameaux dans l'avenir. « Dans la vie, on ne peut jurer de rien, surtout, ajouterai-je, avec Chirac », lance-t-il dans *Le Monde* du 11 septembre 1999. Il a décidé d'être imprévisible, comme le Président de la République. Le RPF désarticulé et la justice à ses basques ne ruinent pas son ambition : être assez puissant, au soir du premier tour de la présidentielle de 2002, pour tenir entre ses mains le sort du Président sortant. Vers quel sentiment penchera-t-il alors ? Dans ce dernier combat de sa carrière, assurer la victoire d'un gaulliste, ou punir Chirac en précipitant sa défaite ? Juste avant de se retirer, agir en souvenir des combats communs contre Giscard et Mitterrand, ou se venger de la mise à l'écart en 1995 ? Aider l'auteur de l'appel de Cochin à garder l'Elysée ou renvoyer en son château de Bity, pour une retraite définitive, l'artisan de l'euro ? Pasqua ne sait sans doute pas, en se lançant dans la course européenne, quel sort il réserve à Chirac lors de la présidentielle, mais il veut déjà s'offrir toutes ces possibilités : 1999 pour 2002.

Bouillabaisse capétienne

La campagne de Charles Pasqua démarre pourtant d'un bien mauvais pas : ses affiches « Droite, Gauche, ensemble, marchons contre l'Euroland » sont du plus mauvais effet. En appeler aux bruits de bottes alors que des bruits de bombes assourdissent l'Europe, lancée dans la guerre du Kosovo, donne une campagne publicitaire déplacée, et par ailleurs confuse. Car c'est le fond du message qui pose problème. Le folklore gaulliste et la nécessité pour Pasqua de transcender son image droitière obligent la nouvelle liste à élargir son recrutement : la souveraineté n'a pas de camp, il faut donc recruter des candidats à droite et à gauche. « C'est Abitbol qui a convaincu Pasqua de faire une liste, ajoute Paul-Marie Coûteaux, mais c'est moi qui l'ai persuadé de choisir la ligne droite-gauche, par continuité capétienne. » Peu avant l'été précédent, durant la Coupe du Monde de football, Henri Guaino et Paul-Marie Coûteaux déjeunent ensemble. « Je vais présenter une liste aux européennes, avance Guaino, fraîchement débarqué du Commissariat général au Plan. J'en prendrai la tête, Emmanuel Todd sera n°2, il y aura Denis Tillinac : veux-tu figurer dans les dix premiers ? » « Et Pasqua ? » interroge Coûteaux. « Il ne sera pas candidat, tranche Guaino, ou alors 87e, en soutien des jeunes. » « On ne fait pas de politique sans homme politique, objecte Coûteaux. Et personne ne te connaît. » Guaino, qui s'apprête à publier un livre et pilote la Fondation Marc-Bloch, croit en son étoile : il est persuadé que l'obsolescence du clivage droite-gauche, concomitante au retour en force de l'idée nationale, ouvre un boulevard aux idées républicaines. Ancien collaborateur de Philippe Séguin, puis de Charles Pasqua, forgeron du corpus intellectuel du candidat Chirac en 1994, tribun lyrique et zélote du gaullisme, Guaino n'arrivera pas à monter sa liste. Parce que – Coûteaux a vu juste – faire de la politique exige une légitimité politique; et parce que l'anémie du clivage droite-gauche ne permet pas pour autant de rassembler des candidats de droite et de gauche sur une même liste. Pasqua, à son tour, en fait la démonstration au printemps de 1999.

Jean-Pierre Chevènement étant empêché pour cause de solidarité gouvernementale, aucune alliance politique majeure ne peut s'établir contre ce nouveau « Saint Empire romain germanique » que les deux ministres de l'Intérieur discernent dans l'Europe intégrée. C'est vers les intellectuels que Pasqua se tourne. En novembre 1998, Régis Debray a composé pour la Fondation Marc-Bloch une note dense et audacieuse, dont il entendait faire l'« examen de conscience d'un républicain ». Intitulé *La République entre le glaive et le code*, ce texte magistral est un tamis inespéré pour les gravats disparates de la pensée politique pasquaïenne. Debray offre un mode d'emploi du dépassement du clivage droite-gauche par l'idée républicaine : « Marianne édicte et dégaine. Le code à gauche, le glaive à droite. Tout est dans cette symétrie. De Gaulle l'a dit : "Ce n'est pas la gauche, la France; ce n'est pas la droite, la France." Ce n'est pas non plus le centre, ajouterons-nous, mais une tension entre l'une et l'autre. Un certain équilibre entre la légalité et l'autorité. L'ironie et l'adhésion. La casquette et le casoar. » Bref, l'alliance du Mouvement des citoyens (le progressisme des Lumières) et du Rassemblement pour la France (la ferveur des temps héroïques), tel un pacte entre Condorcet et Péguy – auteurs vénérés par Debray – incarnerait à merveille la République, leurs divergences créant cette tension indispensable à la passion politique et leur convergence nationale assurant la cohérence du projet électoral. Théoricien du funambulisme républicain – cette vie sur le fil du rasoir – Debray explique qu'« entre Euroland et Clochemerle, la porte est étroite », mais il légitime cet engagement périlleux. Son opuscule est un bréviaire pour les pasquaïens ; toutefois, saint Régis, évangéliste de la République, ne veut plus entendre parler de politique.

Pasqua entreprend alors de se rallier les services de Max Gallo, qui, à travers ses biographies romancées ou ses romans historiques, fait du Debray vulgarisé. Biographe de Jaurès, de Napoléon et de De Gaulle, affairé à une grande saga qu'il intitule *Bleu Blanc Rouge*, Gallo est une recrue médiatique de premier choix : s'il n'a pas la puissance de pensée d'un Debray, il n'en a pas non plus l'austérité patricienne. Paul-Marie Coûteaux a fait la connaissance de l'écrivain en 1975, au Ceres de Jean-Pierre Chevènement. Puis il a porté avec lui le projet, avorté, du journal *L'Indépendance*, dont Chevènement souhaitait faire un relais de son action au lendemain de sa démission du gouvernement, en janvier 1991. Il organise donc un dîner, dès le mois de janvier, au Dôme, l'excellent restaurant de poisson du boulevard Montparnasse. Ce soir-là, la neige calfeutre Paris en quelques heures, et la circulation se thrombose de gadoue. Attendant Pasqua, Gallo et Coûteaux se réchauffent à grand renfort de kirs. « Quelle bouillabaisse ! » tonne le président du conseil général des Hauts-de-Seine en entrant dans le restaurant, accompagné de William Abitbol. Pasqua, Abitbol et Gallo ont en commun un intérêt poussé pour la petite île grecque de Khios, dont le tragique combat pour l'indépendance inspira à Delacroix une de ses premières grandes toiles. Tandis que Paris patauge dans la neige, les convives parlent du soleil d'Egée plus que de leur lutte pour l'indépendance nationale ou de la Liberté guidant le peuple... Pasqua et Gallo parlent beaucoup de la Résistance, de Napoléon, de De Gaulle et... de cuisine. William Abitbol raccompagne l'écrivain à son domicile, place du Panthéon : « Je ne ferai rien contre l'avis de Jean-Pierre Chevènement, prévient Gallo, qui a parfaitement compris le message de ses commensaux. Je n'ai pas besoin de son accord, mais au moins d'un *nihil obstat*. Laissons courir les rumeurs et décidons à la fin du mois de mars. »

Une deuxième rencontre est organisée, un déjeuner cette fois, auxquels s'ajoutent Marie-France Garaud et l'économiste Alain Cotta. Pasqua et Gallo parlent encore de cuisine... Au début de mars, les pourparlers sont néanmoins tout près d'aboutir : « Il reste à choisir le jour », confie Gallo à Coûteaux. « Pour annoncer votre présence sur la liste ou votre soutien? » interroge ce dernier. « C'est l'autre question », concède Gallo, hésitant. Puis Slobodan Milosevic s'en mêle : la guerre du Kosovo plonge Chevènement dans un nouvel inconfort gouvernemental, Gallo est gêné. D'un côté, il aide Coûteaux à rédiger un texte pour *Le Monde*; de l'autre, il ne veut pas gêner « Jean-Pierre », de plus en plus critiqué après avoir transmis aux autres ministres un texte du philosophe allemand Hans Magnus Enzensberger, extrait de *Vues sur la guerre civile*, dont il fait un argumentaire contre les motivations de l'Otan dans son offensive sur la Serbie. Philippe Barret, collaborateur de Jean-Pierre Chevènement, fait savoir à William Abitbol que le ministre oppose son veto à l'embrigadement de Gallo. Une indiscrétion publiée dans la presse – Gallo présidera le comité de soutien de Pasqua – est saisie au vol par l'écrivain : il se désiste. Il le confie à Paul-Marie Coûteaux, venu le voir chez lui, le jeudi 8 avril : « Je suis un homme d'honneur, Jean-Pierre est tant attaqué... » Coûteaux quitte la place du Panthéon et regagne le siège de Demain la France, rue de Penthièvre : « Les négociations avec Gallo sont terminées, rapporte-t-il à Pasqua : son ralliement est inéluctable, mais ce n'est pas pour cette fois. » Le lendemain même, Charles Pasqua déjeune avec Philippe de Villiers. A seize heures, les deux hommes publient un communiqué commun : « Le XXe siècle s'achève comme il avait commencé, par une guerre dans les Balkans. (...) Il faut changer d'Europe. (...) L'indépendance est la condition de l'avenir de l'Europe, et de l'équilibre mondial. Le respect des nations qui la composent en est le fondement. C'est dans cet esprit que nous avons décidé d'unir nos efforts, de constituer et de conduire une liste commune pour les élections européennes. » L'ambition droite-gauche de Charles Pasqua a vécu, le code et le glaive ne s'accorderont pas, la faux du chouan vendéen s'allie au poignard du Corse pour égorger l'Europe telle qu'elle se bâtit.

Les partisans de Pasqua sont en émoi, notamment les jeunes transfuges du très séguiniste Rassemblement pour une autre politique, qui posent un ultimatum : c'est Villiers ou eux. Le samedi 10 avril, au QG de campagne de Neuilly, a lieu une explication de gravures. « Vous n'êtes que des sectaires, fulmine Coûteaux. Vous n'avez rien compris à ce qu'est un rassemblement. Ce n'est pas parce qu'on drague la gauche qu'il faut renoncer à la droite. L'intéressant, c'est d'avoir les deux. » Pasqua ne cède pas sur le principe de la liste commune avec de Villiers, mais accepte que les deux équipes demeurent séparées. Abitbol n'est pas enthousiasmé non plus par cette alliance, mais fait contre mauvais cœur bonne fortune : « L'accord avec Villiers, c'est une question d'argent, explique-t-il, cynique. La loi électorale est la plus censitaire qui soit : les éligibles doivent cautionner 30 millions. Il fallait sortir de ce problème. » Si la faim d'argent a précipité cette alliance, sa logique est politique et non financière. Au printemps de 1998, Philippe de Villiers, reçu par Jacques Chirac, lui détaille ses pronostics : « On va voir en grand aux européennes ce qu'on a vu en miniature lors des régionales : l'explosion du kaléidoscope droite-gauche. Si vous organisez le face-à-face entre le FN et la droite maastrichtienne, vous faites monter l'extrême droite à 25 %. Vous devriez encourager la création d'un pôle antimaastrichtien dans la droite classique. » De Villiers ne se trompe qu'à moitié : c'est la droite seule qui se fendra en deux, et même en trois, aux européennes, la gauche se tirant d'affaire ; le FN implosera et, de la droite classique, surgira un pôle antimaastrichtien et... antichiraquien ! Le 14 septembre, Villiers téléphone à Abitbol : « Dis à Pasqua que je vais l'agonir de compliments samedi, lors de la réunion du Mouvement pour la France. On ira ensemble aux européennes et, si je n'y vais pas, je le soutiendrai. » La stratégie droitière des antimaastrichtiens ne s'arrête pas à de Villiers : elle veut aussi récupérer ceux qui se sont enrôlés derrière Charles Millon et son mouvement La Droite, qui s'étiole dans l'automne de 1998. « Le souverainisme, c'est comme la Légion : ce que les enrôlés ont fait avant, on s'en fout ! » explique un conseiller de Pasqua. En décembre, celui qui vient d'être invalidé comme président de la Région Rhône-Alpes rencontre celui qui n'est pas encore candidat aux européennes. « Je lui ai proposé une vraie liste de refondation de la droite, explique Millon, mais il voulait faire une liste souverainiste, avec la nostalgie d'un rassemblement droite-gauche à la gaulliste, alors que toute l'Europe fonctionne sur un affrontement de type conservateurs-travaillistes. » Les proches de Pasqua tentent une dernière manœuvre pour que la rupture avec Millon ne soit pas définitive : le convaincre de ne pas voter en faveur d'Amsterdam le 18 janvier 1999. Ils lui proposent d'envoyer une lettre au Président de la République conditionnant son vote au Congrès à une refonte de la droite : n'obtenant pas de réponse, il pourrait s'abstenir et poursuivre le dialogue avec Pasqua. Millon, européen convaincu, refuse le subterfuge et vote Amsterdam : pour Pasqua, aucun dialogue n'est plus possible.

Pendant qu'il dînait avec Max Gallo, Pasqua tendait donc une longue cuiller à Millon. Dans son vaste rassemblement trans-partis, il cherchait des recrues de gauche, mais également des volontaires plus à droite que lui. Pour ne trouver personne à gauche et le seul Villiers à droite. Coûteaux, s'il a fait son deuil, pour les européennes, d'un attelage « capétien » transcendant le clivage droite-gauche, ne renonce pas à unir dans l'avenir la famille national-républicaine. A la fin du mois d'avril 1999, il réunit à déjeuner chez lui, dans le VIe arrondissement de Paris, Max Gallo et Philippe de Villiers. L'écrivain a préféré ne pas s'afficher au restaurant avec un tel voisin de table, mais il est venu accompagné de son épouse, qui confie au député vendéen : « Je suis au MDC depuis 1992, mais j'ai toujours apprécié votre action. N'abandonnez pas le Combat pour les Valeurs. » A la demande de Philippe de Villiers, qui doit retourner à l'Assemblée nationale à 15 heures, le déjeuner débute à midi et demi : les convives se séparent à quatre heures moins dix, après avoir parlé d'Europe, mais aussi du Pacs ou d'éducation. « Il faudra un autre déjeuner pour trouver des sujets de désaccord », conclut de Villiers, qui remercie Gallo, avant de prendre congé, pour les propos qu'il tint sur la Vendée, lors du Bicentenaire de la Révolution française.

L'ivresse des urnes

Avant de claquer la porte de la rue de Lille, Philippe Séguin l'a dit à Carole Payen, sa plus proche collaboratrice : « Pasqua va faire un gros score. » Les sondages s'améliorent, en effet, de jour en jour. « Nous partîmes cinq cents ; mais, par un prompt renfort/Nous nous vîmes trois mille en arrivant au port » : Corneille, plus que jamais. « Nous avons fait quelques erreurs, tempère Abitbol. Le meeting de Vincennes a été raté, et nous avons trop négligé les petites communes rurales. Ajouté à un discours trop politicien, trop intellectuel, cet oubli nous a fait perdre un point au profit de la liste des chasseurs. » Le samedi, un ultime sondage clandestin promet 12,6 % au tandem Pasqua-Villiers. Le 13 juin au matin, les premiers pointages à la sortie des isoloirs oscillent entre 11 et 14 %. Jean-Jacques Guillet, âme damnée de Pasqua dans les Hauts-de-Seine, et William Abitbol, font leur pronostic : la liste obtiendra 14 % ; or, comme la droite ne peut espérer emporter plus de 26 ou 27 % des voix, cela veut dire que Sarkozy est devancé. « C'est logique, explique Abitbol, rosissant à l'idée d'être élu député européen, depuis Maastricht, le moins disant européen gagne l'élection, car les gens ne veulent pas de cette Europe, ils ne veulent pas que la France soit remplacée par l'Europe. » L'ambiance monte au QG de l'avenue Charles-de-Gaulle à Neuilly : « Sarkozy est maire de la ville, plaisante un colistier, il n'a qu'à rebaptiser l'avenue Jean Monnet ou Robert Schuman. » Dans son bureau, Pasqua attend. Des plantes vertes et de tristes meubles l'entourent. Mais, sur le mur, il a accroché un parchemin célébrant le quarantième anniversaire des Compagnons de la Libération. A 22 heures, les premières estimations ne sont qu'à 10,5 %, mais le résultat monte vite et Sarkozy est dépassé avant minuit. « Passer devant Sarkozy, s'enflamme Abitbol, c'est passer du témoignage à la mission, du succès à la victoire. » Pour Charles Pasqua, c'est passer du pari gagné à la revanche pure : héros de la soirée, il humilie Sarkozy, celui qui lui vola la mairie de Neuilly en 1983 ; ce jour-là, Pasqua avait pleuré... Seize ans plus tard, il arrose au champagne sa vengeance. Mais sa joie dépasse la vindicte. Ce soir-là, il incarne le gaullisme, il est de Gaulle. Dans un coin, seul, Paul-Marie Coûteaux ne partage pas l'enthousiasme de son chef de file. Il joue avec sa chevalière où figurent ses éloquentes armoiries : trois couteaux... Pasqua le réconforte, croyant qu'il s'inquiète pour sa propre élection au Parlement de Strasbourg, Coûteaux occupant la treizième place sur la liste : « Vous êtes élu, rassurez-vous. En plus, vous avez les délices ! » Mais Coûteaux est déçu par ce résultat que chacun juge triomphal : « J'avais fait des paris à 17 %, explique-t-il. 13,05 %, c'est minuscule pour le gaullisme, pour le souverainisme. La baffe donnée à Sarkozy n'est qu'un leurre, un effet grossissant. Je savais qu'on le dépasserait : j'ai fait 23 réunions publiques en mai et en juin : ce sont des militants RPR qui venaient nous voir. » L'amertume du social-capétien Coûteaux n'est pas un caprice de spartiate, mais une prémonition lucide. Le souverainisme a gagné une bataille électorale, pas la guerre politique.

« Si Pasqua était venu rue de Lille le 14 juin au matin, avance un conseiller de Jacques Chirac, il était le maître du RPR. Ce mouvement n'a pas de culture de la dissidence, mais a une culture du putsch : le RPR avait deux listes, elles ont obtenu 25 %, celle arrivée en tête est légitime. » Mais Pasqua, que Séguin pourtant n'a jamais exclu, ne vient pas rue de Lille. Sans doute commet-il là une erreur fatale. « Le risque pour le RPR n'est pas de voir Pasqua créer un parti, mais de le voir ne pas en créer, car cela voudrait dire alors qu'il va prendre le RPR », analyse, subtil, Philippe Séguin. Mais le succès du vote européen enivre le RPF naissant de vapeurs électorales : au Rassemblement pour la France, on ne parle dans les mois suivants qu'en pourcentages de suffrages exprimés. Les élections partielles sont décortiquées et projetées sur l'avenir des échéances nationales. « A la cantonale partielle de Verdun, se réjouit alors Nicolas Dupont-Aignan, nous avons fait 25 %, contre 11 % au RPR. Dans la France urbaine et populaire, comme l'Île-de-France, Rhône-Alpes, Paca, le Languedoc-Roussillon ou le Nord-Pas-de-Calais, on est plus près de 20 % que de 10 %. On vise les 30 000 adhérents pour la fin de 1999. Aux législatives de 2002, on sera présents partout et il y aura un vrai groupe souverainiste à l'Assemblée, fort de 50 à 100 députés. » L'ivresse des urnes sert de dérivatif aux maux du RPF : la candidature de Charles Pasqua à l'élection présidentielle est proclamée pour faire oublier l'une des premières graves crises internes. Mais rien n'y fait. Séguin avait prévenu Pasqua avant le 13 juin : « Si tu fais un score aux européennes, qu'en feras-tu ? Regarde Villiers en 1994 : une fois qu'il a dit qu'il ne fallait pas baiser hors du mariage, il s'est étiolé. » Moins d'un an après sa prophétie législative euphorique, Nicolas Dupont-Aignan est l'un des premiers à rendre son tablier de responsable du RPF. Parce que la guerre Pasqua-Villiers fait rage, parce que le Rassemblement pour la France n'a jamais résolu ni même posé les problèmes de base de la vie d'un parti : les cadres, l'argent et, surtout, le corpus idéologique. « Maintenant, place au travail des cerveaux, exhorte vainement Coûteaux avant l'été : un livre, des colloques, traçons les cercles des idées, avec la *res publica*, la filiation capétienne, le dépassement du combat droite-gauche... » « La seule querelle qui vaille, c'est l'homme », a dit de Gaulle. En gaullistes zélés mais frustes, les pasquaïens se livrent aux querelles d'hommes... En un an, mesquineries budgétaires, coups tordus et noyautages locaux se multiplient, emballés d'hypocrisie et enrubannés d'un double langage. Aux marges de l'affaire Elf, l'entourage du président du conseil général des Hauts-de-Seine aiguise par des fumets interlopes l'appétit des juges financiers. En octobre, la Commission nationale des comptes de campagne et des financements politiques s'interroge sur les 7,5 millions de francs versés à Pasqua par une simple mère de famille, domiciliée en Afrique et qui n'était même pas placée en position éligible sur la liste. L'annonce de sa candidature élyséenne et le durcissement de ses propos à l'encontre de Jacques Chirac lui causent d'autres soucis. Les sicaires du Président de la République aiguisent leurs lames. « Pasqua est indestructible, se rassure Abitbol. Il m'enterrera et je ne suis pourtant pas malade. » Mais il ne s'agit pas ici d'âge ou de santé. Chaban, Giscard, Balladur et d'autres le savent : le chiraquisme est un art de la guerre, il tue. Pasqua a-t-il oublié que Charles le Téméraire mourut dévoré par les loups ?

Une pensée stérile

Gallo-Villiers, Debray-Pasqua, Chevènement-Séguin : les concordances intellectuelles, les complicités de la famille national-républicaine sont saisissantes. Sur l'essentiel, leurs affrontements hexagonaux s'estompent, et soudain apparaît une armée des ombres aux prestigieux généraux. Si elle n'a jamais pu s'aligner sous le même uniforme, c'est d'abord parce qu'il lui manque un chef, le de Gaulle d'aujourd'hui. Nul ne croit plus que Pasqua puisse être le Phénix de Colombey, si tant est qu'un seul esprit lucide ait pu y croire. « Nous sommes damnés parce que nous n'avons pas l'Homme. Ce serait Jean-Pierre Chevènement, s'il voulait », n'hésite pas à affirmer Coûteaux, élu député européen derrière Pasqua, qu'il a quitté un an plus tard. Mais Chevènement, même démissionnaire, a lié son sort à celui de Lionel Jospin, en espérant qu'il gagnera en 2002. A droite, seul Séguin a les qualités intellectuelles et la probité nécessaires pour incarner un tel mouvement, mais il a lié son sort à celui de Jacques Chirac, en espérant qu'il perdra. Après son renoncement surprise du 16 avril 1999, Philippe Séguin a été approché par des collaborateurs de Jean-Pierre Chevènement, afin que s'unisse ce front républicain. En vain. Quand ils pourront dire « *Ecce homo* », les Républicains auront presque bataille gagnée. Pour l'heure, ils font chevaucher à leur tête, sanglé sur la Rossinante Ve République, le cadavre de De Gaulle, tel Le Cid Campeador, celui de l'Histoire plus que celui de Corneille; mais les Maures de droite et de gauche n'en ont plus peur.

Un chef, c'est presque la victoire, mais pas tout à fait, car ce qui manque aussi à cette famille, c'est une nouvelle pensée politique. Avec de Gaulle, il y avait le gaullisme. Arc-boutée dans le refus du monde comme il va, leur cause a le charme et les limites des combats désespérés : la poudre des dernières cartouches a un parfum si enivrant. Mais aucune politique ne peut avoir une âme négative. Etre contre la réalité, c'est peut-être avoir raison, c'est souvent être inutile, c'est à coup sûr être seul. En un chapitre de sa conférence, baptisé « "National-républicain" ? Chiche... », Régis Debray a tenté de pallier cette carence. C'est *Le Monde* qui lance à l'automne de 1998, telle une insulte, l'appellation « national-républicain ». « Genre "national-socialiste" ? » s'interroge Debray, qui y voit « un sobriquet de dérision, sinon de suspicion ». « Avec du "rouge-brun" en filigrane ? (...) Je me demande si la dépréciative appellation, et la gageure n'est pas mince, ne mériterait pas finalement d'être relevée, comme un défi. » Venant au secours de cette famille, qui lui est « *a priori* sympathique, malgré son côté auberge espagnole, ou à cause de lui », l'ancien guérillero aide à relever, il le sait, le gaullisme réduit en cendres par une flamme bien plus pernicieuse que celle du « foco » guevariste, celle de l'abandon. A quarante années de distance, un Debray prend la suite d'un Debré pour donner un contenu politique à l'idéal gaullien... Aux côtés de Pasqua, ou dans le sillage intellectuel que ce politique soulève derrière lui, attirant les mouettes de la réflexion, quelques esprits agiles et cultivés tentent de répondre à cette requête de Debray et de fondre « le sensible national avec l'intelligible républicain », « le courage de Sparte et le génie d'Athènes ». Déjeunant avec un journaliste gagné à ses thèses, William Abitbol se désespère un jour du recul de l'indépendance nationale : « Si ça continue, il faudra qu'on s'appelle souverainistes, comme au Québec. » Face au sobriquet lancé par *Le Monde*, le néologisme se fait issue de secours. « J'ai eu un peu peur que ça fasse monarchiste, mais non », se souvient Abitbol. Nicolas Baverez est plus tard chargé d'étudier le clivage précis entre le souverainisme et le mondialisme. « Le souverainisme, s'enflamme Abitbol, c'est un autre logiciel pour affronter le monde de demain, tout comme Bolivar a libéré l'Amérique du Sud au nom des idées françaises. » Bref, le concept semble fonctionner. Durant la campagne électorale, pour contrer le « national-républicain », effacer la ridicule marche au pas contre l'Euroland ou estomper un rassemblement droite-gauche devenu tandem Pasqua-Villiers, il fait merveille : Pasqua a trouvé son « isme », Pasqua pense.

Sympathique parce qu'impertinent, intéressant parce que brocardé par les élites, séduisant parce que minoritaire, le souverainisme n'en est pas moins une impasse intellectuelle. Le qualifier de « moisi » est inutile et erroné : il gêne parce qu'il n'est pas à la mode, il sent mauvais parce qu'il est pauvre, mais il pourrait être juste en son indigence. Non. Son pedigree de perdant ne peut effacer sa vanité. Tout comme il échoue, en moins de deux ans, pour bâtir une liste commune trans-partis puis un mouvement politique puissant, le souverainisme comme expérience intellectuelle n'aboutit pas à l'invention d'une nouvelle idéologie : l'alliance et l'alliage souverainistes sont tous deux défaillants. Si l'aventure siamoise Pasqua-Villiers s'achève en vaudeville tératologique, telle une greffe rejetée, si les conjurés du 13 juin 1999 s'entre-dévorent, si les républicains de gauche sont plus éloignés aujourd'hui qu'hier de leurs cousins de droite, c'est parce que le souverainisme est un échec. Il est victime, d'abord, de son catastrophisme ontologique : le souverainisme prospère sur l'annonce de la catastrophe, sur le retour d'Azincourt, de Waterloo ou de mai 1940. Il prédit pour le pays des heures sombres dont il entend faire son aube. C'est en cela que Séguin est un vrai souverainiste : pour vivre un 18 juin, il faut connaître un 10 mai ; le chemin de Londres passe par Sedan. Pas de « divine surprise » dans ces effondrements, mais un malheur nécessaire. Plus précisément, le souverainisme aime les mystères de la catastrophe : pourquoi arrive-t-elle inéluctablement, pourquoi nul ne voit avant qu'elle n'advienne les raisons de la catastrophe, alors que tout semble limpide quand il est trop tard, pourquoi Marc Bloch est-il écouté mais pas Julien Benda ? « Je ne sais pas pourquoi nous vivons une faillite intellectuelle et morale, avoue Henri Guaino, qui récuse néanmoins le scénario de la défaite salutaire. Pas plus que je ne sais pourquoi les élites des années trente ont suivi des politiques qui menaient à l'abîme, ou pourquoi il n'y a qu'un seul téléphone à l'état-major quand Weygand remplace Gamelin. »

Le 30 septembre 1999, William Abitbol et Paul-Marie Coûteaux publient dans *Le Monde* – quelle revanche – l'acte de baptême du souverainisme. Le titre de l'article, « Souverainisme, j'écris ton nom », se lit d'abord comme une inscription à l'état civil de l'histoire politique française. Leur texte est superbe de densité et de vigueur démonstrative. Mais il n'échappe pas aux tares du combat lancé par Pasqua : confusion, catastrophisme, haine de Chirac. Confusion : c'est en mélangeant la montée en puissance des chasseurs, la pseudo-jacquerie vandalisante de José Bové, les déboires de Pechiney et la guerre bancaire entre la BNP et la Société Générale que les deux auteurs entrevoient l'avènement du souverainisme. Catastrophisme : de la santé livrée aux sauvageries du marché, jusqu'aux massacres des « hystéries antinationales [qui] provoquèrent au XXe siècle dix-huit fois plus de morts pour faits de guerre que le XIXe » (aucune pondération par le progrès technique des armes), ils s'enivrent d'oracles apocalyptiques. Le monde courrait à l'abîme, n'était le frein souverainiste. L'une de leurs citations préférées est celle de Sir Norman Angell – le bien nommé – qui annonça naïvement en 1910 la paix éternelle par effacement des frontières grâce aux progrès technologiques, du télégraphe à l'aéroplane : la Lloyd's assure la marine allemande, donc la guerre est impossible. Haine de Chirac : dès les premières lignes, elle s'épanche, prédisant que l'Histoire « retiendra les brèves périodes d'exercice du pouvoir par Jacques Chirac plutôt que ses interminables campagnes et autres tentations de reconquête, [et] les rangera sans doute parmi ces moments d'abandon qui toujours précèdent la renaissance de la France ». Bref, Chirac, c'est Isabeau de Bavière, c'est Bazaine, c'est Pétain. Agresser Chirac, c'est l'impératif « A moi, Comte, deux mots ».

« Paradoxe à peine croyable, c'est sous une présidence prétendue gaulliste que les gaullistes sont obligés de trouver un mot nouveau pour se nommer eux-mêmes. » Derrière cette allusion supplémentaire à Chirac s'avance bel et bien le projet idéologique du souverainisme : souverainistes, c'est-à-dire néo-gaullistes. « Nous avons dû batailler pour que nos amis adoptent ce mot, poursuivent Abitbol et Coûteaux. Il s'adresse à plusieurs familles politiques françaises – de droite comme de gauche. Il ne peut se penser qu'en globalité, en tenant pour indissociables ses deux composantes : la souveraineté nationale et la souveraineté populaire. » Coûteaux, geste vif et regard piquant, et Abitbol, voix grave et moustache placide, démontrent que le souverainisme est cet étroit chemin, éclairé par Debray, « entre Euroland et Clochemerle ». Le souverainisme, prolongement du gaullisme, n'est pour eux que la forme contemporaine de la logique républicaine. Mais leur éloge de la souveraineté est une coquille. Derrière se cache l'apologie de la nation. Les souverainistes ne sont certes pas nationalistes, conscients que l'exaltation conquérante de la nation, son enfièvrement vorace, sont dangereux. Ils sont plutôt « nationistes », ils considèrent la nation comme le lieu naturel et indépassable de la démocratie et de la République. C'est-à-dire qu'ils glorifient l'amour, sacré comme dans *La Marseillaise*, ou laïque, de la Patrie selon Saint-Just, cette « communauté des affections », ou, selon saint Debray, « la nation plus le sentiment ». Le souverainiste, ce Werther patriote...

En cela, le souverainisme demeure sympathique. Mais il est également l'ennemi de la liberté. Dans sa réflexion sur l'essence du souverainisme, Nicolas Baverez a bien noté cette limite : souveraineté contre liberté est une tectonique des plaques inévitable. Les partisans de Pasqua, rusés, en font une arme. C'est l'autre clin d'œil du titre choisi par Coûteaux et Abitbol pour leur article : souverainisme est substitué à liberté, comme s'il était la nouvelle liberté. « Il y a une guerre des souverainistes contre les mondialistes, reconnaît Abitbol. » Les souverainistes affirment combattre l'excès de liberté, cette anarchie du marché mondial, cette anémie-anomie de la modernité. Mais ils sont en fait opposés à la liberté même, parce qu'ils n'acceptent pas l'avènement de l'individu, cette aurore qui confond ses couleurs avec le crépuscule du XXe siècle. Ils brandissent la nation comme l'antidote à l'égoïsme, le juste milieu entre l'individu et la planète : « La seule échelle qui soit à la fois à la taille de l'homme et à la dimension du monde », comme l'écrivent Abitbol et Coûteaux. Mais ils n'ont d'autres modèles à exhiber que ceux qui ont asservi l'individu aux causes nationales. Pasqua et ses proches omettent ainsi de rappeler que Bodin, leur référence préférée – un auteur des *Cahiers de Demain la France* a même choisi Fernand Bodin comme pseudonyme –, fut le théoricien et le thuriféraire de la monarchie absolue! Debray et ses disciples oublient de souligner qu'autour de Péguy, des millions de paysans inconscients sont tombés pour la nation. Que cela ait été nécessaire n'efface pas la révolution de l'individu, qui refuse de glorifier le roi ou de mourir à la guerre. Hobbes l'a montré : contre les mœurs de loup, seul le pouvoir absolu est une garantie. Le peuple n'est pas souverainiste parce qu'il a compris que l'Etat-nation est aussi un Léviathan assoiffé de sang, et cette lucidité est sans rémission. Le souverainisme s'il s'imposait serait donc une coercition, au mieux pour restaurer de vieux mythes, jadis précieux pour bouter les Anglais hors de France, sauver la Révolution ou reprendre Douaumont, mais désormais inefficients; au pire pour enserrer la société dans le corset du collectif. « Le carcan de l'Etat-nation a sauvé l'homme de l'aliénation, par la chute des féodaux », affirme Abitbol. Certes. Mais l'aliénation n'est plus de mise, et l'individu, effrayé par l'anarchie, veut néanmoins d'autres règles que celles d'antan. « Jaurès a dit que la nation était le seul bien des pauvres », poursuit-il. En effet, mais ils en possèdent aujourd'hui d'autres, heureusement, et parce que le monde est un peu plus juste, le souverainisme, cette loi du Souverain, n'est plus nécessaire.

Le souverainisme porte son échec en ses mots : « C'est la liberté de dire non », dit Pasqua; « C'est le droit de changer d'avis », définit-il un autre jour. Au tout début de sa campagne, il se réjouit de voir fleurir, par une coïncidence publicitaire, les affiches du spectacle de Robert Hossein sur de Gaulle : « Celui qui a dit non. » De Gaulle ne fut pas que cela : il fut aussi l'homme du « oui franc et massif », celui qui dit oui à la République, au nucléaire, à l'indépendance algérienne. Pasqua ressemble moins à de Gaulle qu'à la poupée de la chanson : il dit « non, non, non, non, non ». A son image, le souverainisme est un négativisme. En un peu plus d'un an de carrière politique, il n'aura pas apporté au débat une idée nouvelle, ni une idée positive. Il est curieux que, souhaitant combattre le nihilisme de la modernité, cette apologie de l'absence d'entrave, il s'enferme dans le refus, sans rien proposer que le retour à un âge d'or, dont les peuples savent qu'il fut aussi de plomb. « Le souverainisme n'est que la formulation contemporaine de la révolte d'un peuple qui ne s'appartient plus, s'en rend compte peu à peu, et ne l'accepte pas », écrivent Coûteaux et Abitbol. C'est une révolution plus qu'une révolte qu'ils définissent ici. Alors pourquoi, faute d'imagination, le souverainisme se condamne-t-il à être une réaction ? Pensée puissante mais stérile, réminiscence légitimiste et non invention démocratique, le souverainisme ne pouvait que sombrer. C'est ce qu'il a fait, emporté dans la cale de Pasqua, cargo naufragé.

La République, elle, demeure insubmersible.

Le bal des figurants

La coquille vide

« Retomber de Bonaparte et de l'Empire à ce qui les a suivis, c'est tomber de la réalité dans le néant, du sommet d'une montagne dans un gouffre. Tout n'est-il pas terminé avec Napoléon ? Aurais-je dû parler d'autre chose ? Quel personnage peut intéresser en dehors de lui ? De qui et de quoi peut-il être question après un pareil homme ? (...) Comment nommer Louis XVIII en place de l'Empereur ? Je rougis en pensant qu'il me faut nasillonner à cette heure d'une foule d'infimes créatures dont je fais partie, êtres douteux et nocturnes que nous fûmes d'une scène dont le large soleil avait disparu. » Qu'aurait écrit Chateaubriand s'il avait connu de Gaulle ? L'épopée est un peu plus mince, il s'agissait de reconquête et non de conquête, Rome n'est plus le chef-lieu des Bouches-du-Tibre, mais Paris n'a pas brûlé. Sans doute rougirait-il encore à « nasillonner d'une foule d'infimes créatures ». Car la comédie des orphelins est une comédie-ballet, comme *Le Bourgeois gentilhomme*, où dansent des figurants. Il ne s'agit pas là des militants gaullistes, ces grognards du Général, fidèles à sa mémoire et qui balbutient son souvenir en suivant des chefs qui ne les méritent pas. Nouvelle armée des ombres, ils errent au crépuscule de la Ve République, prêts à soutenir celui qui portera un espoir de victoire – et c'est Jacques Chirac qui est ici, pour l'instant, le plus fort. Au bal des figurants, de 1997 à 2000, on trouve d'illustres figures, que le sort ou l'erreur a jetées au bas de l'affiche. Durant ces trois années, Jacques Chirac, Philippe Séguin, Nicolas Sarkozy et Charles Pasqua sont actifs. Alain Juppé et Edouard Balladur, eux, sont réactifs. Jean Tiberi, enfin, subit. Et les jeunes trépignent, mais espèrent.

Le 5 décembre 1999, le RPR porte à sa tête Michèle Alliot-Marie. C'est crânement qu'elle a joué sa chance, en une campagne trop longue où les militants habitués à obéir ont dû apprendre à choisir. Et comme les Français ont envoyé à l'Elysée, en 1995, le candidat qui leur ressemblait le plus, les compagnons ont voté pour une grande sœur, culottée et guerrière. Avec Chirac, ils ont un filigrane de De Gaulle, avec Alliot-Marie, ils se sont offert une ombre de Jeanne d'Arc. Michèle Alliot-Marie a de nombreuses qualités, dont cette combativité qui est un soufflet braqué sur les dernières braises d'espoir. « Je bois un punch », lança-t-elle aux journalistes au soir du premier tour de la présidentielle interne, en un jeu de mots bienvenu. Elle n'en manque pas, et pas plus n'est-elle dépourvue de courage et de ténacité. Avec cran, elle navigue, dès son élection, dans la houle du débat sur la Justice. Elle ne trompe pas le Président sur les intentions des élus gaullistes, l'éclairant sur le rapport de forces et l'aidant ainsi à annuler le Congrès appelé à réformer le Conseil supérieur de la magistrature. Avec ruse, elle cabote d'un candidat à l'autre dans la campagne pour l'investiture gaulliste à l'élection municipale de Paris, pour aboutir à la désignation attendue de Philippe Séguin. Si personne n'est dupe sur la préméditation, nul ne peut se dresser sérieusement contre la procédure menée. Avec foi, elle en appelle à la grande régate des idées, indiquant dès son élection qu'elle ne sera pas armateur, mais maître de la capitainerie du port. Car le plus grand courage de

Michèle Alliot-Marie est de reconnaître qu'elle ne peut récrire seule le bréviaire du gaullisme, que son expérience ne saurait suffire à ressusciter une pensée politique, qu'elle est une femme décidée plus qu'une femme d'idées, une femme de combat et non de corpus. « Nous devons réinvestir le terrain des idées », écrit-elle à tous les militants, en leur présentant le compte rendu de la consultation dont 12 500 d'entre eux ont rempli le questionnaire. Mais il n'est pas une idée neuve dans ce document, qui réussit l'exploit de ne pas citer les mots « Pacs » ou « parité », et vise surtout à montrer que la base approuve les opinions des chefs. Sur les cent vingt-six chiffres publiés, cinquante dépassent les 90 % d'approbation, et on trouve même trois fois 100 % d'adhésion ! Sans nul doute, le RPR est uni ; il ferait mieux d'être imaginatif. Le gaullisme meurt de n'avoir pas d'idées, de s'interdire l'inédit.

Pensée creuse, le RPR est aussi un parti vide. Ses principaux animateurs n'en font plus vraiment partie, tout occupés à leur destin. Charles Pasqua a tenté de créer un autre mouvement, Philippe Séguin joue son destin sur la conquête de Paris, Nicolas Sarkozy est absorbé par son tête-à-tête avec Jacques Chirac, lequel veut se faire réélire sans les partis, si ce n'est contre eux. « La campagne interne pour la présidence du mouvement, témoigne un député, ce fut "le voleur dans la maison vide". » « Le RPR n'est plus rien, et tout le monde s'en fout », ajoute un élu local, qui joue néanmoins des coudes pour s'imposer dans les instances du mouvement. Coquille vide, mais coquille neuve, le RPR a gagné de nouveaux locaux, un immense hôtel particulier en bord de Seine, où la modernité de la salle de conférences voisine avec les dorures des salons. Déménager, c'est se donner une nouvelle chance, un nouveau vaisseau : qu'en fera le RPR, seul parti de droite à pouvoir encore rassembler en foule des militants, organiser une campagne nationale et harceler les candidats adverses ?

Pour l'heure, le parti est comme sa présidente, le RPR est comme MAM : un sigle, pas plus.

Juppé, l'homme dessillé

Il était « le meilleur d'entre nous », selon le mot de Jacques Chirac. Il se croyait le meilleur tout court. Alain Juppé est désormais en France le contre-modèle de Premier ministre. « Face à un problème, il suffit de regarder ce qu'il avait fait, et de faire le contraire », plaisante François Hollande, le premier secrétaire du Parti socialiste. De 1995 à 1997, tant d'erreurs ont été commises, tant d'impopularité a été cristallisée que l'idée même d'un retour à Matignon du maire de Bordeaux est insupportable au bon sens. Mais puisque rien n'est impossible en politique, puisque Thiers, Clemenceau et de Gaulle sont arrivés au bout du désert, Alain Juppé croit en son avenir. En février 1998, pour organiser son retour en politique active, il inaugure les séances de travail de France moderne, sa nouvelle association. L'ancien Premier ministre a invité Philippe Méchet, de la Sofres, qui doit exposer les raisons de la défaite de la droite aux législatives de 1997. « Pourrai-je tout dire ? » a demandé le sondeur. « Oui », a répondu Juppé. Et Méchet présente donc un exposé sur la forme de l'action politique aujourd'hui, sur ce que les gens attendent comme art de la réforme, en s'appuyant sur une vaste étude réalisée au début de 1997, et qui établissait le fiasco du gouvernement de droite. A la fin de la conférence, Alain Juppé prend la parole, enthousiaste et dépité à la fois : « Ah ! Si j'avais eu cette note il y a un an, en février 1997, ça aurait pu tout changer. Pour qui aviez-vous réalisé cette étude ? » « Mais pour vous, Monsieur le Premier ministre, répond Méchet, gêné. Pour Matignon. » Alain Juppé est stupéfait : il réalise à quel point il fut coupé du monde, pendant deux ans, depuis son bureau. Son propre cabinet ne lui transmettait pas les études susceptibles de le fâcher, de lui montrer que tout n'allait pas bien dans son mode de gouvernement. Le voilà dessillé.

A la tête de ses gouvernements et du pays, Alain Juppé a travaillé, décidé et même réformé. Mais il n'a rien compris. Sa politique était sans doute bonne pour les affaires de la France, mais elle n'était pas démocratique : le Premier ministre est resté sourd aux craquements du pays, n'a pas su diriger son équipe, ni séduire sa majorité. Le 26 octobre 1995, Alain Juppé, comme tous les Français, regarde le Président de la République à la télévision, annoncer le virage de la rigueur. Un an à peine après leur éclosion au tréfonds d'une campagne électorale désespérée, les promesses du candidat Chirac sont mises en charpie ce soir-là : l'autre politique est fanée, le libéralisme fiscalisé s'impose, les critères de Maastricht sont des tenailles rougies plongées au cœur des portefeuilles français. Une fois l'émission achevée, Alain Juppé appelle son directeur de cabinet, Maurice Gourdault-Montagne : « Rien de nouveau », résume le Premier ministre, approuvé par son collaborateur. Et il va se coucher. Quelle n'est pas sa surprise en découvrant le lendemain que la presse analyse le discours du Président comme un vrai retournement de politique. « J'en ai eu le souffle coupé, se souvient-il trois ans et demi plus tard. Pour moi, le virage effectué se fait en juillet 1995, pas en octobre. C'est alors qu'avec Alain Madelin, nous avons réfléchi aux moyens de passer de 5,6 % à 3 % de déficit public. On ne pouvait pas abandonner l'euro, ni demander un report aux Allemands, ni couper dans les dépenses publiques ; il ne restait que la hausse des prélèvements. On l'a décidée, Chirac l'a approuvée. C'était peut-être politiquement suicidaire, mais économiquement astucieux, et ça a marché. »

Quelques jours après le virage de Chirac, Alain Juppé présente son plan de sauvetage du système social, bouclé entre Matignon et l'Elysée, par-dessus les ministres concernés. René Lenoir, conseiller du Président, met le Premier ministre en garde : « Ne passez pas à l'acte si vite. En 1989, il a fallu six mois de consultations publiques télévisées pour élaborer le livre blanc de Michel Rocard sur les retraites. Cela a fait passer dans l'opinion que ce problème était prioritaire. Aujourd'hui, vous ne vous donnez que quatre semaines, avec quatre ministres à manœuvrer, dont trois sont des “bleus” à leur poste. » Alain Juppé ne l'écoute pas : « Si je ne bouge pas vite, les médias diront que je ne fais rien. » Nicole Notat ajoute son avertissement : « Ne vous attaquez pas en même temps aux régimes spéciaux de retraite, à l'assurance-maladie et au contrat de plan avec la SNCF. » « Elle avait raison », concède Juppé. La cécité autoritaire déborde d'illustrations pendant les vingt-quatre mois de gouvernement Juppé. En 1996, François Léotard, patron de l'UDF, rédige un projet de modernisation de la vie politique, qui favorise la place des femmes, durcit les règles de cumul des mandats, réforme plusieurs modes de scrutin et renforce la décentralisation. Il le présente à Jacques Chirac, qui l'approuve dans ses grandes lignes et le transmet à Alain Juppé ; lequel s'en décharge sur Jean-François Mancel, alors secrétaire général du RPR, qui l'enterre soigneusement. « Voilà comment le président de la deuxième formation de la majorité était traité sous Juppé », raconte, encore révolté, Léotard. Sombrant dans l'impopularité, Alain Juppé ajoute l'amertume à l'autorité. Acceptant de baisser le taux du livret A après une longue résistance, il lance à la fin de la réunion qui l'a convaincu de changer d'avis : « Je vais être un peu plus impopulaire, mais au point où j'en suis... » Il se crut incompris alors qu'il ne fut pas capable de comprendre, il se crut mal-aimé des Français alors qu'il ne fut pas capable de les aimer.

Eloigné du pouvoir, Alain Juppé écrit une biographie réfléchie de Montesquieu. Plongé dans l'œuvre du sage bordelais, il en extrait une citation pour son discours aux journées parlementaires du RPR, le 10 octobre 1998 à Menton : « C'est une expérience éternelle que tout homme qui a du pouvoir est porté à en abuser ; il va jusqu'à ce qu'il trouve des limites... Pour qu'on ne puisse pas abuser du pouvoir, il faut que, par la disposition des choses, le pouvoir arrête le pouvoir. » Juppé dévoile ici l'explication et l'excuse de ses dérives gouvernementales : il n'a pas trouvé le pouvoir qui devait arrêter son pouvoir. Il a outrepassé ses pouvoirs de Premier ministre parce que Jacques Chirac ne s'est pas comporté en Président. Juppé tomba dans l'autoritarisme parce que Chirac n'eut pas assez d'autorité. La psychologie des deux hommes et la nature de leur relation expliquent en partie cette inversion des rôles, Matignon dominant l'Elysée. « Entre Chirac et Juppé, il y a de l'au-delà de la politique, commente un proche du Président. Quand Chirac est allé à Bordeaux après la défaite aux législatives, il était profondément heureux d'aller donner un signe de respect et d'affection à Juppé. » L'ascendant d'Alain Juppé sur Jacques Chirac n'a pas eu que des conséquences affectives. Outre la dissolution contre nature, les institutions lui doivent, de 1995 à 1997, bien des entorses. Dès l'installation du gouvernement, les usages et les hiérarchies sont violés : le nouveau chef du gouvernement souhaite que son porte-parole, François Baroin, prononce ses communications, après le Conseil des ministres, depuis Matignon et non depuis l'Elysée. Il s'agit de verrouiller le système. Baroin doit en appeler au Président pour que la Ve République, au moins sur ce détail, soit respectée. « Avec Alain Juppé à Matignon, c'est la bande de Villepin qui a pris les commandes, s'énerve un séguiniste. *Asinus asinum fricat.* » C'est bien avant 1995 que l'omnipotence d'Alain Juppé a été décrétée par Jacques

Chirac. En novembre 1994, une grande explication oppose les deux hommes, à la mairie de Paris. Jacques Chirac, quand il en sort, dit simplement à Bernard Pons : « Tout est réglé. » « Qu'est-ce que tu lui as promis, à part Matignon ? », interroge l'élu du XVIIe arrondissement. Mais Chirac est évasif. C'est plus tard que Pons réalisera l'étendue du contrat : comme il le lui avait déjà laissé entrevoir à la fin de 1993, Chirac a promis à Juppé, en cas de victoire à la présidentielle, de lui donner Matignon, la présidence du RPR et l'Hôtel de Ville de la capitale. Mais Juppé a décliné la dernière offre : sa décision d'aller à Bordeaux est déjà prise.

Aujourd'hui, peut-il en revenir, de Bordeaux ? Y a-t-il une vie après un tel échec, deux années d'errance sanctionnées par la noyade d'une des plus amples majorités législatives de l'Histoire ? Arrêter la politique, s'enrichir en mettant au service d'intérêts privés l'expérience d'une vie publique, céder à cette « tentation de Venise » qu'il a imposée dans le langage courant : n'est-ce pas là le seul devenir possible ? Moins d'un an après son éviction du pouvoir, Juppé a décidé de reprendre la route du pouvoir, pour contrer Philippe Séguin, relayer les idées du Président de la République ou rebâtir son personnage. Il envisage de réunir trois cents personnes pour les rencontres de France moderne, avant de préférer un rendez-vous plus intime, un dîner régulier, à la bonne franquette, chez Thoumieux, une auberge proche de l'Assemblée nationale. « Il s'agit de rassembler quelques amis pour dire en quoi et pourquoi il s'est trompé », confie un de ses proches. « Je ne veux pas parler tant que je ne sais pas ce que je veux dire », prévient Juppé. « On a même envisagé de lui confier la présidence de la Fondation du RPR, que Séguin mettait sur pied », affirme Patrick Devedjian. Mais la politique ne s'est pas adoucie, qui considère que Juppé revient trop vite et n'a pas assez souffert. Lors des régionales de mars 1998, la rumeur court, fausse et infamante : Juppé incite la droite à chercher une alliance avec le Front national. Puis viennent les affaires et sa mise en examen dans l'affaire des emplois fictifs de la mairie de Paris. Depuis, l'inéligibilité transforme en pointillés toutes ses ambitions. Juppé multiplie les ruses de procédure, joue à fond chacun de ses droits de justiciable, parie sur le dilatoire, espère une prescription. Il en vient à se brouiller avec d'autres mis en examen, qui prônent un profil bas pour obtenir un procès rapide. Mais il ne renonce pas. Sa biographie de Montesquieu, qui est aussi un essai sur la Justice, n'est pas un plaidoyer *pro domo*, ni un réquisitoire contre le troisième pouvoir ou la République des juges. Juppé n'est pas « le meilleur », mais il est intelligent. En politique, cette qualité autorise l'espoir.

A la recherche du vrai Montesquieu, le maire de Bordeaux enquête aussi sur le véritable Alain Juppé. « L'homme Montesquieu est différent de l'imagerie officielle, du profil césarien, explique-t-il. Il aime vivre, il aime les femmes, les salons, les voyages, il est sympa, modeste, bonne nature. » Déjà Alain Juppé perce sous Montesquieu... Le 23 mars 1999, l'ancien Premier ministre est l'invité de la *Revue des deux mondes*. « Soyez le Méridional que vous êtes, reprenez l'accent, soyez vous-même », l'exhorte Emmanuel Le Roy Ladurie. « Qui suis-je ? répond Juppé après un long silence. Je reprends un peu l'accent. A la boulangerie, à Bordeaux, je demande des chocolatines : à Paris, il paraît qu'on dit des pains au chocolat... Je suis sec, insensible, incapable de communiquer. C'est une idée reçue... Est-ce qu'on se réforme à 53 ans ? Je ne sais pas. Est-ce que j'essaye ? Je n'en suis pas sûr... » De vifs applaudissements saluent l'aveu. Changer en étant soi-même, tel est le défi d'Alain Juppé pour s'offrir un avenir. L'Histoire repasse les plats, mais il faut changer de fourchette. Les européennes, les vicissitudes du RPR, les remous du quinquennat ne sont que des intempéries sur ce chantier de longue haleine. En juin 1997, peu après son départ de Matignon et de la présidence du RPR, Alain Juppé réunit quelques fidèles au bar de l'hôtel Méridien, à Montparnasse. L'épouse de l'un d'eux évoque un récent voyage en Thaïlande : Juppé demande des précisions, note des adresses, saisi de la tentation de Bangkok. Quelques jours plus tard, chargé d'allumer son propre bûcher par un ultime discours lors des Assises du RPR, le 6 juillet, Alain Juppé entame ainsi sa conclusion : « Et pour finir, puisqu'il faut finir... » Devant lui, un député, battu mais fidèle, pleure sur sa chaise. Trois ans plus tard, le plus difficile est toujours devant Alain Juppé : puisqu'il faut recommencer...

Balladur, l'homme démodé

Le 20 janvier 1995, Edouard Balladur, Premier ministre de la France, inaugure le Pont de Normandie, arc-en-ciel monochrome sur la Seine. L'événement est important, le pont étant alors le plus long du monde. A la fin du mois précédent, un conseiller de Matignon a pressenti le symbole : « Déclarez-vous candidat à l'élection présidentielle lors de l'inauguration du Pont de Normandie, écrit Amaury de Saint-Quentin à Edouard Balladur. C'est le symbole de la modernité, du XXIe siècle, c'est un ouvrage dont le sens est de rapprocher les hommes, etc. Et en plus, il est situé dans la zone de diffusion de *Ouest-France*, le premier quotidien du pays. » La note est retournée à son auteur, barrée d'un « non » qui n'appelle pas d'insistance. Quelques jours plus tard, Antoine Rufenacht, le président de la Région Haute-Normandie, est reçu par le Premier ministre, qu'il a choisi depuis longtemps, de préférence à François Mitterrand, pour baptiser l'ouvrage. Edouard Balladur et quelques-uns de ses proches collaborateurs assistent à l'entretien, qui règle les derniers détails de la cérémonie. Le Premier ministre, de temps en temps, se lève pour tisonner le feu, qui se mêle de la conversation en chuintements et crépitements. « La loyauté m'oblige à vous dire, avance prudemment Rufenacht, que je suis très honoré de votre visite, mais que j'ai choisi de soutenir Jacques Chirac, comme vous le savez, dans la compétition présidentielle, et que votre venue en Normandie ne me fera pas bouger d'un millimètre. » Balladur se lance alors dans une sévère diatribe contre son rival gaulliste. « Ça a duré vingt minutes, témoigne Antoine Rufenacht. A la fin, je n'ai pas pu me retenir, je lui ai lancé : "Alors comment avez-vous supporté d'être son ministre des Finances pendant deux ans ?" Il m'a rapidement congédié... »

Le vendredi 20 janvier, Edouard Balladur se rend quand même sur le Pont de Normandie, pour donner le coup de ciseaux solennel. Il est accompagné de Charles Pasqua, ministre de l'Intérieur, qui s'est rallié la veille à sa candidature. Après la cérémonie, il est prévu que le Premier ministre rejoigne sous une immense tente, installée en contrebas du pont, les deux mille invités officiels. Mais Edouard Balladur s'approche de Rufenacht : « Cher ami, je suis un peu fatigué, je vais regagner directement ma maison de Deauville. » Le président de région proteste : « Monsieur le Premier ministre, tous ces gens vous attendent, il était convenu que vous passiez trois quarts d'heure... » « Vous ne m'avez pas entendu, je suis fatigué. » Rufenacht, dépité, accompagne son invité vers sa voiture, au milieu d'une haie de badauds. « Vous devriez serrer quelques mains, vous êtes candidat », souffle Rufenacht, soucieux de faire bonne impression sur son électorat. « Vous croyez ? interroge Balladur. Alors, présentez-moi... » « Un mois plus tard, le 20 février, j'ai reçu Jacques Chirac à Rouen, au conseil régional, raconte Antoine Rufenacht. Il est arrivé tout sourire, en pleine forme, et m'a dit : "J'ai les derniers sondages : je suis devant !" »

Edouard Balladur est-il cet homme qui n'a rien compris à la politique ? « Sa déclaration de candidature de 1995 pèse et pèsera toujours sur lui, tant elle était calamiteuse, affirme Patrick Stefanini, qui dirigeait alors celle de Jacques Chirac. Etre candidat à quoi que ce soit lui est compliqué. » Pourtant, depuis cet échec, Edouard Balladur a multiplié les candidatures : à une législative partielle, pour retrouver son siège de député après avoir quitté Matignon ; aux législatives de 1997, après la dissolution ; aux élections régionales de 1998, comme chef de file de la droite en Île-de-France ; à la présidence d'un éventuel intergroupe de l'opposition à l'Assemblée nationale, en juin 1998 ; à l'investiture gaulliste pour l'élection municipale à Paris, au printemps de l'an 2000. Il a triomphé lors des deux premiers scrutins ; il a échoué au troisième ; l'intergroupe a été sabordé ; il a été obligé de renoncer à sa candidature parisienne. Lentement, les gaullistes ont poussé Edouard Balladur vers la sortie. A 71 ans, qu'espère-t-il de la politique ? En vérité, tout. Edouard Balladur attend une revanche que rien ne peut exclure, sauf la mort. Dans ses locaux de la rue Pierre-Charron, sur les murs praline, au-dessus du canapé caramel, il a accroché une série de gravures, dont une présente un sabreur à cheval de l'Empire et une autre le château d'Amboise, la prison d'Abd el Kader. « La page est tournée, avoue-t-il dès 1996. En tout cas, dans mon esprit, elle l'est : le peuple a choisi. Quant à moi, être utile, oui, être un recours, non. » Mais il demeure dans la politique, quand des vies de président de conseil d'administration ou de conférencier international lui tendent leurs conforts anonymes. « Son âge est un faux problème, explique son supporter Patrick Devedjian, en juillet 1998. Il n'a que trois ans de plus que Jacques Chirac. Mais c'est vrai qu'il ne peut plus se retrouver face à lui dans une élection. Il est donc le candidat de réserve si le Président a un accident d'avion. » Le fiasco du septennat engagé ne fait bien sûr qu'aviver les regrets. En octobre 1998, lors de la Convention du RPR sur l'Europe, Charles Pasqua glisse à Balladur : « Si vous aviez été élu Président, on n'en serait pas là. » Mais il a été battu par Jacques Chirac, désormais incontestable dans le mouvement gaulliste. Balladur considère sa situation avec humour : « Il est facile de vous faire applaudir au RPR : il suffit de dire que vous êtes contre la régularisation des sans-papiers, puis que vous êtes pour Jacques Chirac. Et si vous dites que vous êtes pour la régularisation de Jacques Chirac, c'est le triomphe... » Mais le vainqueur se méfie encore de ce rival. En juin 1998, c'est parce que Balladur désire en prendre la tête que l'Elysée saborde l'intergroupe de l'opposition à l'Assemblée. « Le seul intérêt du titulaire d'un tel poste, explique Jean-Louis Debré deux mois plus tard, c'est de se démarquer de Chirac pour faire exister une alternative. Je refuse. »

Ne pouvant être un recours, sauf circonstances miraculeuses, Balladur essaye donc d'être utile. Le mercredi 28 mai 1997, entre les deux tours de la présidentielle, Jacques Chirac l'appelle en personne pour le convaincre de parler au dernier grand meeting de l'opposition. Le surlendemain, Balladur arpente des circonscriptions de l'Isère et de l'Ain, où la situation est pourtant désespérée pour ses amis à l'approche du second tour. Avec son *Analyse d'une spécificité française : le chômage*, avec *Pour une voie nouvelle* ou à travers ses souvenirs de *Deux ans à Matignon*, il tente aussi d'éclairer la droite par ses idées. Mais il parle souvent dans le désert ou, au contraire, se fait piller ses pensées par d'autres, qui en tirent les profits politiques. Ainsi, personne ne propose à sa suite la régionalisation de la hausse du Smic, et tout le monde se réclame partisan de l'impôt négatif. Edouard Balladur est très utile à la droite, même quand il a de mauvaises idées. En proposant d'ouvrir le débat sur la préférence nationale, au printemps de 1998, il rend un triple service à son camp : quelques semaines après les élections régionales, où une partie de ses élus ont frayé avec l'extrême droite, ou bien en ont eu la forte tentation, la suggestion d'Edouard Balladur permet à l'opposition de déployer contre lui un vif zèle républicain et d'afficher une virginité recousue. Sacrifié sur l'autel de la démocratie, Edouard Balladur clôt par son erreur le drame politique engagé en mars. En privé, pourtant, testant sans relâche son idée, l'ancien Premier ministre s'était assuré de nombreux soutiens : pour affaiblir le Front national, il était bon de purger le dossier de la préférence nationale en un grand débat, par des comparaisons avec l'étranger et une analyse de cette règle dans la fonction publique, où elle est en vigueur. Comme souvent avec Balladur, ce que l'analyse théorique démontre, la politique l'infirme. Il n'a pas compris que certains fruits intellectuels ne supportent pas d'être rendus publics, d'être exposés au peuple, ce soleil souverain. Il en conclut que la démocratie n'est pas mûre, alors qu'il faut en déduire que les fruits ne sont pas sains.

Lors des élections régionales de 1998, Edouard Balladur tente d'être utile à son camp en se rendant service à lui-même : chef de file en Île-de-France, il entend garder à la droite la principale région de France et ressusciter comme dirigeant majeur du RPR. En France, on existe par ses mandats plus que par ses idées. Ne pouvant revenir comme théoricien de la droite, Balladur veut donc effectuer son retour par la conquête d'un siège prestigieux. Mais il le dit dès sa campagne : il ne briguera la présidence de la Région que si la droite est clairement majoritaire au soir du scrutin. Or, le 15 mars, la droite n'est pas majoritaire ; la gauche non plus : le Front national est l'arbitre. Militants et élus se bousculent pour convaincre Balladur de se laisser élire avec les voix du FN, sans pour autant conclure d'alliance. Balladur réfléchit. Pasqua l'incite à être candidat aux trois tours de l'élection du président, et à voir ce qui se passe. L'intéressé aimerait que quelqu'un d'autre tentât l'aventure à sa place, pour que la situation fût examinée pendant un mois sans le compromettre en personne. Il ajoute qu'il n'entreprendra rien sans un accord écrit signé par Philippe Séguin et Nicolas Sarkozy. Puis il demande à quelques conseillers régionaux de se mettre en quête de deux écologistes, recrues de fortune pour composer une majorité, et de rédiger un communiqué annonçant qu'il est finalement candidat, malgré son retrait du dimanche soir. Peine perdue. Le vendredi 20 mars à midi, Pierre Bédier, Jean-François Copé et Patrick Stefanini se rendent à la mairie de Neuilly, pour consulter Nicolas Sarkozy. Le secrétaire général du RPR, sautant de téléphone en téléphone, sermonne les candidats dans toutes les régions où ils sont tentés de s'allier avec le FN. Il félicite le responsable gaulliste de Languedoc-Roussillon, qui refuse de suivre Jacques Blanc dans une telle tactique, et lui promet « une grande carrière »; puis il le rappelle en hurlant quand un communiqué moins limpide est diffusé par le RPR à Montpellier. Quand ses visiteurs évoquent Balladur, dont ils ne savent pas les vraies intentions, Sarkozy a un sourire ambigu : « Je le connais bien », dit-il. Mais Balladur a déjà pris sa décision : « Certains laissent entendre que je pourrais me laisser élire avec les voix du Front national. Je ne serai donc pas candidat. »

La décision est d'importance. S'il avait violé le tabou du soutien de l'extrême droite, Balladur aurait provoqué une réaction en chaîne, catalysée par son prestige d'ancien Premier ministre et par l'importance de la région concernée. Partout, en France, la jurisprudence Balladur aurait été appliquée. Ainsi, outre Rhône-Alpes, la Bourgogne, le Languedoc-Roussillon et la Picardie, déjà corrompus, auraient peut-être basculé le Centre, Paca, Midi-Pyrénées, l'Aquitaine, la Franche-Comté, le Nord-Pas-de-Calais et la Haute-Normandie. Passif, en se laissant simplement élire sans regarder la couleur des bulletins, au nom du mandat non impératif, Balladur pouvait plonger la France dans l'horreur politique. Contre la droite républicaine intransigeante, menée par Jacques Chirac avec son discours du 23 mars, se serait alors rassemblée une droite de compromis, de collaboration, promise à de grands succès électoraux et à un désastre éthique. Par son refus, Edouard Balladur a peut-être évité au pays des heures sombres. Pourtant, cette décision lui a sans doute coûté. Non qu'il ait la moindre sympathie pour les idées interlopes de la droite de la droite, où même son libéralisme affiché ne l'entraîne pas. Mais son échec aux régionales l'a poussé un peu plus vers la retraite, plaçant son ambition sous hypothèque. « Il ne lui reste plus que la mairie de Paris en 2001, confie alors François Léotard. Sinon, c'est fini pour lui. » Edouard Balladur n'étant pas candidat à la mairie de Paris, on peut dire aujourd'hui qu'il est peut-être politiquement mort le 20 mars 1998, en refusant l'aventurisme au nom d'une certaine idée, même diffuse, de la République. Il est cocasse et touchant de voir Edouard Balladur « périr » comme le député Baudin...

Ce n'est pourtant pas tout à fait saugrenu. Alphonse Baudin se dressa moins, sur sa fatale barricade, pour défendre ses vingt-cinq francs que pour combattre le césarisme. Or Edouard Balladur déteste Napoléon III : « Il a été néfaste, affirme-t-il. L'équilibre européen s'est effondré à cause de lui, l'économie était plus dynamique avant son règne, la société plus contractuelle, l'Etat moins puissant à Paris. » On comprend que Balladur ait été la cible de Philippe Séguin durant la campagne de 1995, et qu'il fut malheureux durant le « règne » du biographe de Louis-Napoléon à la tête du RPR. Edouard

Balladur n'aime pas, non plus, la révolution. Non pas celle de 1789, mais la révolution en général, la révolution comme principe d'action politique, comme moteur de l'Histoire. Il expose avec talent ses thèses dans *Caractère de la France*, écrit dans l'été qui suit la défaite de la droite aux législatives de 1997. Son propos est limpide : pour éviter Waterloo, il faut renoncer à Austerlitz, il faut mettre fin à l'exception française, même s'il faut persévérer pour être un modèle. « Les règles du jeu nous rattrapent toujours », explique-t-il, oubliant que les révolutions les changent, ou renversent l'échiquier. Ce double rejet du bonapartisme et de la révolution cache une forme d'antigaullisme, ou plutôt un gaullisme tellement dilué qu'il n'en est plus un. « Je suis un gaullo-tocquevillien, avance Balladur. Quel pays s'interroge encore sur un homme mort il y a trente ans ? Cela relève du traitement médical et c'est politiquement contre-productif, sauf pour le petit clan des gardiens de la foi. Le gaullisme, c'est la liberté de l'esprit, des idées profondes qui peuvent inspirer des décisions de tous ordres, mais sûrement pas un catéchisme. Si de Gaulle était mort au Petit-Clamart, on retiendrait du gaullisme qu'il était opposé à l'élection du Président de la République au suffrage universel. »

« Un jour, raconte Hervé Gaymard, Balladur m'a dit : "Ils ne vous fatiguent pas, tous, avec leur gaullisme ?" » Gaulliste d'obédience mais non gaullien de philosophie, Balladur prône la réforme et le libéralisme. Pour la première, il considère que la droite n'a pas su la proposer après 1968, la gauche ne l'appliquant qu'aux mœurs. Un jour, Helmut Kohl lui confia son désarroi : « 70 % des Allemands sont pour la réforme, soupirait le chancelier. Et il y a toujours 70 % des Allemands opposés à chaque réforme en particulier. » Pour le libéralisme, Balladur reconnaît qu'il ne fut jamais appliqué en France sous la Ve République ; « Sauf lors de mes deux passages au pouvoir », ajoute-t-il. En 1986, quand les hauts murs du Louvre abritèrent la passation de pouvoirs entre Pierre Bérégovoy et Edouard Balladur, le partant s'adressa à l'arrivant : « Vous êtes nommé ministre de l'Economie, mais aussi des Privatisations, ai-je vu. Le général de Gaulle doit se retourner dans sa tombe. » « En 1948, de Gaulle a rappelé que la nationalisation de Renault avait été une sanction contre une personne, et non une décision économique. Il faut revenir là-dessus », répliqua Balladur. Si la réforme libérale est en vogue, Edouard Balladur ne l'est pas, qui disparaît parce qu'il est démodé. Le 16 avril 2000, sur le plateau de Michel Drucker, il refuse de citer intégralement le nom du groupe Nique ta mère, se contentant d'un « NTM » pudique. Mais le lendemain, il assiste à la messe en la mémoire de Georges Pompidou. Edouard Balladur essaye d'appartenir à notre époque, mais ne peut s'arracher à la France pompidolienne. « Quand on déjeune avec lui et qu'il se tache, raconte le député libéral Claude Goasguen, on comprend qu'il n'a qu'une envie : rentrer chez lui pour se changer. » Il n'y a aucune honte en ces valeurs, mais il n'y a aucun avenir politique pour celui qui les porte.

Tiberi, l'homme dépassé

Le jeudi 11 mai 2000, Jean Tiberi comparaît. Mais le tribunal est le pire qu'un homme politique puisse redouter. Dans la commission d'investiture du RPR, qui doit désigner le candidat gaulliste aux prochaines élections municipales à Paris, se tiennent plusieurs de ses anciens amis. « Y a-t-il dans notre pays une autre grande ville pour laquelle l'on ne soutiendra pas la candidature du maire sortant ? » avance Tiberi. Il lit son plaidoyer avec calme, puis se lève et quitte la séance sans attendre le verdict de ses juges politiques. Il sera candidat à sa propre succession sans le soutien du RPR, dans une dissidence désespérée. S'il n'est pas glorieux dans son insistance, ses juges ne le sont pas plus, qui n'ont pas osé lui dire en face qu'il était indésirable. Tel Bouzin, ce héros du *Fil à la patte*, de Feydeau, qui sent mauvais et que tous fuient sans oser lui dire sa tare, Tiberi n'a même pas eu la chance de trouver en face de lui courage et franchise. Depuis 1995, il y a eu plusieurs phases dans le parcours de Jean Tiberi, chaotique suite de violences et de révélations. D'abord, le maire de Paris s'enferme dans un bunker, répondant aux accusations par un autoritarisme croissant. Puis advient le putsch manqué de Jacques Toubon, en avril 1998. En quelques jours d'une contre-offensive impitoyable qui fendille le peu de détermination des conjurés, puis en quelques semaines d'une patience qui les épuise, Tiberi s'assure la maîtrise de l'Hôtel de Ville. Commence alors une phase mystique : Tiberi étant maire de fait, par la déroute des comploteurs, il l'est aussi de droit. En recevant cette prébende des mains de Jacques Chirac, il n'avait guère acquis d'autorité, une carence aggravée par le maigre succès des municipales de juin 1995. En résistant à ses adjoints félons, il se sent au printemps de 1998 véritablement adoubé, trouvant sa légitimité dans la lutte interne plus que dans les urnes. Alors naît « saint Jean », immortalisé par son épouse, que les attaques grandissent plus qu'elles ne l'affaiblissent. Ce martyr n'est pourtant pas docile – saint Sébastien se fait archer à ses heures – mais sa force se nourrit soudain des attaques qu'il subit. Comme si le putsch avait montré qu'il lui faut être acculé pour s'améliorer, Jean Tiberi se persuade que sa réélection sera plus facile si les critiques sont chaque jour plus violentes, et sa situation plus désespérée. Est-ce le souvenir de 1995, où un tel « effet-martyr » réconcilia Jacques Chirac avec les Français, qui lui fait commettre cette erreur d'analyse ? Au début de l'an 2000 commence une troisième phase, le « nirvana » de Jean Tiberi. Nirvana au sens propre d'extinction de la douleur, tant le maire de Paris semble désormais inaccessible aux attaques, aux soupçons et aux arguments. Xavière est sortie blanchie du tribunal et rajeunie du salon de coiffure, les festivités parisiennes de l'an 2000 ont impressionné la planète et Jean Tiberi a découvert un atout majeur dans son jeu : le bilan du maire est bon !

Bien sûr, tout cela n'est qu'impression : l'affaire des faux électeurs va bientôt rattraper Xavière Tiberi et le travail accompli ne résiste guère à une étude approfondie. Dans une tribune intitulée *Paris croûle-t-il?* et que publie *L'Expansion*, Nicolas Baverez démonte le bilan de Tiberi : baisses d'impôts illusoires, dépenses de fonctionnement accrues, déséquilibre des investissements en défaveur des quartiers populaires. Mais la démonstration est inutile. Le maire n'écoute alors plus aucun discours, échappé vers une victoire qu'il souhaite seul contre tous, entouré par une garde de plus en plus étique, affidés qui veulent se nourrir de ses restes de pouvoir ou n'ont rien à vendre à ses rivaux. Comme tout, ici aussi, « se passe dans la tête d'un homme », rien n'est à exclure, ni le retrait subit de sa candidature, ni le sabordage des chances de la droite dans un jusqu'au-boutisme de desperado. Qu'il en soit ou non conscient, le fait est que Tiberi, s'il jetait l'éponge, cesserait immédiatement d'exister, voyant le planton de la police, les caméras, voire les juges quitter le trottoir de la place du Panthéon, devant son domicile. Le vide perpétue la carrière politique de Balladur; le trop-plein entretient celle de Tiberi : c'est parce qu'il est battu par les flots qu'il ne sombre pas. Il leste sa quille avec la présomption d'innocence, gonfle ses voiles d'une désarmante certitude de victoire et cingle vers des tempêtes d'humiliation qu'il refuse d'apercevoir. Jean Tiberi ne s'appartient plus, il se croit l'instrument d'une cause qui le dépasse : c'est un défaut fréquent chez les héritiers du général de Gaulle.

Jean Tiberi n'a pas tort : ce qui lui arrive outrepasse les limites de son personnage politique. « "Quand Paris se sent morveux, c'est la France qui se mouche", soulignait Marcel Aymé. Le mauvais rhume qui ronge la capitale est à l'image des incertitudes sur le sentiment démocratique en France ». En concluant ainsi sa tribune dans *L'Expansion*, Nicolas Baverez vise juste. Tiberi concentre sur son cas nombre de maux dont la politique n'arrive pas à se défaire et qu'elle voudrait exorciser à travers l'exemple parisien : le clanisme, l'opacité de gestion, le clientélisme, les liens entre un parti et des collectivités détenues par des élus de son camp. La manœuvre a, en partie, réussi. « Au cours de deux importantes émissions de radio, raconte un de ses collaborateurs, Jean Tiberi a fait réaliser une étude d'image auprès des auditeurs ; sur chacun des thèmes, il obtenait des notes honorables ou remarquables. Mais à la question "Jean Tiberi est-il honnête ?" les réponses étaient toujours négatives. » Si Jean Tiberi est battu en mars 2001, et son successeur accueilli dans la sérénité, la purge aura réussi ; s'il peut décider par son attitude du sort de l'élection, ou si le futur maire est pris dans la même nasse de suspicions, le sortilège aura échoué. Il est curieux néanmoins que, pour en finir avec « un système », selon l'expression de Philippe Séguin, les foudres s'abattent sur un seul individu, érigé en paratonnerre par sa propre famille. La ruse est subtile, car elle n'a pas choisi un vrai bouc émissaire, innocent sacrifié, mais un édile contestable.

L'affaire des faux électeurs du Ve arrondissement confond en effet Jean Tiberi, non dans sa responsabilité juridique – là comme ailleurs, il est innocent jusqu'à une éventuelle condamnation – mais dans sa responsabilité démocratique. Si, comme il l'affirme, il n'a pas organisé le truquage des listes électorales, ni même été mis au courant de l'existence de ce « parachute », il n'en a pas moins été élu sur la base de ces fichiers truqués, puisque l'existence des faux électeurs, elle, ne saurait être contestée, quels que soient leurs « parrains ». En politique responsable, Jean Tiberi devrait donc se démettre des mandats qui lui ont été accordés sur cette base frelatée, ne pouvant accepter une légitimité écornée. Innocent de toute manipulation, il en est tout de même l'involontaire bénéficiaire. Tout comme l'acheteur honnête d'un tableau volé se doit de le remettre à son propriétaire dès qu'il apprend l'origine de son acquisition, le maire et député de Paris devrait restituer ses écharpes aux – vrais – électeurs, lesquels les lui rendraient peut-être après une consultation sans vice de forme. Tiberi n'en convient pas ainsi, ouvrant par cette attitude le nouveau débat sur la responsabilité de l'élu : il ne doit pas seulement être présumé innocent, il doit être au-dessus de tout soupçon, une fragilité nouvelle qui est une aubaine pour tous les intégrismes et une promesse de souffrances pour tous les candidats. Dans cette nouvelle règle, aussi excessive que l'ont été les déviances des politiques, il ne peut pas être question de morale, les préceptes intimes appliqués à la sphère publique ne pouvant conduire qu'à une nouvelle terreur, que l'on pourrait appeler la transparence aveugle. En revanche, c'est d'éthique qu'il s'agit, cette morale de la vie publique, ce respect de l'autre comme la morale est celui de Dieu ou de ce qui en tient lieu. Plus féru d'étiquette que d'éthique, plus empressé à se servir qu'à servir, le pouvoir a oublié « l'autre ». D'Urba à Elf, les affaires, dont Jean Tiberi est aujourd'hui le héros malgré lui, le lui ont rappelé avec brutalité. Qu'il soit demain innocenté ou convaincu des pires turpitudes, Tiberi aura joué, à son corps défendant, le rôle tragique de l'homme qui pose la question de l'éthique politique. Œdipe le fit en son temps, et s'en creva les yeux.

Gazon maudit

Ils ont été élus députés en mars 1993, ou bien ont investi les cabinets ministériels du gouvernement Balladur, après avoir passé près de la moitié de leur vie sous le règne de François Mitterrand. Ils ont connu la rivalité Chirac-Balladur, cette guerre civile de la droite, ces Atrides du gaullisme, qui déchira les amitiés, fracassa les vassalités et noya d'une crue de haine le débat politique. Ils ont assisté ou participé à la victoire de Jacques Chirac à la présidentielle de mai 1995, qui prouva qu'en politique, rien n'est perdu, rien n'est écrit, que la démocratie n'a que faire des conclusions hâtivement tirées des sondages, ni des certitudes imprudemment affichées jusqu'à la Une du *Monde*. Ils ont contemplé la déroute du gouvernement Juppé, qui montra que s'il suffit d'être le meilleur pour conquérir le pouvoir, il faut être bon pour le conserver. Ils ont subi l'humiliante défaite des législatives de 1997, provoquée par leur chef suprême en une dissolution hasardeuse, et le retour déconfit à la vie civile, anonyme et laborieuse. La jeune garde du RPR, la « classe 93 », a tout connu en quatre ans, et vécu un condensé de carrière politique en moins d'une législature. Certains ont eu le temps d'être d'éphémères ministres, à des âges que seuls leurs glorieux aînés issus de la Résistance affichaient au gouvernement; d'autres ont profité de cette épiphanie pour conquérir des mairies, en juin 1995. Mais le naufrage final de cette odyssée juvénile a gâché leur plaisir, et ils ont depuis trois ans beaucoup de mal à s'en remettre : les gaullistes en herbe composent un maigre parterre de gazon maudit.

Seront-ils meilleurs que leurs aînés, cette génération perdue qui n'aura vécu que trois fois deux ans au pouvoir, sous une double cohabitation puis dans le gâchis absolu ? Les cadets du gaullisme, à la jeunesse politique brisée, auront au moins l'expérience comme guide, à défaut de l'espérance. Elus locaux ou hauts fonctionnaires, énarques frottés aux réalités ou débrouillards parvenus jusqu'aux responsabilités, ils sont travailleurs et opiniâtres, aussi durs que leurs prédécesseurs. Ils jurent surtout d'en finir avec les petites phrases, les ambitions personnelles et les coups bas : place au travail en équipe. En réalité, ils se détestent mortellement. « Copé se brouille avec tellement de gens que, s'il arrive un jour à Matignon comme il en rêve, il n'aura même plus assez d'amis pour composer un gouvernement », dit du jeune maire de Meaux un de ses camarades du secrétariat national du RPR. « Pierre Lellouche, c'est des grands mots et aucune initiative », lance l'un de ses collègues à l'adresse du député de Paris. « Gaymard est une fausse valeur, dit un candidat malheureux aux législatives de 1997, à propos du député de Savoie. Ses idées sont ringardes, sa vie de famille est ringarde, ses dîners où il ennuie tout le monde en racontant ses voyages en Orient sont mortels. » Ils veulent travailler en équipe, mais ils se saluent à peine quand ils se croisent. Si un chef se cache parmi les jeunes gaullistes, c'est celui qui saura rassembler derrière la bannière de son humilité.

En attendant, ils se confrontent à l'éternel problème du gaullisme : est-il de droite ? Jean-François Copé répond « oui » sans hésiter. Comme il l'a raconté dans *Ce que je n'ai pas appris à l'Ena*, le maire de Meaux a troqué ses certitudes technocratiques contre des convictions calleuses en crapahutant dans les décombres sociaux de sa ville de Seine-et-Marne. Se cognant aux problèmes, il a découvert la différence entre la politique et le pouvoir : on jouit du second, on doit fabriquer la première. Le 31 janvier 1998, six mois après sa défaite législative dans une triangulaire où le Front national a causé sa chute, Copé tire la leçon de sa convalescence démocratique devant les assises du RPR : « Dès lors que la droite a décidé, et c'est notre grandeur, de refuser tout lien avec le Front national, elle n'a plus qu'une solution et peut-être une chance : être vraiment la droite. C'est-à-dire surmonter une bonne fois pour toutes ses innombrables complexes, à commencer par ce que j'ai envie d'appeler le complexe de Vichy : il est temps que la droite parle à nouveau sans état d'âme le langage de la nation, du travail, de la famille et de la morale publique. » Assurer l'avenir du gaullisme en le débarrassant de la confrontation avec Vichy, pour investir tout le terrain de la droite, est audacieux. Si les valeurs dérobées et souillées par Vichy réintègrent le patrimoine de la droite, celle-ci pourra combattre à armes égales la gauche et ses principes hérités, sans corruption, de la Révolution. Hervé Gaymard n'est pas d'accord, qui édicte aux jeunes de l'UJP, cette pépinière gaulliste, le 18 septembre 1999, le précepte suivant : « "Etre ou ne pas être de droite ?" Ce n'est pas sur ce terrain que nous sommes attendus. Je n'ai jamais entendu le général de Gaulle parler de la droite, mais de la France, et la différence est de taille. » La controverse qui anime à distance ces deux élus prometteurs du RPR se double d'une querelle d'altitude. « L'homme de droite qui pense et qui écrit est donc seul, foncièrement individualiste, avec une propension parfois jubilatoire à l'exil intérieur, écrit Gaymard dans le numéro de *Commentaire* de l'hiver 1998-1999. Nous avons donc un travail immense à faire pour nouer ou renouer les liens avec tous ceux qui pensent, parlent et écrivent, qui souvent désespèrent de ne pas voir d'écho auprès de responsables politiques qui les indiffèrent ou qu'ils méprisent. » A l'opposé, Copé affirme aux Assises qu'« être à droite, c'est d'abord montrer aux Français qu'on a parfaitement compris les angoisses de leur vie quotidienne ». Quand la nouvelle génération gaulliste aura réussi à concilier ces deux aspirations et à réconcilier leurs partisans respectifs, alors, concrète et inspirée, comptable et littéraire, de droite et plus que cela, elle pourra séduire les électeurs.

Auprès de Mitterrand s'est bâtie une génération brillante, aujourd'hui quadragénaire et quinquagénaire, dont Lionel Jospin profite et qui a lié son sort au sien. La gauche, à cet étage démographique, a l'avantage sur une droite qui a peu gagné et beaucoup gâché. Mais vers le bas de la pyramide, la droite est plus riche, qui a capitalisé la violente expérience des années 1993-1997. Si la jeunesse de droite boude la politique, cherchant dans l'argent un pouvoir plus fort et moins risqué, ceux qui, en son sein, épousent la politique n'ont pas à rougir de la comparaison avec leurs conscrits de gauche. Mais cette génération qui a déjà goûté au pouvoir, ou en a au moins flairé le fumet et dévoré les miettes, doit apprendre la patience. S'ils ne croient plus aux « rénovations » et aux « refondations », ils n'en piaffent pas moins en attendant leur tour de piste. Puisqu'ils n'ont pas la culture du putsch, il leur faut avoir la patience de la biologie : 2002 sonnera leur heure ou le glas de toute leur famille. « A votre âge, à notre âge, il y avait bien longtemps que Bonaparte avait quitté l'Egypte », lance aux jeunes de l'UJP Gaymard, qui aime citer Musset pour définir son angoisse : « Le vertige vous saisit quand vous êtes assis à la terrasse des cafés. » Mais l'Histoire est désormais avare de circonstances, qui seules muent les ambitions en destins. Les jeunes gaullistes d'aujourd'hui doivent moins songer à se confesser comme enfants du siècle qu'à se faire Lorenzaccio pour réveiller la République.

Conclusion

L'avenir d'un mythe

Qu'est-ce que ça veut dire ?

« Hamlet : A quels misérables emplois nous sommes exposés à retourner, Horatio ! Qu'est-ce qui me retiendrait d'imaginer cette noble cendre d'empereur réduite à calfeutrer une barrique ?

Horatio : Ce serait un peu la tirer par les cheveux.

Hamlet : Non certes ! Nullement. Il suffit de suivre bien humblement la vraisemblance. Ecoute : Alexandre est mort ; Alexandre est inhumé ; Alexandre tourne en poussière ; la poussière, c'est de la terre ; avec de la terre nous faisons de l'argile et pourquoi, de cette argile en quoi le voici commué, ne se servirait-on pas comme bouchon pour un fût de bière ? »

Le gaullisme est mort et enterré. Il a même eu droit, à l'automne de 1999, à une grand-messe de Requiem populaire, avec le spectacle de Robert Hossein, *Celui qui a dit non*, tenu à Paris. Pendant de longs mois, une Croix de Lorraine se dresse Porte Maillot, comme si le Général était enterré avec vue sur l'Arc de Triomphe. C'est grâce à Line Renaud que ce show historique a pu se réaliser. La chanteuse chiraquienne contacte le financier François Pinault pour qu'il reçoive Robert Hossein. De Rome, le metteur en scène gagne Saint-Tropez pour décrire son projet à Pinault, qui s'enthousiasme :

il produira *Celui qui a dit non.* L'amiral Philippe de Gaulle donne son aval, assorti d'une condition : « Ne transformez pas mon père en statue du Commandeur. » Mais il est trop tard : le monument est déjà en fabrication. La Fondation de la France Libre, qui peinera à en boucler le budget, lance à la fin de 1998 une souscription pour que, le 9 novembre 2000, trentième anniversaire de la mort du Général, une immense statue du héros, œuvre de Jean Cardot, se dresse sur les Champs-Elysées, en face de celle de Georges Clemenceau. Figé dans le bronze sur cette avenue où il fendit la mer humaine, le 26 août 1944, le Général laissera couler la foule devant lui. Cette imposante icône aidera-t-elle le gaullisme à resurgir dans l'esprit des Français ? 63 % d'entre eux, et 57 % des électeurs du RPR, interrogés en juin 1999, considèrent que le gaullisme « est une notion qui ne veut plus dire grand-chose aujourd'hui ». Le gaullisme est mort, avant tout, parce qu'il a échoué : il n'a pas réussi à réformer la société comme il avait su restaurer les institutions. Les couches sociales se firent sables mouvants, dont mai 1968 et avril 1969 furent les deux gros bouillons de déglutition : le Général était avalé, avec son képi et ses idées. Père de la République, le gaullisme est orphelin de la société ; la France ne connaîtra jamais une société gaulliste.

C'est aussi parce qu'il a réussi que le gaullisme est obsolète : « Le gaullisme a garanti l'indépendance nationale, restauré l'Etat, décolonisé, fait la Ve République, énumère Hervé Gaymard. On a réussi. » Et comme le radicalisme mourut d'avoir installé la République, le gaullisme disparaît de l'avoir redressée. Des pages entières de son grand livre figurent désormais au journal intime, à l'inconsciente chronique des citoyens. Qui, en France, rejette encore le 18 juin 1940, le 26 août 1944, mais également le discours de Bayeux, l'exécutif stable ou l'élection du Président de la République au suffrage universel? On voit même la décentralisation approuvée, l'Europe-puissance du plan Fouchet réveillée, la participation ressuscitée en fonds de pension et en stock-options, le Sénat critiqué... Les antigaullistes sont minoritaires sur tous ces enjeux, qui ne peuvent plus être le gaullisme, puisqu'ils sont devenus, pour les plus glorieux d'entre eux le patrimoine de la nation, pour les plus triviaux son sens commun. Contre cette « muséification », ce syndrome de l'encaustique, Jean-Louis Debré a écrit un livre, intitulé *Le gaullisme n'est pas une nostalgie*, pour tenter de lire l'aujourd'hui à la lueur du fanal du Général. S'il n'a pas convaincu, il a tenté au moins d'inscrire le gaullisme dans le temps nouveau, tout comme Patrick Devedjian, lui aussi en vain, dans *Penser la droite*. Né au XIXe siècle – plus près de Napoléon III que de la Grande Guerre – mort il y a trente ans – aussi loin de son 18 juin que de notre an 2000 – le général de Gaulle n'offre que les services d'un sabre de bois à la France du troisième millénaire. Le gaullisme fut un grand moment de l'Histoire de France et mérite ainsi d'être une nostalgie. Ni infamie, ni oubli, utile si elle galvanise plus qu'elle ne désespère, la nostalgie du gaullisme est comme le souvenir des morts, cet appel indispensable qui n'obtient jamais aucune réponse, ce réconfort sans espoir, cette « lumière qui réchauffe sans éclairer ». Dans *Le Monde*, en 1999, Michel Samson écrit joliment que « c'est cet épuisement de la doctrine gaulliste qui donne à ses dirigeants la sensation vertigineuse de danser au-dessus du vide ». « Le gaullisme n'est pas mort, parce qu'il est une légende, une mémoire, un répertoire de hauts faits », plaide Michel Winock dans *L'Evénement du jeudi*, en novembre 1995, quand la Présidence Chirac s'enlise dans l'apostasie et le gouvernement Juppé dans l'impopularité. Mais les colonnes du Panthéon ne sont pas celles du Palais-Bourbon. Si le gaullisme est vivant pour les siècles des siècles, dans le nôtre il est mort, référence d'argile dont on bouche les barriques d'idées pour que le peuple ne voie pas qu'elles sont vides. Winock en est bien conscient, qui poursuit : « Le néo-gaullisme est l'exercice embarrassé du genre héroïque dans nos préoccupations d'épiciers. Il sonne faux. » Si le néo-gaullisme est impossible, c'est bien que le gaullisme est mort, matrice desséchée de la grandeur. Les deux grands « ismes » de la seconde moitié du XXe siècle français, le communisme et le gaullisme, sont finis. L'un appelle encore une question sur l'avenir d'une illusion, l'autre se prête à un interrogatoire sur l'avenir d'un mythe, mais tous deux ne méritent sans doute pas de lendemain. Voilà deux isthmes noyés...

« Gaulliste, mon cher ami... gaulliste ! Qu'est-ce que ça veut dire ?! UDR ? euh... RPF ? euh... France libre ? Réactionnaire ? Néo-fasciste ? Socialiste ? euh... ! qu'est-ce que ça veut dire ? Vous voulez m'expliquer ?! je vous répondrai quand vous me direz de quoi il s'agit... » Les grognements de Romain Gary sont sages : si le néo-gaullisme est impossible, c'est aussi parce qu'il ne sait même plus définir ce que fut le gaullisme. La pensée politique du Général est en hiéroglyphes et nul Champollion ne se cache au RPR. Pire qu'incompréhensible, le gaullisme devient contradictoire. Ainsi, en faisant acte de « repentance », le 16 juillet 1995, lors de la commémoration de la rafle du Vél' d'Hiv', Jacques Chirac est-il gaulliste ou anti-gaulliste ? *Argos*, la lettre d'Action pour le renouveau du gaullisme et ses objectifs sociaux, est sans aménité : « Prétendre que “la France, ce jour-là, avait commis l'irréparable”, constitue en effet le crime absolu de “lèse-gaullisme”, en conférant au régime de Vichy, effectivement pleinement responsable de cet acte abject et déshonorant, la légitimité dont se prévalait à juste titre la grande voix qui incarnait la France à Londres. » Pourtant, par ce discours fondateur de son septennat, Jacques Chirac n'est-il pas éminemment gaulliste ? Il forge l'Histoire en obligeant la France à réfléchir sur son passé, il rassemble le peuple en cautérisant la polémique. Entre ceux qui veulent restaurer le gaullisme et ceux qui veulent le réinventer, il y a une insoluble guerre sémantique, qui affaiblit un peu plus encore le gaullisme : c'est une querelle entre archéologues et poètes. La puissance de l'Etat étant un moyen et non une valeur, seuls demeurent, des dogmes du Général, la transcendance du clivage droite-gauche et l'impératif de l'indépendance nationale. Ce sont là les vertus théologales qu'il faut opposer à l'inventaire sceptique de Gary : est gaulliste celui qui rugit quand son pays est divisé et asservi.

« Vae victis »

Le gaullisme n'était ni la droite, ni la gauche. Mais il s'allia à la première pour combattre le communisme et l'OAS, avant qu'elle ne l'abandonne lors du référendum de 1969. C'est la défection de l'électorat des « beaux quartiers », et non la mobilisation de la gauche, qui pousse le Général vers la sortie. Le gaullisme est mort trahi. « Que voulez-vous, Debré, on ne gagne pas toutes les batailles, avait lâché de Gaulle quelques jours avant le scrutin. Nous avons vaincu Vichy, nous avons vaincu l'OAS, mais nous n'aurons pas réussi à rendre les bourgeois nationaux. » Si la France de l'an 2000 est celle des fossoyeurs du gaullisme, c'est parce qu'elle est la France des bourgeois, libérale de la gauche à la droite. Bourgeoisie omnipotente, image du bonheur avec sa sérénité louis-philipparde et ses rondeurs de patrimoine; sagesse des peuples, sénilité des nations. C'est « la France de M. Bourgeois République » qu'Alain Lancelot a décrite lors des législatives de 1973, c'est la France des « mini-Français » méprisée par Romain Gary. « J'appelle bourgeois quiconque renonce à soi-même, au combat et à l'amour, pour sa sécurité. J'appelle bourgeois quiconque met quelque chose au-dessus du sentiment. » Ce cri de Léon-Paul Fargue est le gaullisme si on le lit en politique, où le « sentiment » est « une certaine idée de la France ». Qu'elle émane de la touchante paranoïa de Louis Vallon, proche collaborateur du Général et père de la participation, dans *L'Anti-de Gaulle*, ou se nourrisse des dernières vigueurs indignées des « argonautes » du gaullisme de gauche, la thèse du « complot bourgeois » a trouvé son accusé en Georges Pompidou. C'est lui que dénonce Gary quand il écrit dans *Life magazine*, au lendemain du référendum perdu : « Finalement Sancho Pança s'est révolté contre Don Quichotte. » Que penserait l'auteur des *Racines du ciel* s'il voyait les tapisseries de l'Elysée ? Il n'y a pas plus pompidolien que Jacques Chirac. Si Edouard Balladur en fut le continuateur politique et social, Chirac est le véritable héritier de Georges Pompidou. Parce que Balladur a oublié une dimension essentielle du pompidolisme : faire semblant d'être un gaulliste... Balladur affiche trop ce qu'il est, laisse parler sa raison, convainc d'évidence ; Chirac s'avance masqué, harangue avec ses tripes, rallie d'émotion. La politique menée est la même, mais Chirac peut se dire gaulliste sans risque, en un mensonge fardé, comme Pompidou, à la fois fidèle et déloyal au Général.

Le 17 avril 2000, en l'église Saint-Louis-en-l'île, le Président de la République mène une fois de plus la cohorte des « conjurés ». Avec quelques jours de retard est célébré le 26e anniversaire de la mort de Georges Pompidou. Bernadette Chirac, Pierre Messmer, Edouard Balladur sont présents, avec Olivier Guichard, Jean-Louis Debré, Jean Tiberi, Jean-Bernard Raimond, Bernard Pons et Jean-Pierre Soisson. Quand l'assistance s'assoit, Michèle Alliot-Marie fait quelques pas pour être plus au centre de sa travée, et s'installe à côté de Debré. Sainte Geneviève veille depuis son autel privilégié à perpétuité ; d'une école voisine, des cris d'enfants en récréation tintinnabulent sur les vitraux ; au huitième rang, un vieux paroissien s'endort. En chasuble et étole mauve, le prêtre rappelle comment Judas critiqua Marie-Madeleine pour avoir brisé un vase de parfum précieux sur les pieds du Christ : que cet argent aurait pu mieux être utilisé... Puis le célébrant cite Pompidou : « Il n'y a rien de plus déprimant que Machiavel : en démocratie, on ne gouverne pas longtemps par la force ou la ruse. » A la fin de la cérémonie, Messmer grille la politesse à Bernadette Chirac pour communier, puis plaisante avec Chirac tandis que l'église se vide ; le Président, qui lui a déjà serré la main dans la nef, salue à nouveau Balladur, candidat à la mairie de Paris, sur les marches du perron, alors qu'il a évité Tiberi. Machiavel est plus vivant que Pompidou... C'est le vieux clan des vainqueurs qui s'est retrouvé ce matin-là, pour verser quelque encens sur la mémoire de Pompidou et donc quelques pelletées de terre sur celle de De Gaulle. Parce que l'Histoire est sans morale, les pompidoliens n'ont à rougir d'aucune honte. Ils ont conquis le pouvoir pour servir les causes qu'ils voulaient, ils ont bâti la France qu'ils souhaitaient, préférant ses intérêts à son ambition, sa tranquillité à sa grandeur. Des tuyaux de Beaubourg, ils ont fait une pompe à « phynances », à l'*Anthologie de la poésie française*, ils ont substitué le *Bottin mondain*, mais peu importent ces déviances : le pompidolisme décadent n'est pas plus un gaullisme que le pompidolisme flamboyant. Enfin, le peuple, à plusieurs reprises, leur a donné quitus. Ils ont raison puisqu'ils ont gagné : telle est la seule vérité de la politique.

Ceux qu'il faut blâmer sont les perdants, les héritiers indignes du Général, armée en débandade qui mêle jérémiades nostalgiques et prophéties calamiteuses, dans le confort de son échec et de son exil. *Vae victis* est un juste châtiment pour ceux qui ont oublié, afin de préserver leurs pensions, que le gaullisme est une révolution. Pendant la guerre, Vichy prônait la Révolution nationale alors que le régime n'était pas révolutionnaire, mais réactionnaire, et pas plus national, puisque servile. La vraie « révolution nationale » était à Londres. « Les communistes, voyez-vous, ne sont pas dangereux, estime le Général le 30 octobre 1944. Tout au plus des roseaux peints en fer. On ne fait pas de révolution sans révolutionnaires. Il n'y a qu'un révolutionnaire en France, c'est moi. » Aujourd'hui, il n'y en a plus du tout. « J'aimerais que le gaullisme demeurât la référence des sursauts », soupire Maurice Druon dans *Le Figaro* du 17 juin 1998, intimant aux dirigeants du RPR l'ordre de ne plus s'appeler « gaullistes ». Mais les sursauts sont évanouis. « La nation française n'est stendhalienne que par à-coups, écrit Winock; elle est balzacienne dans son tréfonds : Birotteau, la paix revenue, ne veut plus de César, il réclame Pompidou. » C'est sous Pompidou, quand Jacques Chaban-Delmas prôna « un socialisme libéral », que la grande mue a commencé. Chaban affirmait perpétuer ainsi le gaullisme, confondant fusion des contraires avec transcendance des clivages, réforme avec révolution. En fait, à droite comme à gauche, le culte de la réforme a chassé le mysticisme de la révolution. La réforme est préconisée de Laurent Fabius à Edouard Balladur, depuis longtemps; mais entre 1997 à 2000, elle est devenue également la praxis de Lionel Jospin et de Philippe Séguin, contaminés par la raison : c'est *L'Invention du possible* pour Jospin, mise en pratique à Matignon de son livre, c'est le ressort de toutes les conversions de Séguin à la tête du RPR. Les réformes tardent, mais la réforme est partout, c'est le point-retraite de l'idéal, la camomille de l'action. Sur ce nouveau flacon d'idéologie, deux étiquettes figurent au gré des alternances : libéralisme social ou social-démocratie. Dans les urnes et dans la sociologie profonde du pays, la droite et la gauche persistent, identifiées; mais au pouvoir, elles tissent un même camaïeu. C'est donc une double défaite pour le gaullisme. Avec le triomphe de la social-démocratie et du libéralisme social, le gaullisme subit pire qu'un échec : il assiste au triomphe de ce qu'il professait – la fin de ce clivage droite-gauche –, mais à l'envers. Le gaullisme proposait de transcender ce clivage, de le dépasser; la social-démocratie le dilue, le réduit. Avec le gaullisme, l'opposition droite-gauche était dépassable; avec la social-démocratie, elle est dépassée. Avec le gaullisme, les différences étaient secondaires; avec la social-démocratie, il n'y a plus de différences. Ce n'est pas du tout la même chose : la politique est désormais aplatie.

A l'extinction de l'esprit révolutionnaire s'ajoute l'épuisement de la figure du chef. Si le RPR fonctionne encore sur les automatismes de l'obéissance béate, la plupart de ses dirigeants ont compris l'indigence de cette mécanique. Mais la démocratisation du mouvement est un progrès fatal : le gaullisme est passé de la bougie à l'électricité, et il a perdu la flamme. « En tant que nation, écrit Gary, la France ne se sent jamais tout à fait elle-même quand ses dirigeants politiques ne sont pas au même titre des chefs spirituels. » Après l'épuisement intellectuel du gaullisme, rançon de son succès et sanction de son échec, voilà son asphyxie spirituelle : il n'y a plus de chef. « Un homme est plus compliqué, infiniment plus que sa pensée », écrit Valéry; il est aussi infiniment plus précieux. Sans gaullisme, les gaullistes sont sans pensée; sans de Gaulle, ils sont sans âme. Exégète des premières pages des *Mémoires de guerre*, ce livre de la Genèse du gaullisme, Jean Touchard en rappelle les deux truismes fondamentaux : « La France est la France; Charles de Gaulle est Charles de Gaulle. » Dans le second réside une certaine idée du chef, telle que Gaston Palewski l'a ressentie en 1935. Directeur de cabinet de Paul Reynaud, il note un soir dans son journal qu'il sort transformé d'un dîner chez des amis : « J'ai trouvé un chef. » L'un des convives s'appelait Charles de Gaulle. Plus désespérant encore, trouver un général de réserve pour le gaullisme serait peut-être inutile. Le temps des chefs n'est-il pas révolu ? Considérant une cohabitation où Jacques Chirac ne saurait congédier Lionel Jospin, Michel Samson conclut que « l'incarnation de la nation par son chef en est profondément affectée : il faut inventer d'autres façons d'incarner le pays, la nation et le peuple ». Le « métro aux heures de pointe » ne vote plus pour le même homme, et vote d'ailleurs de moins en moins ; il est désormais burlesque de reprendre l'aphorisme ecclésial du Général : « Tout le monde fut, est ou sera gaulliste. » Avec leur pensée morte, leur chef disparu et leurs héritiers inutiles, il ne reste aux gaullistes qu'une issue : l'imagination. Cela serait un retour au gaullisme, tant l'imagination est l'espoir de la révolution.

L'invention est d'autant plus vitale que le second truisme du gaullisme – « La France est la France » – est pareillement défunt. La France n'est plus la France. Ses dirigeants successifs depuis trente ans ont quitté la politique des songes, leur France refuse de se faire plus grande qu'elle n'est, on a expliqué à Chantecler que le soleil ne se levait pas grâce à lui. Or une France raisonnable n'est plus la France. Il y eut l'orléanisme bourgeois de Georges Pompidou, le libéralisme de guingois de Valéry Giscard d'Estaing, le socialisme matois de François Mitterrand. Il y eut surtout la crise, le chômage et un long relent d'extrême droite. Néanmoins, la France ne s'est pas reniée, elle n'a pas rendu l'âme. De la France gaullienne surgit une nouvelle France, après trente ans d'une inévitable putréfaction qui fut aussi une catharsis. La France est morte, vive la France. De son orgueil retrouvé, elle fera peut-être un nouveau cocorico pour commander à l'aurore. Les menaces ne sont plus les mêmes, il faut repeindre les révolutions. Répondant à Druon, Gaymard écrit dans *Le Figaro* du 23 juin

1998 : « Il ne s'agit plus seulement du sursaut de la Patrie et de la Nation, mais du sursaut de l'âme humaine frappée par le soleil noir de la mélancolie. » « Si le gaullisme agonise aujourd'hui, poursuit Samson, c'est bien que la France n'est plus secouée ou vivifiée par les mêmes vents. » Mais l'essentiel est que le vent souffle...

La nation européenne

Puisque de Gaulle n'est plus de Gaulle, au temps du chef démystifié, et si la France n'est plus la France, à l'ère des nations en doute, c'est toute l'équation gaulliste qu'il faut rebâtir. La solution est dans l'autre dogme du gaullisme, cette obsession de l'indépendance nationale. Thuriféraires ou ennemis du Général s'affrontent depuis trente ans sur le thème de l'indépendance, que menaceraient ou non la construction européenne et l'influence américaine. Mais l'indépendance de la France ne soulève pas de doute, tant ce pays fait ce qu'il veut – même s'il ne veut pas toujours ce qu'il devrait vouloir. Libre et en paix, la France est indépendante. La seule inquiétude fondée repose sur les transferts de souveraineté que la France a concédés à l'Europe. Aucun, jusqu'ici, ne saurait l'asservir. Le chocolat, les palombières et même le franc ne sont pas des querelles qui vaillent. Mais l'interrogation suffit à établir que, dans « indépendance nationale », c'est sur l'adjectif qu'il faut réfléchir, et donc sur la nation. Ici apparaît le salut du gaullisme : la nation sera européenne ou ne sera plus.

Le nationalisme du général de Gaulle était, comme l'a montré Jean Touchard, « synthétique et unitaire ». Contrairement à Maurras et Barrès, l'un rejetant la République, l'autre les

Lumières, de Gaulle veut unir, rassembler, dépasser. « La synthèse gaullienne du nationalisme (...) réconcilie dans sa certaine idée de la France la raison et le sentiment, l'inconscient et le voulu, la tradition et la modernité », écrit Jean Charlot dans *Histoire des droites en France*, sous la direction de Jean-François Sirinelli. Régis Debray ne dit pas autre chose quand il cherche à réunir « le glaive et le code » aux mains de la République. Dès les premières pages de sa conférence, le « terroriste à la retraite » a compris l'enjeu : « La République peut-elle survivre à la nation ? En termes plus immédiatement biologiques : le "recadrage" européen en cours nous permettra-t-il de mieux nous reproduire ou de mieux nous suicider ? » D'autres que lui ont posé le problème, tel Victor Hugo : « Au XXe siècle, il y aura une nation extraordinaire. (...) Cette nation aura pour capitale Paris, et ne s'appellera point la France ; elle s'appellera l'Europe. » Plus prosaïque, un député gaulliste, Marcel Prélot, a montré comment le nationalisme du Général entendait dépasser le cadre national pour bâtir de plus grands ensembles. « Cette entreprise, si on l'appelle "gaullisme" depuis 1940, n'est que la forme contemporaine de l'élan de notre pays », clamait de Gaulle le 9 septembre 1968. L'élan, l'aspiration de la France aujourd'hui, c'est l'Europe, comme il le pressentit avant son départ. L'Europe-puissance, esquissée par le Général à travers le plan Fouchet, n'était pas un sénile abandon de souveraineté, ni un ultime rêve impérial : de Gaulle voulait transcender la nation par l'Europe, par la nation européenne. A « de Gaulle est de Gaulle » et « la France est la France » s'ajoute la troisième « tautologie ontologique » du gaullisme : « l'Europe européenne ».

Dans *La République entre le glaive et le code*, Debray ne cache pas longtemps son opinion, qui est moins le fruit d'une démonstration que d'un sentiment. Il y a, d'abord, le scepticisme : « Rien ne se rait plus satisfaisant pour l'esprit qu'une République européenne. La question est de savoir si le *wishful thinking* suffit à ouvrir une perspective. Ce n'est pas parce que le monde aurait bien besoin d'une Europe républicaine que nous pouvons l'apercevoir au bout du chemin. » Debray reproche à l'Europe de ne pas avoir commencé par la mystique pour aller vers la politique, mais d'avoir « fait le pari inverse : remonter de la Commission à la mission. Du charbon-acier au drapeau étoilé ». Il omet la raison de cet à rebours : le chemin de la mystique à la politique passe par la guerre ; l'Europe en paix a donc choisi la bonne direction, sinon emprunté la meilleure route. Il reproche aussi aux autres pays de n'avoir, pour la plupart, aucune culture de la puissance politique. Il en conclut que la France n'a rien à gagner à l'Europe, alors qu'il devrait se réjouir que l'Europe ait tant besoin de la France. Comme le disait encore Hugo : « La France est un besoin des hommes. » Debray passe ensuite au pessimisme : « L'Europe, c'est là un pari sans joie, aura dérépublicanisé la France bien avant que la France ne républicanise l'Europe. » Derrière le pronostic se glisse un soupçon sur les autres Européens : ils seraient sans valeurs. Mais la nation existe quand un même corpus de valeurs politiques est partagé sur un même territoire. Or il y a moins de différences de cet ordre, aujourd'hui, entre un Français et un Tchèque qu'il n'y en avait en 1900 entre un Breton et un Provençal. Debray croit que les valeurs européennes n'existent pas parce qu'elles n'ont pas été écrites au pouvoir. C'est méconnaître la capillarité du monde. La nation européenne – valeurs politiques partagées, donc, sur un territoire commun – est plus avancé dans les faits que dans les textes. Il y a enfin la certitude de Régis Debray : « L'Europe peut assurer une prospérité, sans aucun doute. L'égalité, c'est beaucoup moins sûr. Mais rien qui ressemble à de la fraternité. Laquelle suppose un lieu – autre chose qu'un réseau d'autoroutes. » Ainsi,

Debray récuse la nation – ou la République, mais le gaullisme les a mariées – européennes parce qu'il n'y a pas de « lieu ». Au sens propre, il refuse donc l'utopie, rejette le songe. Voilà ce que dénonce Gaymard quand il voit « l'âme humaine frappée par le soleil noir de la mélancolie ». Debray est ici, dans son renoncement, un vrai gaulliste d'aujourd'hui, incapable d'utopie. La France avait-elle un « lieu » le 18 juin 1940 ? Territoire envahi, honneur vomi, âme brisée, elle n'était plus nulle part, si ce n'est dans les quelques centimètres d'Angleterre où se tenaient ce jour-là un képi, un grand nez et un micro. Si de Gaulle avait renoncé à la France parce qu'il n'y avait plus de « lieu », la victoire serait restée utopique et la France allemande.

Mort sans épitaphe

La « nation européenne » est à coup sûr une utopie. Elle est la lucarne qui permettra au gaullisme de s'échapper du grenier de l'Histoire. Encore faut-il que les gaullistes fassent leur ce nouveau songe : tenter à l'échelle du continent ce que le Général a réussi à celle de l'Hexagone. Par son discours du 27 juin 2000, prononcé à Berlin, la capitale jadis honnie, et intitulé « Notre Europe », Jacques Chirac a amorcé le mouvement. Dans « Notre Europe », c'est « Notre » qui est important, qui est utopique. Persévérera-t-il ? Sera-t-il suivi ? Le faut-il d'ailleurs, puisque le gaullisme est condamné, dès qu'il fait de la politique, à devenir un parti, donc à se renier ? « Amis, compagnons, militants, le combat recommence demain, le combat recommence ce soir », lance Michel Debré, le 5 décembre 1976, lors du baptême du RPR. Un an plus tard, la nouvelle formation revendique 510 000 adhérents : aujourd'hui, 80 000 est un recensement optimiste. « En ce qui concerne de Gaulle, écrit Gary dans *La nuit sera calme*, la plus sûre façon de trahir un héritage qui est uniquement éthique, c'est d'essayer d'en faire un produit politique de consommation courante. » Pour le gaullisme, il n'y a donc point de salut au RPR : coquille vide, il doit le rester, et le gaullisme ne pas se faire bernard-l'ermite. « Ce qu'il faut, c'est que les partis crèvent, exhortait de Gaulle le 26 février 1946. Et il n'y a qu'à laisser faire : ils crèvent seuls. » La disparition du parti gaulliste est donc nécessaire au gaullisme : il se trouve que c'est bien... parti. « Je ne veux pas opposer, même pas triompher, a déclaré le Général à Malraux. Je veux rassembler. » Jacques Chirac en 2002 sera-t-il capable de rassembler ? Rien n'est moins sûr. Le rassemblement des compagnons est devenu guerre de féodaux ; le rassemblement de la droite sous l'égide du gaullisme est impossible, le RPR ne dominant plus assez ses alliés. Le rassemblement du peuple, par-delà la droite et la gauche, est un aléatoire pari de Chirac plus que son éthique politique. Seul l'instinct de survie pourrait arracher le Président au pompidolisme, le condamnant à retrouver le gaullisme, après l'avoir démonté pierre par pierre, ou à être battu.

Le temps des fossoyeurs du gaullisme sera-t-il bientôt révolu, ou bien vont-ils s'ensevelir eux-mêmes sous leurs ultimes pelletées ? La traversée du désert est plus longue pour le gaullisme qu'elle ne le fut pour le Général. « Il n'y aura pas d'après-gaullisme contre le général de Gaulle », promettait Malraux, mais l'après-gaullisme se fit entièrement contre le général de Gaulle. Les gaullistes fidèles, au lieu d'explorer l'avenir, l'au-delà du gaullisme, se complaisent dans la nostalgie, le gaullisme de l'au-delà. Quand il le reçoit à La Boisserie, le 11 décembre 1969, de Gaulle confie à André Malraux qu'il relit Shakespeare. Songe-t-il à son destin de bouchon de barrique ? A la solitude sanglante du roi Lear ? Onze mois plus tard, le 9 novembre 1970, il s'affaisse soudain dans son fauteuil, frappé en un éclair par la mort, comme un soldat en sa tranchée. « Les soi-disant chefs des soi-disant partis auraient bien sûr préféré continuer à jouer à la belote, s'amusait-il après le référendum de 1962. Mais moi, je les ai obligés à jouer au poker. Et là, je suis le plus fort. » Le soir de sa mort, il faisait une réussite, ce poker que les vieux solitaires jouent contre le hasard.

A Colombey-les-Deux-Eglises, le testament du général de Gaulle est vendu 15 francs – 20 francs au Mémorial de la Croix de Lorraine. Son testament politique, lui, ne vaut plus rien, chiffon de papier. Dans le cimetière, sa tombe claire aux lettres d'or ne délivre aucun message. Le général de Gaulle est mort sans épitaphe. Mais, en face de sa sépulture, le long du mur que bordent d'autres tombeaux, un petit écriteau informe les passants : « Ces deux concessions réputées en état d'abandon font l'objet d'une procédure de reprise. Prière de s'adresser à la mairie. » La première est entourée d'une grille basse et rouillée ; la seconde présente une lourde dalle surmontée d'une chaîne.

Telle est la paradoxale morale de l'Histoire, raison d'espérer ou de renoncer : à Colombey, en face de celle du général de Gaulle, deux tombes sont disponibles.

CHRONOLOGIE SOMMAIRE

7 mai 1995 : Jacques Chirac est élu Président de la République, avec 52,6 % des suffrages.

17 mai 1995 : Alain Juppé est nommé Premier ministre.

26 octobre 1995 : Jacques Chirac annonce à la télévision le virage de la rigueur.

7 novembre 1995 : Le gouvernement Juppé II est formé.

8 janvier 1996 : Décès de François Mitterrand.

1er décembre 1996 : Le RPR fête ses vingt ans.

21 avril 1997 : Jacques Chirac dissout l'Assemblée nationale.

25 mai 1997 : Au premier tour des élections législatives, la droite subit un grave revers. Le lendemain, Alain Juppé annonce qu'il quittera Matignon après le second tour, quel qu'en soit le résultat.

1er juin 1997 : Le second tour des législatives consacre le succès de la gauche. Les députés gaullistes sont 140 sur 577, contre 258 dans l'Assemblée sortante.

2 juin 1997 : Lionel Jospin est nommé Premier ministre.

6 juillet 1997 : Alors que Nicolas Sarkozy est hué, Philippe Séguin est élu président du RPR avec 78,8 % des suffrages des délégués.

10 juillet 1997 : Nicolas Sarkozy, coordonnateur du comité des Dix, est numéro deux de fait du RPR.

16 septembre 1997 : Le chiraquien Jean-Louis Debré est élu président du groupe RPR de l'Assemblée nationale, contre le séguiniste Franck Borotra.

31 janvier et 1er février 1998 : Assises du RPR, Porte de Versailles. Les militants ovationnent durant treize minutes le nom de Jacques Chirac. Le mouvement gaulliste ne changera pas de nom, bien qu'un vote ait donné 49,94 % des suffrages au Rassemblement pour la France, contre 49,34 % en faveur du Rassemblement pour la République.

15 mars 1998 : Net recul de la droite aux élections régionales.

23 mars 1998 : Jacques Chirac condamne à la télévision les alliances entre la droite et le FN dans plusieurs Régions.

6 avril 1998 : Jacques Toubon déclenche un putsch contre Jean Tiberi au sein du conseil de Paris. Echec.

22 avril 1998 : Philippe Séguin prônait un vote négatif, Alain Juppé était pour un vote positif. Les députés RPR ne prennent finalement pas part au vote de la résolution sur la monnaie unique européenne.

25 avril 1998 : Philippe Séguin est au bord de la démission.

27 avril 1998 : Perquisition du juge Patrick Desmure à l'Hôtel de Ville de Paris, dans le cadre des emplois fictifs du RPR.

14 mai 1998 : Philippe Séguin et François Léotard, président de l'UDF, annoncent la création de l'Alliance.

3 juin 1998 : Désaccord entre la direction du RPR et le Président de la République sur la réforme du Conseil supérieur de la magistrature.

14 juin 1998 : Edouard Balladur suggère d'ouvrir le débat sur la préférence nationale.

7 juillet : L'opposition n'arrive pas à bâtir un intergroupe à l'Assemblée nationale.

12 juillet 1998 : L'équipe de France remporte la Coupe du Monde de football.

16 juillet 1998 : Charles Pasqua propose la régularisation des sans-papiers.

1er octobre 1998 : Christian Poncelet, sénateur RPR des Vosges, déloge le centriste René Monory de la présidence du Sénat.

13 décembre 1998 : Seul candidat en lice, Philippe Séguin est élu président du RPR au suffrage universel des militants.

1er janvier 1999 : Charles Pasqua annonce qu'il mènera une liste aux élections européennes du 13 juin suivant.

18 janvier 1999 : Réuni en Congrès à Versailles, le Parlement modifie la Constitution pour la rendre compatible avec le traité d'Amsterdam.

19 janvier 1999 : Un déjeuner des chefs de la droite, organisé à l'Elysée pour tirer les leçons de l'élection, dix jours plus tôt, à la présidence de la Région Rhône-Alpes, tourne mal.

16 avril 1999 : Philippe Séguin démissionne de la présidence du RPR et abandonne la tête de liste aux européennes. Nicolas Sarkozy le remplace.

13 juin 1999 : La liste Sarkozy-Madelin obtient 12,82 % des suffrages, contre 13,05 % pour la liste Pasqua-Villiers, qui va aboutir à la création du Rassemblement pour la France. Nicolas Sarkozy démissionne de la présidence du RPR.

5 décembre 1999 : Michèle Alliot-Marie est élue présidente du RPR, contre Jean-Paul Delevoye.

23 mai 2000 : Philippe Séguin est désigné candidat du RPR pour les élections municipales à Paris.

19 juillet 2000 : Philippe de Villiers claque la porte du RPF.

Remerciements

Ce livre n'aurait pas existé sans la contribution – parfois involontaire... – de ses quatre héros, dont les actions et les propos sont la chair de l'ouvrage. Je les sais assez intransigeants avec eux-mêmes pour pardonner – voire apprécier – la sévérité d'un regard extérieur. Merci donc à Jacques Chirac, si démocrate, qui sut remplacer le monarque républicain par un accessible et disert président citoyen. Merci à Philippe Séguin, si scrupuleux, qui jamais ne se lasse du combat d'idées et perpétue donc la politique. Merci à Nicolas Sarkozy, si généreux, aux entretiens toujours féconds pour le journaliste, tant il a compris que cacher et taire valaient moins que montrer et dire. Merci à Charles Pasqua, si picaresque, qui offre au débat public l'une de ses figures indispensables : un personnage.

Pour attraper un peu de la vérité de ces hommes, il m'a fallu tisser un filet des anecdotes et des analyses confiées par de nombreux témoins. Merci à Dominique de Villepin, Alain Juppé, Edouard Balladur, Jean-Louis Debré, Patrick Stefanini, Pierre Moscovici, Jean-François Copé, Hervé Gaymard, Michel Barnier, Patrick Devedjian, François Bayrou, Philippe Douste-Blazy, François Fillon, Jean-Pierre Raffarin, Eric Raoult, Nicolas Dupont-Aignan, François Cornut-Gentille, Brice Hortefeux, Amaury de Saint-Quentin, Nicolas Baverez,

Dominique Perben, Etienne Pinte, André Santini, William Abitbol, Paul-Marie Coûteaux, Roger Karoutchi, Pierre Lellouche, Agathe Sanson, Frédérique Bayre, Laurent Glépin, Bernard Niquet, Frédéric de Saint-Sernin, Jean-David Lévitte, Jérôme Monod, Maurice Ulrich, Bertrand Landrieu, Jean-François Cirelli, Jérôme Peyrat, Franck Louvrier, Jean-Christophe Cambadélis, Nicolas Bazire, Xavier Darcos, Hervé de Charette, Guy Drut, Françoise de Panafieu, Philippe Méchet, Philippe de Villiers, Jean-Dominique Giuliani, Claude Goasguen, Georges Tron, Jacques Godfrain, Jean de Boishue, François Baroin et Renaud Muselier. Remerciements et excuses à tous ceux qui m'ont fait des confidences en pensant que je n'écoutais pas.

Merci à Denis Jeambar et à toute l'équipe de *L'Express*, particulièrement le service France, qui supportèrent humeurs et absences d'auteur.

Merci à Eric Conan, docteur ès gaullisme, pour ses analyses.

Merci à Eric Mandonnet pour ses informations précieuses, sa lecture vigilante et son humour roboratif.

Merci à Jean-Paul, qui sait que la vie doit être pleine comme un œuf.

Merci à Hélène, qui le sait aussi.

TABLE

www.ingramcontent.com/pod-product-compliance
Lightning Source LLC
Chambersburg PA
CBHW070239290326
41929CB00046B/1963

* 9 7 8 2 2 4 6 5 7 5 5 1 1 *